2021

中国农产品贸易发展报告

CHINA AGRICULTURAL TRADE DEVELOPMENT REPORT

农业农村部国际合作司
农业农村部农业贸易促进中心

中国农业出版社
北　京

图书在版编目（CIP）数据

中国农产品贸易发展报告．2021 / 农业农村部国际合作司，农业农村部农业贸易促进中心编．—北京：中国农业出版社，2021.9

ISBN 978-7-109-28766-2

Ⅰ.①中… Ⅱ.①农… ②农… Ⅲ.①农产品贸易－贸易发展－研究报告－中国－2021 Ⅳ.①F752.652

中国版本图书馆 CIP 数据核字（2021）第 190905 号

中国农产品贸易发展报告 2021
ZHONGGUO NONGCHANPIN MAOYI FAZHAN BAOGAO 2021

中国农业出版社出版
地址：北京市朝阳区麦子店街 18 号楼
邮编：100125
责任编辑：赵　刚
版式设计：杨　婧　　责任校对：刘丽香
印刷：中农印务有限公司
版次：2021 年 9 月第 1 版
印次：2021 年 9 月北京第 1 次印刷
发行：新华书店北京发行所
开本：889mm×1194mm　1/16
印张：13.5
字数：180 千字
定价：160.00 元

《中国农产品贸易发展报告》

编辑委员会

主要撰写人员

（按姓氏笔画排序）

丁雪纯	马建蕾	马钰博	马景源	王　丹
王东辉	王占禄	王岫嵩	尤星宇	田　甜
史　越	四方旸	吕　刘	吕玄瀚	刘　岩
刘　柒	刘　博	刘文泽	刘芳菲	刘丽佳
刘启正	刘武兵	刘淑慧	孙　玥	远　铜
李　珂	李　鸥	李　婷	李　楠	李子晔
李希儒	李蔚青	杨　静	杨妙曦	杨海成
吴　薇	邹　慧	张军平	张红玲	张明杰
张明霞	张钟元	陈宁陆	赵　贞	赵学尽
柳苏芸	侯　瑶	秦天放	徐亦琦	徐智琳
郭浩成	黄　飞	黄昕炎	康骏璞	梁　勇
董　程	韩　啸	韩振国	谢众民	滕雅楠
潘　久				

序　言

2020年，新冠肺炎疫情暴发并在全球快速传播导致全球经贸活动受阻，全球经济和贸易增速大幅下滑。中国在较短时间内有效控制了国内疫情传播，经济运行较快恢复，较好完成了全年经济社会发展主要目标，国内生产总值（GDP）较上年增长2.3%，货物贸易额增长1.9%。农产品贸易总额、进口额和贸易逆差均创历史新高，分别增长8%、13.9%和32.8%。棉花、食糖、猪肉、牛肉等产品进口大幅增长，其中粮食（包括谷物、豆类和薯类）进口1.4亿吨，增长27.3%，棉花进口223.2万吨，增长15.2%；食糖进口527.3万吨，增长55.5%；猪肉、牛肉进口分别增长115.8%、27.7%。传统优势出口产品中，水产品出口额较上年下降7.8%，贸易顺差扩大77.6%；蔬菜出口额下降3.6%，仍是中国第一大顺差农产品；水果连续第三年呈贸易逆差状态，贸易逆差26.9亿美元，缩减7.6%；茶叶出口额与上年持平。

此外，根据中美第一阶段经贸协议，自美进口大幅增加，进口额237.7亿美元，较上年增长67.9%，已恢复至2017年经贸摩擦前水平；

对美出口65.1亿美元，增长0.1%。主要进口产品中，大豆进口量增长52.8%，玉米、高粱、小麦和猪肉进口量分别增加12.7倍、6.1倍、6倍和1.8倍。主要出口产品中，水果和蔬菜出口额分别增长27.8%和14%，水产品出口额下降14.9%。

《中国农产品贸易发展报告2021》详细介绍了2020年中国农产品贸易情况，在分品种、分地区阐释农产品贸易变化情况的同时，总结了农业贸易谈判、贸易救济和贸易促进的总体进展，回顾了主要贸易伙伴及世界农产品贸易相关情况。

在本书编写过程中，中央农村工作领导小组办公室领导、农业农村部领导、部内相关司局和有关专家给予了大力支持和帮助。谨向所有关心本书出版的各界人士表示衷心的感谢！

编委会

2021年8月

目　录

分论

专论

附录

总论

2020年国内外经贸环境变化

世界经济

2020年，新冠肺炎疫情暴发并在全球快速传播成为最重大的冲击因素。面对这一突发事件，各国政府普遍将注意力和资源转移到应对疫情上，出台了一系列旨在阻断疫情传播的限制措施，使社会经济活动受到干扰，供应链运行失序，包括农产品加工、物流业在内的劳动密集型行业受到的冲击更为严重。在这一背景下，各国普遍出现就业减少、公众收入和消费能力下降、不同阶层间差距扩大、贫困和饥饿人口增加等现象。一些国家的政府出于缓解自身压力的动机，通过指责其他国家来推卸责任，加剧了国家间的摩擦，削弱了全球合作的政治基础和经济活动。这些新情况与尚未休止的贸易战叠加，严重恶化了全球经济贸易发展环境。

根据国际货币基金组织（IMF）发布的数据，2020年世界经济下降3.5%（表1）。分类型看，发达经济体下降4.9%，新兴市场和发展中经济体下降2.4%。主要发达经济体中，受疫情和英国“脱欧”双重冲击的欧元区经济下滑幅度最大，为7.2%；日本和美国经济的境况略好，分别下滑5.1%和3.4%。主要新兴经济体中，印度、巴西和俄罗斯经济分别下滑8%、4.5%和3.6%，中国经济实现2.3%的正增长，成为全球的亮点。

主要受经贸摩擦影响，2019年全球贸易已经出现轻度萎缩，2020年新冠肺炎疫情暴发对全球供应链的扰动进一步恶化了这种局面。根据IMF数据，全球商品和劳务贸易量下降9.6%，降幅远高于2008年全球金融危机暴发造成的冲击，全球经济一体化出现严重倒退。WTO数据显示，全球商品贸易量下跌0.1%，增幅为2008年全球金融危机暴发后最低的一年。各区域贸易规模呈现下滑态势（表2）。

表 1　2019—2020 年世界经济增长情况

单位：%

年　份	2019	2020
世界经济	2.8	−3.5
发达经济体	1.6	−4.9
美国	2.2	−3.4
欧元区国家	1.3	−7.2
日本	0.3	−5.1
新兴市场和发展中国家	3.6	−2.4
新兴和发展中亚洲	5.4	−1.1
新兴和发展中欧洲	2.2	−2.8
拉丁美洲和加勒比	0.2	−7.4
中东和中亚	1.4	−3.2
撒哈拉以南非洲	3.2	−2.6

数据来源：IMF《世界经济展望》，2021 年 1 月。

表 2　2019—2020 年分区域商品贸易量变化情况

单位：%

区　域	出　口		进　口	
	2019	2020	2019	2020
世　界	−2.7	−7.5	−2.8	−7.6
亚　洲	−1.9	−1.4	−3.8	−6.7
中南美洲	−6.3	−10.0	−5.9	−14.4
北　美	−0.6	−12.2	−1.8	−8.1
欧　洲	−2.7	−6.6	−2.9	−6.6

数据来源：世界贸易组织（WTO），2021 年 5 月。

世界农产品市场

新冠肺炎疫情虽然对农业经济活动也产生不利影响，但尚未造成重大冲击。根据联合国粮农组织（FAO）数据，2019/2020 年度，全球谷物产量 27.1 亿吨，增长 2.3%；使用量 27.1 亿吨，增长 0.8%；出口量 4.4 亿吨，增长 6.9%；期末库存 8.2 亿吨，下降 1.6%（表 3）。从库存消费比看，谷物由上年的 30.7%下降到 29.6%，小麦由 36.2%上升到 36.7%，大米由 36.8%下降到 35.4%，粗粮由25.7%下降到24%，全球粮食安全保障仍处于良好状态。

表3 近年世界谷物生产、消费、库存和贸易情况

单位：百万吨、%

年度		2017/2018	2018/2019	2019/2020	2019/2020年度比上年度增长	年度		2017/2018	2018/2019	2019/2020	2019/2020年度比上年度增长
生产	谷物	2 693.8	2 647.4	2 707.8	2.3	出口	谷物	423.9	412.0	440.3	6.9
	小麦	761.6	732.1	760.7	3.9		小麦	178.0	168.8	184.3	9.2
	大米	499.9	507.3	502.8	−0.9		大米	48.6	44.2	45.1	2.0
	粗粮	1 432.3	1 408.0	1 445.3	2.6		粗粮	197.3	199.0	210.9	6.0
消费	谷物	2 653.9	2 690.5	2 711.8	0.8	期末库存	谷物	858.0	832.3	818.7	−1.6
	小麦	737.7	750.7	750.9	0.0		小麦	288.0	272.0	276.9	1.8
	大米	497.8	500.8	504.2	0.7		大米	176.6	185.4	182.2	−1.7
	粗粮	1 418.5	1 439.0	1 456.7	1.2		粗粮	393.4	374.9	359.6	−4.1

数据来源：FAO《Crop Prospects and Food Situation》，2021年3月。

根据世界银行数据，农产品价格比上年上涨5%，其中食品价格上涨6.9%。分类看，谷物价格上涨5.1%，油料油脂价格上涨16.7%，工业原料农产品价格下跌3.2%。同期能源价格下跌31.3%，化肥价格下跌0.6%（图1）。

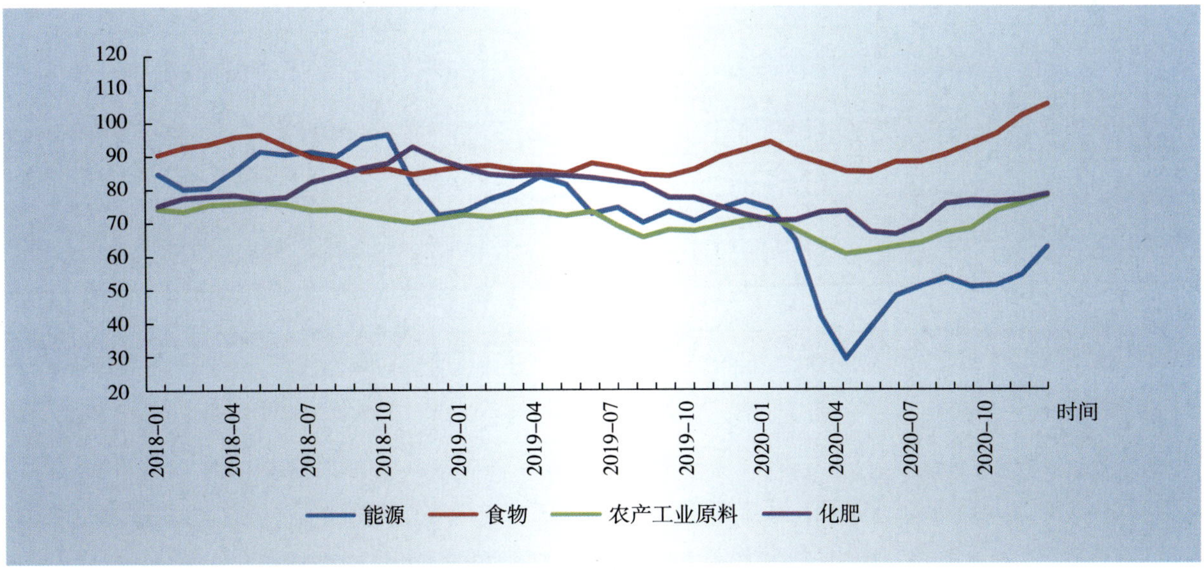

图1 2018—2020年国际市场初级产品价格指数变化

数据来源：世界银行（WB）。价格指数以2010年为100。

年内主要农产品价格变化普遍呈现前期下降、后期上升态势（图2）。美国1号软粒红小麦海湾离岸价由1月的每吨248美元下降到6月的200美元，随后逐步回升，12月收于251美元。美国2号黄玉米海湾离岸价由1月的172美元下跌到5月的144美元后转为回升，12月收于199美元。5%碎米率大米曼谷离岸价前4个月波动上升，1月为451美元，4月涨到年内最高的564美元，其后波动下滑，12月收于520美元。美国大豆鹿特丹港到岸价由1月的387美元下跌到5月的359美元，随后快速回升到12月的511美元。荷兰豆油出厂价变化态势与大豆相似，先由1月的874美元下降到4月的680美元，然后快速回升到12月的1 026美元。

棉花Cotlook A远东指数价格由1月的每吨1 743美元下跌到4月的1 401美元，随后转为上升，12月收于1 786美元。食糖价格1月为312美元，2月上升到年内最高的326美元，随后急剧下滑到4月的225美元，其后逐步回升，12月收于310美元。牛肉价格波动下滑，1月为5 039美元，4月下滑到4 445美元，6月回升到年内最高的5 098美元，其后快速下跌到11月的年内最低4 396美元，12月收于4 402美元。鸡肉价格由1月的2 071美元急剧下跌到4月的1 268美元，其后转为波动上升，12月收于1 808美元。

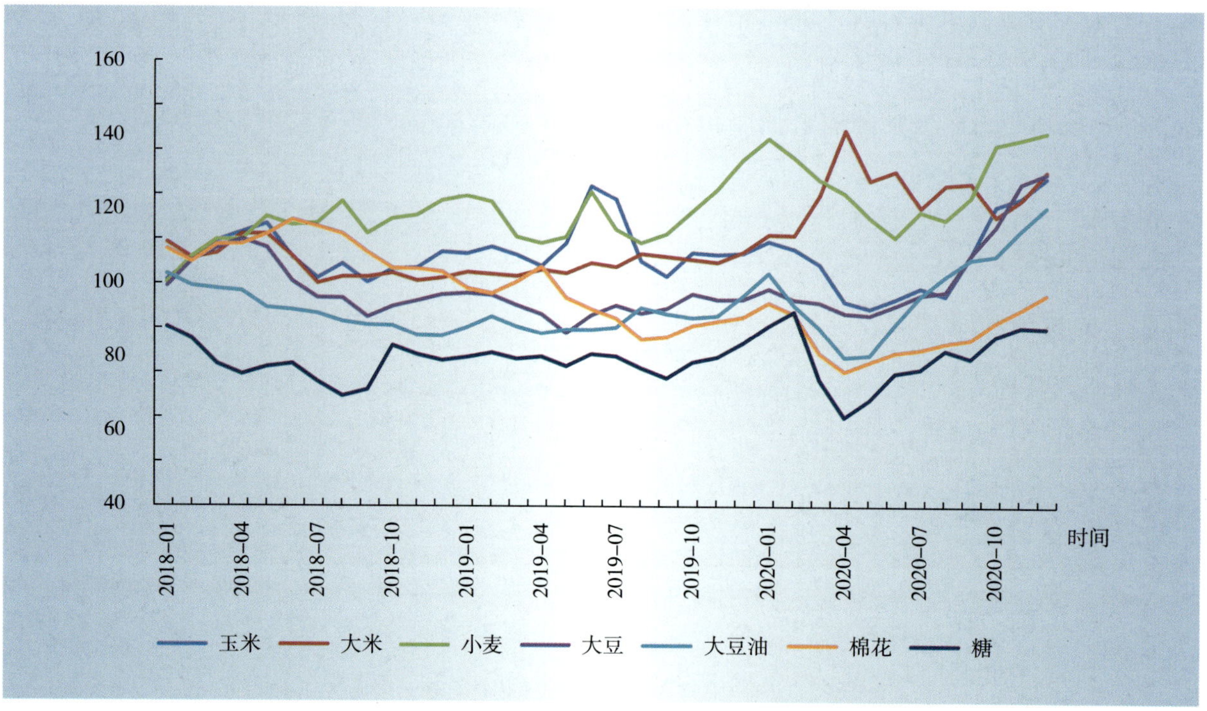

图2　2018—2020年国际市场主要农产品价格指数变化

数据来源：世界银行。各商品的价格指数均以2017年平均价格为100。

中国宏观经济①

2020年，中国社会经济发展面临错综复杂的国内外形势。从国内看，新冠肺炎疫情暴发成为影响中国经济发展的重大新因素，防控疫情传播使生产、加工、流通、贸易、消费等活动受到不同程度的限制，对经济贸易发展造成冲击。从国际看，贸易摩擦与新冠肺炎疫情全球传播相互叠加，使中国经贸发展面临的外部环境恶化。中国成功应对了这些挑战，在较短时间内有效控制了国内疫情传播，经济运行较快恢复，较好完成了全年经济社会发展主要目标。

2020年，国内生产总值101.6万亿元，比上年增长2.3%。其中，第一产业增加值7.8万亿元，增长3.0%；第二产业增加值38.4万亿元，增长2.6%；第三产业增加值55.4万亿元，增长2.1%。人均国内生产总值72 447元，比上年增长2.0%。居民消费价格比上年上涨2.5%，其中食品烟酒价格上涨8.3%。全国居民人均可支配收入32 189元，比上年增长4.7%，扣除价格因素，实际增长2.1%，城乡居民收入差距继续缩小。对外贸易保持较好的发展势头，全年货物进出口总额32.2万亿元，比上年增长1.9%。其中，出口17.9万亿元，增长4.0%；进口14.2万亿元，下降0.7%；顺差3.7万亿元，比上年增加0.8万亿元（图3）。年末国家外汇储备32 165亿美元，比上年末增加1 086亿美元。

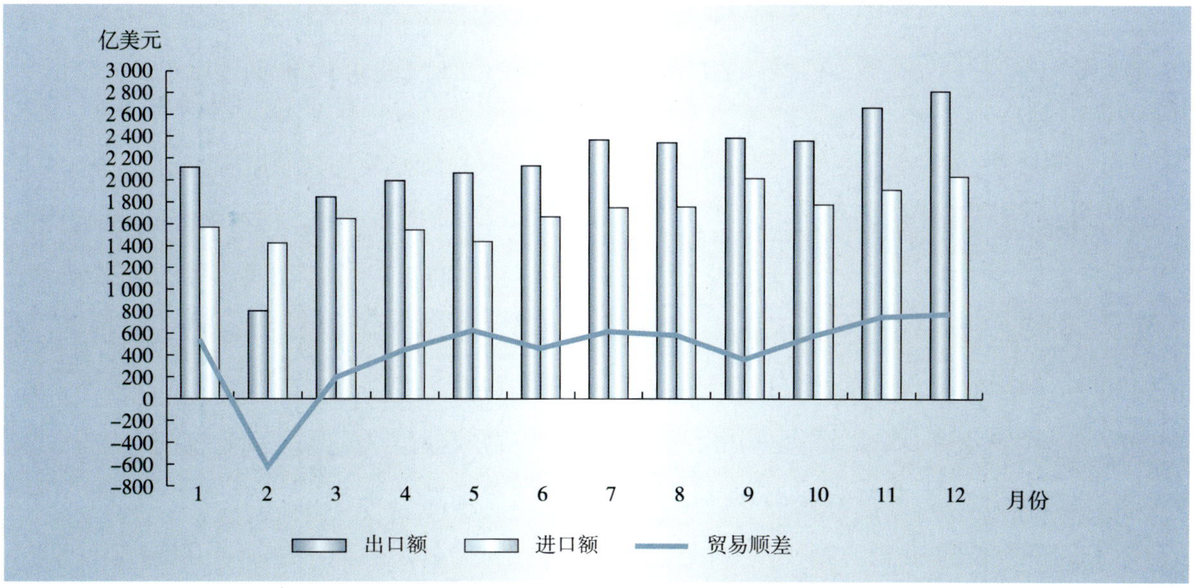

图3 2020年中国对外贸易发展变化情况

数据来源：中国海关。

① 除特别注明外，本报告正文和图表中引用的中国经济数据均未包括香港、澳门特别行政区和台湾省。

年内人民币对主要国际货币汇率走势不尽相同。美元汇率1—5月小幅贬值，其后转为升值；欧元汇率1—5月水平波动，6—8月出现较大贬值，其后转为升值；日元汇率1—5月贬值，其后转为升值（图4）。12月与上年同期平均汇率相比，人民币对美元升值6.7%，对欧元贬值2.1%，对日元升值1.9%。根据国际结算银行（BIS）数据，年内人民币实际有效汇率大体呈现U形变化态势，前半年小幅贬值，后半年小幅升值，月平均汇率与上年相比升值2.2%。

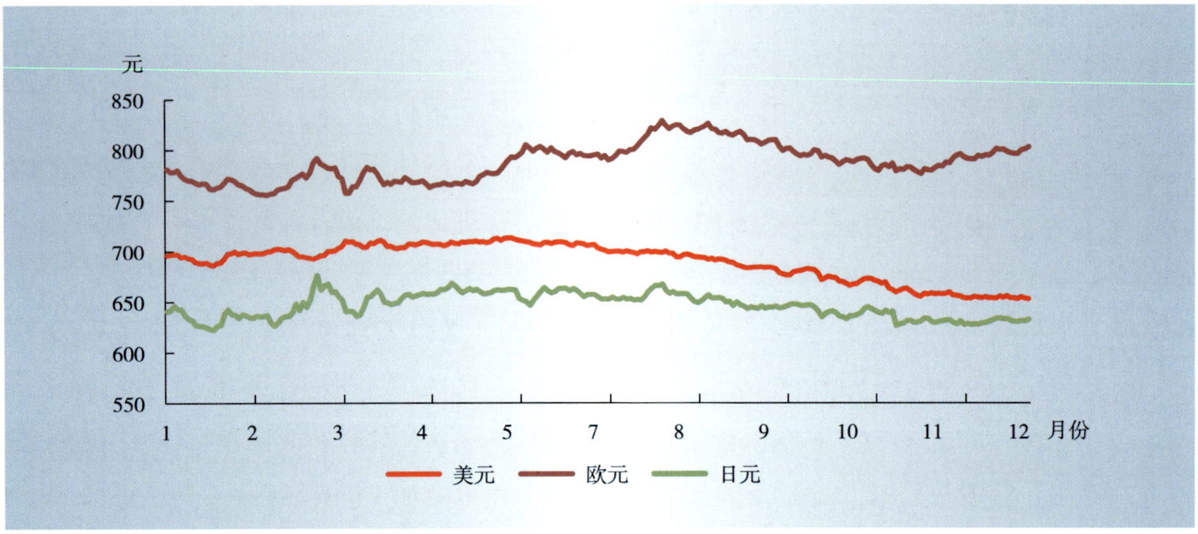

图4　2020年人民币汇率变化

数据来源：国家外汇管理局。汇率采取直接标价法，为100美元、欧元或1万日元折合人民币数量。

中国农业和农村经济

2020年是“十三五”时期最后一年。这一期间，中国农业农村发展取得新的历史性成就，现代农业建设取得重大进展，乡村振兴实现良好开局，农村人居环境明显改善，农村改革向纵深推进，农村社会保持和谐稳定。特别突出的是，新时代脱贫攻坚目标任务如期完成，现行标准下农村贫困人口全部脱贫，贫困县全部摘帽，绝对贫困历史性消除，创造了人类减贫史上的奇迹。

年内农作物生产结构继续优化调整，粮食和油料种植面积增加，棉花和糖料种植面积减少。粮食增产0.9%，再创历史新高。三大谷物中，稻谷和小麦增产，玉米产量持平。经济作物中，棉花和油料增产，糖料减产。

畜牧业生产克服了动物疫病和新冠肺炎疫情叠加造成的困难，生猪产能加快恢复。年内肉类总产量基本持平，其中猪肉产量下降，牛羊肉和禽肉产量增加。禽蛋和牛奶生产继续保持增长势头。渔业生产实现稳定发展，其中养殖水产品增产，捕捞水产品减产（表4）。

表 4 2020 年中国主要农产品生产情况

单位：万吨、%

产 品	产 量	比上年增长
粮食	66 949	0.9
谷物	61 674	0.5
稻谷	21 186	1.1
小麦	13 425	0.5
玉米	26 067	—
棉花	591	0.4
油料	3 585	2.6
糖料	12 028	−1.2
茶叶	297	7.1
肉类	7 639	−0.1
猪肉	4 113	−3.3
牛肉	672	0.8
羊肉	492	1.0
禽肉	2 361	5.5
禽蛋	3 468	4.8
牛奶	3 440	7.5
水产品	6 545	1.0
养殖水产品	5 215	3.0
捕捞水产品	1 330	5.0

数据来源：中国国家统计局。

主要受新冠肺炎疫情影响，农村劳动力非农业就业同比下降 1.8%。全国农民工总量 28 560 万人，其中外出农民工 16 959 万人，下降 2.7%；本地农民工 11 601 万人，下降 0.4%。全国农民工人均月收入 4 072 元，比上年增长 2.8%。

农村居民人均可支配收入 17 131 元，比上年增长 6.9%，扣除价格因素，实际增长 3.8%。全年贫困地区农村居民人均可支配收入 12 588 元，比上年增长 8.8%，扣除价格因素，实际增长 5.6%。按照每人每年生活水平 2 300 元（2010 年不变价）的现行农村贫困标准计算，551 万农村贫困人口全部实现脱贫。

中国农业贸易政策环境

（一）抓好三农领域重点工作

2020年是中国全面建成小康社会目标实现之年，是全面打赢脱贫攻坚战收官之年。年内中国政府将打赢脱贫攻坚战和补上全面小康三农领域突出短板作为两大重点任务，持续抓好农业稳产保供和农民增收，推进农业高质量发展。

年初发布的中央1号文件制定了一系列促进农业农村发展的政策措施，涉及强化粮食安全省长责任制考核，完善农业补贴政策，调整稻谷、小麦最低收购价政策，推进稻谷、小麦、玉米完全成本保险和收入保险试点，加大对产粮大县的奖励力度，深入实施优质粮食工程，完善新疆棉花目标价格政策，增加适应国内需求的农产品进口，扩大优势农产品出口，深入开展农产品反走私综合治理专项行动。在畜牧业方面，工作重点放在加快恢复生猪生产上，主要措施涉及强化地方政府的责任，加强动物防疫体系建设，推进养殖模式和布局合理调整。

（二）积极应对新冠肺炎疫情对涉农产业链的冲击

在国内，年初新冠肺炎疫情暴发后，各级政府为及时有效抑制疫情传播，实施了多种严厉的防控措施，在一定程度上影响到农业生产资料供给和农产品加工销售的正常进行。在国外，为防止疫情传播，很多国家对人员和物资流动采取了限制措施，影响到贸易活动的正常进行；一些国家出于稳定本国市场的考虑，出台了农产品出口限制措施；中国从疫情严重国家进口的食品外包装上也曾多次检测出新冠病毒残留。这些情况给中国农产品进出口贸易带来新的干扰。

针对上述情况，中国政府及时做出了统筹推进疫情防控和经济社会发展的工作部署，要求在防控措施到位的前提下，推动国内各行业恢复正常经营，加快释放国内市场需求；加强国际经贸合作，加快国际物流供应链体系建设，保障国际货运畅通。

针对外贸发展，政府有关部门陆续出台了一些具体措施。2月，商务部先后发布了《关于积极指导帮助走出去企业做好新冠肺炎疫情应对工作的通知》和《关于应对新冠肺炎疫情做好稳外贸稳外资促消费工作的通知》，分别就“走出去”企业和国内企业做好疫情防控、减轻疫情对生产经营的影响、应对境外贸易限制措施等提出指导性意见，并制定了简化对外经贸管理程序、加强出口信用保险支持、设立海外疫情应对快速反应机制等具体措施。3月，财政部和国家税务总局发布公告，决定自3月20日起提高包括部分农产品在内的1 084项产品的出口退税率，以降低外贸企业经营成本，缓解企业现金流压力，稳定外贸发展。6月，国务院办公厅印发《关于支持出口产品转内销的实施意见》，提出在鼓励企业拓展国际市场的同时，支持适销对路的出口产品开拓国内市场，着力帮扶外贸企业渡过难关，确保产业链、供应链畅通运转，促进外贸基本稳定。

8月，国务院办公厅印发《关于进一步做好稳外贸稳外资工作的意见》，提出加大财税金融支持、发展贸易新业态新模式、引导加工贸易梯度转移、加大对劳动密集型企业支持力度、拓展对外贸易线上渠道等措施。11月，国务院办公厅印发《关于推进对外贸易创新发展的实施意见》，提出的措施有：创新开拓方式，优化国际市场布局；发挥比较优势，优化国内区域布局；加强分类指导，优化经营主体；创新要素投入，优化商品结构；创新发展模式，优化贸易方式；创新运营方式，推进国家外贸转型升级基地建设；创新服务模式，推进贸易促进平台建设；创新服务渠道，推进国际营销体系建设；创新业态模式，培育外贸新动能。

在新冠肺炎疫情全球传播的背景下，中国于6月举行了第127届广交会，这是第一次完全以网络形式举办的广交会。

（三）努力管控中美贸易摩擦的负面效应

2019年底，中美两国政府通过艰难的谈判，在平等和相互尊重原则基础上，就中美第一阶段经贸协议文本达成一致。该协议自2020年2月14日起生效。根据协议，美方将履行分阶段取消对华产品加征关税的相关承诺，中方不再实施原计划的对美方进口产品加征关税的措施，从而实现加征关税由升到降的转变。协定的《食品和农产品贸易》一章集中体现了双方在农业领域的关注。根据协定，中美双方均将相向扩大农产品市场开放，中方明确承诺将加大自美农产品采购力度。

为落实协议，国务院关税税则委员会2月发布公告，调整对原产于美国约750亿美元进口商品加征关税措施，决定自2月14日起将之前加征10%和5%关税税率的商品分别调整为加征5%和2.5%关税税率。与此同时，中方继续开展对美加征关税商品排除工作，涉及的重要农产品有大豆、猪肉等。

尽管年内中美双方矛盾并未得到根本缓解，新冠肺炎疫情在全球传播更使执行协议受到干扰，但双边农产品贸易发展仍得到有利的契机。年内中国对美国出口64.5亿美元，与上年大体持平；中国自美国进口237.2亿美元，大幅增长68%，基本恢复到经贸摩擦前的水平。

（四）稳步推进对外开放

年内中国继续以多种方式推进对外市场开放，强化与贸易伙伴的经贸合作。

在国内措施方面，4月国务院决定，增设跨境电子商务综合试验区，第五次扩围后涵盖的城市达到105个，区内跨境电商零售出口货物按规定免征增值税和消费税。5月，中共中央、国务院发布了《关于新时代加快完善社会主义市场经济体制的意见》，要求坚持扩大高水平开放和深化市场化改革互促共进，推动由商品和要素流动型开放向规则等制度型开放转变，吸收借鉴国际成熟市场经济制度经验和人类文明有益成果，加快国内制度规则与国际接轨，以高水平开放促进深层次市场化改革。文件明确提出，中国将维护世界贸易组织在多边贸易体制中的核心地位，积极推动和参与世界贸易组织改革，积极参与多边贸易规则谈判，推动贸易和投资自由化便利化，推动构建更高水平的国际经贸规则。

国务院6月印发《海南自由贸易港建设总体方案》，9月印发《北京、湖南、安徽自由贸易试验区总体方案及浙江自由贸易试验区扩展区域方案》，分别就在海南建设自由贸易港、在北京、湖南、安徽设立自由贸易试验区、扩展浙江自由贸易试验区作出安排。这些决策目的在于建设更高水平开放型经济新体制，以开放促改革、促发展、促创新，将自由贸易港和自贸试验区建设成为引领中国新时代改革开放的新高地。

10月，国务院发布《关于推进对外贸易创新发展的实施意见》，提出围绕构建以国内大循环为主体、国内国际双循环相互促进的新发展格局，加快推进国际市场布局、国内区域布局、经营主体、商品结构、贸易方式等“五个优化”和外贸转型升级基地、贸易促进平台、国际营销体系等“三项建设”，培育新形势下参与国际合作和竞争的新优势，实现外贸创新发展。该意见明确提出，中国将坚定维护以世界贸易组织为核心的多边贸易体制，坚决反对单边主义和保护主义，支持世界贸易组织必要改革，积极参与国际贸易规则制定；积极商签更多高标准自由贸易协定和区域贸易协定；发挥自由贸易试验区、自由贸易港制度创新作用，扩大开放领域，推动外向型经济主体及业务在自由贸易试验区汇聚。

在贸易政策方面，中国实施的改革措施分别涉及单边领域和双边领域。自2020年1月1日起，中国单方面对859项商品实施了低于最惠国税率的进口暂定税率，涉及的农产品中，冻猪肉税率由12%降低到8%，冷冻鳄梨由30%降低到7%，大包装非冷冻橙汁由30%降低到15%。在双边领域，根据中国与有关国家或地区签署的贸易协定或关税优惠安排，对中国与新西兰、秘鲁、哥斯达黎加、瑞士、冰岛、新加坡、澳大利亚、韩国、智利、格鲁吉亚、巴基斯坦的双边贸易协定以及亚太贸易协定的协定税率进一步降低。

中国继续积极推进与一些贸易伙伴的双边协定谈判。10月，中国与柬埔寨签署了《中华人民共和国政府和柬埔寨王国政府自由贸易协定》。11月，东盟10国和中国、日本、韩国、澳大利亚、新西兰共15个亚太国家正式签署了《区域全面经济伙伴关系协定》(RCEP)。

（五）按照多边规则开展贸易救济

年内中国继续依据WTO多边规则开展对本国涉农产业的贸易救济行动，分别就原产于澳大利亚的进口葡萄酒和大麦开展了反补贴、反倾销调查，并基于中国相关产业受到实质损害且补贴与实质损害之间存在因果关系的事实，实施了征收反补贴税和反倾销税措施。

2020年中国农产品贸易发展

进出口规模

2020 年，新冠肺炎疫情在全球快速传播不仅直接干扰了农产品贸易活动，而且通过对宏观经济的冲击间接影响到海外对中国农产品的需求。为稳定国内市场供给，中国政府采取了一些鼓励进口的措施；中国为履行中美第一阶段经贸协议也增加了美国农产品进口。年内农产品出口额 765 亿美元[①]，比上年下降 3.3%；进口额1 719.4 亿美元，增长 13.9%；贸易逆差 954.4 亿美元，增加 235.7 亿美元，扩大 32.8%。

分月度看，1—2 月出口额出现较大幅度下降，3 月、4 月和 9 月恢复正增长，其他月份均较上年同期下降。进口额除 1 月有较大幅度下降外，其余各月份均为正增长，全年 12 个月份中有 9 个月份的同比增长率超过 10%（图 5）。

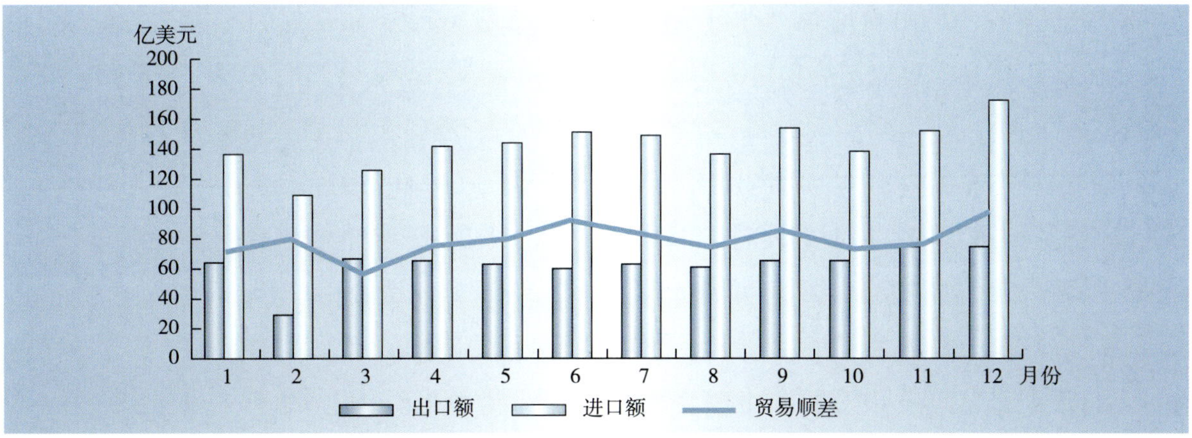

图 5　2020 年中国农产品贸易发展变化情况

① 本书农产品贸易相关数据均来源于中国海关统计数据。

产品结构

分大类看，出口额居前五位的农产品依次为水产品、蔬菜、水果、畜产品和饮品；进口额居前五位的农产品依次为畜产品、油籽、水产品、水果和植物油（图 6）。

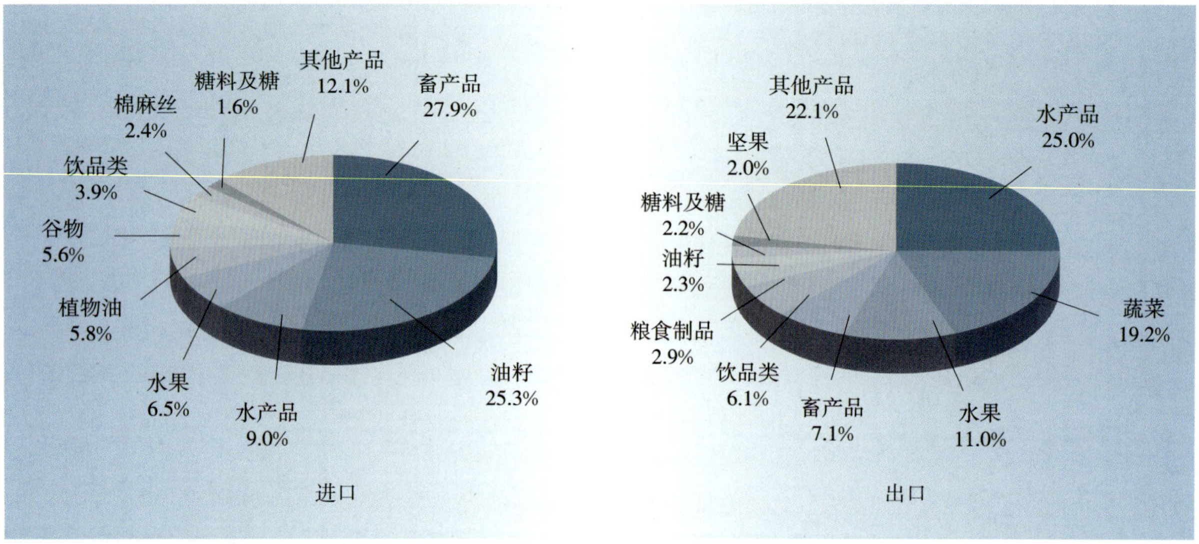

图 6　2020 年中国农产品进出口结构

谷物贸易呈现出口下降、进口增长局面。全年出口 259.3 万吨，比上年下降 19.9%；进口 3 579.1 万吨，增长 99.8%；贸易逆差 84.4 亿美元，增加 44.6 亿美元。分品种看，稻谷产品出口增长、进口下降；小麦、玉米、高粱和大麦产品出口下降，进口增长。

食用油籽产品出口 104.3 万吨，比上年下降 10.1%；进口 10 614.2 万吨，增长 13.8%；贸易逆差 416.7 亿美元，增加 49.5 亿美元。食用植物油出口 17.2 万吨，下降 35.8%；进口 1 169.5 万吨，增长 1.5%，贸易逆差 85.1 亿美元，增加 13.8 亿美元。

棉花贸易呈现出口下降、进口增长局面。出口量 0.6 万吨，下降 88.6%；进口量 223.2 万吨，增长 15.2%；贸易逆差 35.8 亿美元，略高于上年。

食糖出口 14.7 万吨，下降 20.7%；进口量 527.3 万吨，增长 55.5%；贸易逆差 17.3 亿美元。

蔬菜贸易出口 149.3 亿美元，下降 3.6%；进口 10.4 亿美元，增长 8.2%；贸易顺差 138.9 亿美元。

水果出口 83.5 亿美元，增长 12.1%；进口 110.4 亿美元，增长 6.5%；贸易逆差 26.9 亿美元。

坚果出口 15 亿美元，下降 4.7%；进口 20.9 亿美元，下降 16.7%；贸易逆差 5.9 亿美元。

畜产品贸易延续上年出口下降、进口增

长的局面。年内出口额54.3亿美元，下降16.5%；进口额475.7亿美元，增长31.3%；贸易逆差421.4亿美元，增加124.2亿美元。

水产品出口190.4亿美元，下降7.8%；进口155.6亿美元，下降16.8%；贸易顺差34.8亿美元，比上年增加15.2亿美元。

市场结构

受新冠肺炎疫情及国际关系变化等多重因素影响，中国与各地区的贸易格局出现较大调整。

年内对亚洲出口506.6亿美元，下降2.2%；对欧洲出口108.3亿美元，下降7.1%；对北美洲出口76.8亿美元，下降0.2%；对非洲出口33.4亿美元，下降7.4%；对南美洲出口25.1亿美元，增长2.5%；对大洋洲出口14.8亿美元，增长1%。

年内从南美洲进口520.6亿美元，增长10.5%；从亚洲进口333亿美元，增长7.5%；从欧洲进口325.2亿美元，增长25.1%；从北美洲进口312.5亿美元，增长44.5%；从大洋洲进口184.9亿美元，下降8.1%；从非洲进口43.3亿美元，增长6.3%。

对亚洲贸易继续保持顺差，但顺差额由上年的203.6亿美元减少到173.6亿美元。对其他地区均为贸易逆差，其中对大洋洲的逆差下降，对其余各地区的逆差增加（表5）。

表5 2020年中国农产品贸易区域分布

单位：亿美元、%

区域	贸易额				比上年增长		所占比重	
	进出口	出口额	进口额	差额	出口	进口	出口	进口
合计	2 484.5	765.0	1 719.4	−954.4	−2.6	14.7	100.0	100.0
亚洲	839.5	506.6	333.0	173.6	−2.2	7.5	66.2	19.4
欧洲	433.5	108.3	325.2	−216.9	−7.1	25.1	14.2	18.9
北美洲	389.3	76.8	312.5	−235.7	0.8	44.5	10.0	18.2
非洲	76.7	33.4	43.3	−9.8	−7.4	6.3	4.4	2.5
南美洲	545.7	25.1	520.6	−495.5	2.5	10.5	3.3	30.3
大洋洲	199.7	14.8	184.9	−170.1	1.0	−8.1	1.9	10.8

从国别（地区）贸易看，前五大出口市场依序为日本、中国香港、美国、越南和韩国，合计占出口总额的46.2%。其中对日本和中国香港的出口额分别下降6.9%和8%，对其余三个主要贸易伙伴的出口变化较小。

前五大进口来源地依序为巴西、美国、澳大利亚、新西兰和泰国，合计占进口总额的49.6%。其中中国自美国进口额增长67.9%，自巴西进口额增长19.6%，自澳大利亚进口额下降15%。

对日本、中国香港、韩国、菲律宾和越南的贸易顺差排前五位，分别为83.4亿美元、83.3亿美元、36.8亿美元、15.1亿美元和14.7亿美元。对巴西、美国、新西兰、澳大利亚和阿根廷的贸易逆差排前五位，分别为348.5亿美元、172.5亿美元、87.5亿美元、84.3亿美元和62.1亿美元（图7）。

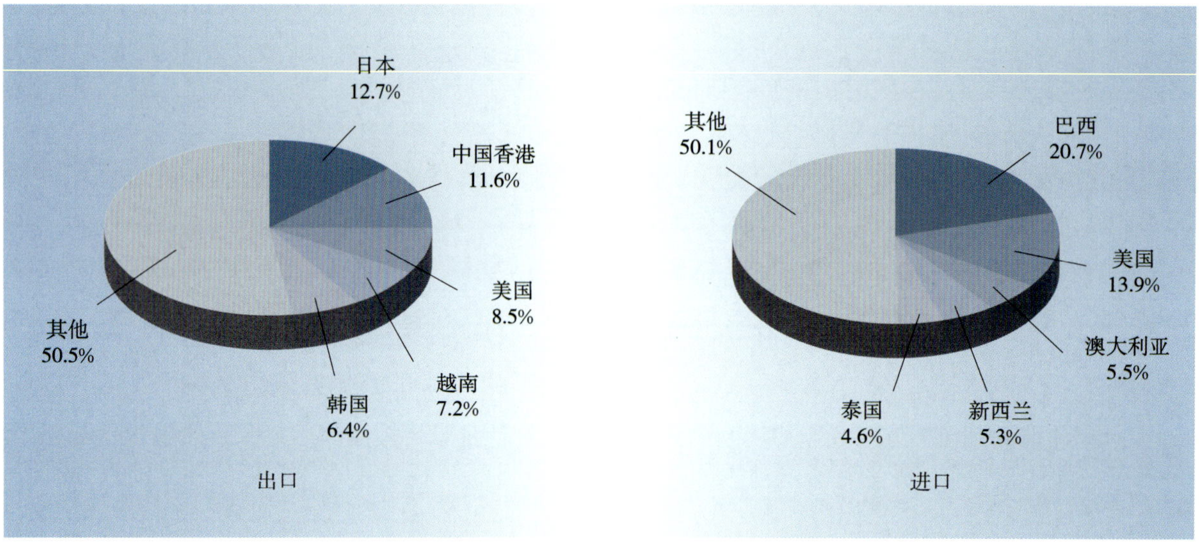

图7　2020年中国农产品出口市场和进口来源地结构

年内中国与自由贸易区伙伴间的双边贸易整体仍保持较好发展态势。对全部自贸区伙伴合计出口480.1亿美元，逆势增长26.4%，占出口总额的62.8%，提高14.8个百分点。从全部自贸区伙伴合计进口522.2亿美元，增长3%，占进口总额的30.4%，下降3.2个百分点。

对东盟出口199.3亿美元，增长6.9%；对中国香港出口88.4亿美元，下降8%；对韩国出口48.8亿美元，下降1.9%；对中国台湾出口21亿美元，下降3.8%；对澳大利亚出口10.3亿美元，下降0.6%。从东盟进口236亿美元，增长9.8%；从澳大利亚进口94.7亿美元，下降15%；从新西兰进口89.8亿美元，增长0.9%；从智利进口39.3亿美元，增长8.6%；从秘鲁进口14.6亿美元，下降20.9%。

贸易方式

一般贸易出口额647.6亿美元，占出口总额的84.7%；进料加工贸易出口额65.5亿美元，占8.6%。一般贸易进口额1 496.5亿美元，占进口总额的87%；海关特殊监管区域物流货物99.3亿美元，占进口总额的5.8%；保税监管场所进出境货物

53.8亿美元，占3.1%；进料加工贸易进口额46亿美元，占2.7%。

国内进出口地区结构

除西部地区出口略增外，东部、中部和东北地区出口均下降；四大地区进口均呈现增长态势。东部地区出口517.4亿美元，比上年下降1.2%，占出口总额的67.6%；西部地区出口111.6亿美元，增长0.1%；中部地区出口75.4亿美元，下降4.8%；东北地区出口60.6亿美元，下降14.8%。东部地区进口1 413.9亿美元，增长13.7%，占进口总额的82.2%；西部地区进口119.9亿美元，增长15%；中部地区进口103.9亿美元，增长40%；东北地区进口81.7亿美元，增长7%。四大地区均为贸易逆差，东部地区贸易逆差896.4亿美元，占全部逆差的93.9%。

农产品出口额前五位的省份依次为山东、福建、广东、云南和浙江，合计占出口总额的61.5%。出口额增长的有11个省（自治区、直辖市），其中宁夏、湖南和天津的增幅居前三位，分别为35.6%、27.7%和16.6%；出口额下降的有20个省（自治区、直辖市），其中河南、西藏、新疆和贵州降幅超过20%。农产品进口额前五位的省份依次为上海、广东、北京、山东和江苏，合计占进口总额的61.1%。进口额增长的有28个省份，其中西藏、贵州、湖南、天津、甘肃和青海的增幅超过50%（图8）。

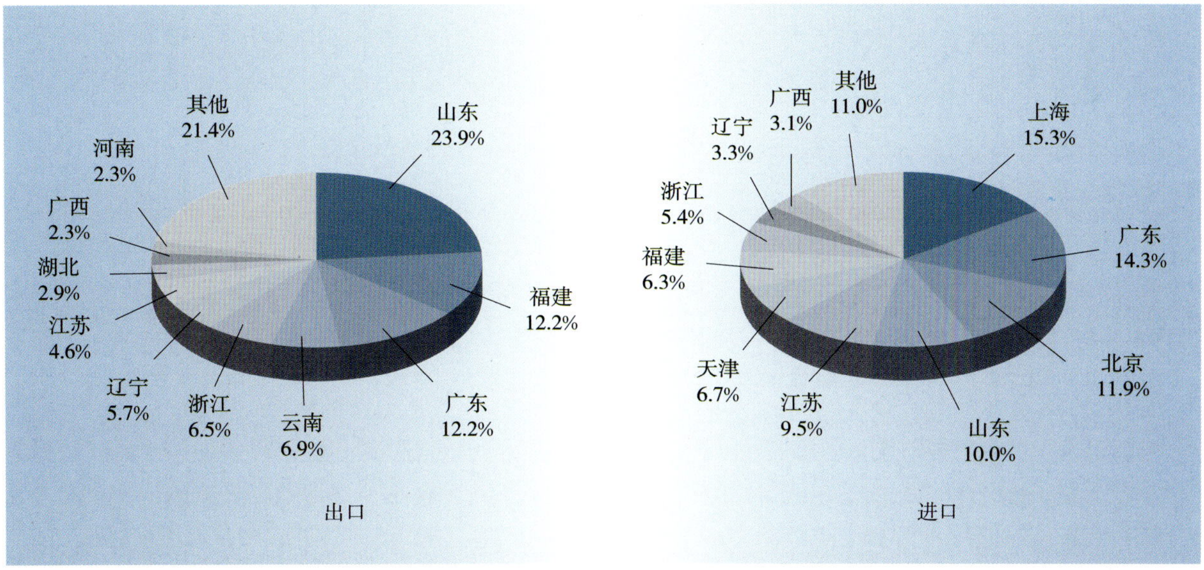

图8　2020年中国各省份农产品进出口所占比重

12个省份实现农产品贸易顺差。顺差居前五位的省份及顺差额为：云南33.1亿美元，湖北15.3亿美元，山东12.2亿美元，河南5.2亿美元，贵州4.8亿美元。逆差居前五位的省份及逆差额为：上海 247.9 亿美元，北京 189.7 亿美元、广东 153.1 亿美元，江苏 128.8 亿美元，天津 104.2 亿美元。

农产品贸易地位

农产品出口额和进口额占全国货物贸易出口额和进口额的比例分别为 2.9%和 8.3%，与上年相比前者下降 0.3 个百分点、后者提高 1 个百分点。农产品出口额和进口额与第一产业增加值的比值分别为 6.8%和 15.2%，与上年相比前者下降 0.9 个百分点、后者提高 0.5 个百分点。

2021年农产品贸易发展前景展望

2021 年农产品贸易发展环境

（一）国际环境

2021 年，抑制新冠肺炎疫情对社会经济发展的负面影响仍是世界各国面临的最大挑战。预期多数欧美发达国家将采取积极的财政政策和极度宽松的货币政策，一些受疫情影响大的发展中国家也会在力所能及的范围内实施宏观经济刺激措施。这类措施虽然有助于增加就业和推动经济早日复苏，但势必会导致政府债务负担加大、流动性过量供给，使已持续多年的宏观经济失衡局面进一步恶化，削弱金融市场稳定性，增大通货膨胀压力，加剧汇率波动。在这一背景下，不同类型国家的经济发展绩效预期将出现较大分化，全球贸易格局会随之变化。此外，地缘政治冲突很可能会加剧，成为需要密切关注的风险因素。

基于新冠疫苗接种在全球取得进展和多国开始实施的刺激经济增长的宏观经济政策有望推动消费的预判，主要国际机构对年内全球经贸复苏的前景转为乐观。国际货币基金组织 1 月预测，2021 年全球经济将增长 5.5%，其中发达经济体增长 4.3%，新兴市场和发展中经济体增长 6.3%；全球商品和劳务贸易量将增长 8.1%，其中发达经济体增长 7.5%，新兴市场和发展中经济体增长 9.2%。这些机构也警示，尽管全球经济复苏的迹象加强，但仍存在重大风险，如新冠肺炎病毒出现变异。

在上述背景下，预期年内涉农供应链受疫情的干扰会下降，农产品消费需求将较快增长，但在农产品供给整体有保障的同时可能发生区域性粮食安全风险，农产品价格出现短期性较快上升。此外，一些国家的政府仍可能出于国内政治考虑对农产品贸易实施干预，成为突出的不确定因素。

（二）国内环境

2021 年，中国的经济贸易发展仍面临

诸多内部和外部风险。中国政府将贯彻创新、协调、绿色、开放、共享的新发展理念，坚持稳中求进工作总基调，以推动高质量发展为主题，以深化供给侧结构性改革为主线，以改革创新为根本动力，以满足人民日益增长的美好生活需要为根本目的，统筹发展和安全，加快建设现代化经济体系，加快构建以国内大循环为主体、国内国际双循环相互促进的新发展格局。年内中国将继续实施积极的财政政策、稳健的货币政策和就业优先政策，根据实际情况不断完善宏观政策组合。与此同时，中国将深入推进高水平对外开放，推动贸易和投资自由化便利化，依托中国大市场优势，促进国际合作，实现互利共赢。

在涉农政策方面，中国将全面推进乡村振兴，稳步推进农业农村现代化，巩固脱贫攻坚成果。年内中国政府确定的农业农村发展主要任务目标有：农业供给侧结构性改革深入推进，粮食播种面积保持稳定、产量达到6.5亿吨（1.3万亿斤）以上，生猪产业平稳发展，农产品质量和食品安全水平进一步提高，农民收入增长继续快于城镇居民，脱贫攻坚成果持续巩固。农业农村现代化规划启动实施，脱贫攻坚政策体系和工作机制同乡村振兴有效衔接、平稳过渡，乡村建设行动全面启动，农村人居环境整治提升，农村改革重点任务深入推进，农村社会保持和谐稳定。在农产品贸易方面，提出的任务有优化农产品贸易布局，实施农产品进口多元化战略，支持企业融入全球农产品供应链，保持打击重点农产品走私高压态势，加强口岸检疫和外来入侵物种防控。

从具体贸易政策情况看，在单边领域，中国将从2021年1月1日起调整部分商品进口关税，对883项商品实施低于最惠国税率的进口暂定税率，其中包括乳清蛋白粉、乳铁蛋白等婴儿奶粉原料。在双边领域，中国将根据与贸易伙伴签订的自由贸易协定或优惠贸易安排，对原产于相关国家或地区的部分进口商品实施协定税率。中国与毛里求斯自贸协定从2021年1月1日起生效并实施降税，这是中国与非洲国家签署的第一个自贸协定。原产于蒙古的部分进口商品自2021年1月1日起适用亚太贸易协定税率。

中国农产品贸易发展形势展望

根据联合国粮农组织监测，尽管近期全球食物供求平衡仍处较好状态，但国际市场食物价格仍从2020年中开始连续上升，其中食糖和植物油涨幅最大。中国作为世界最大的农产品净进口国，大宗农产品价格变化势必会产生重大影响。

年内新冠肺炎疫情由境外传入和在国内局部偶发的可能性仍存在，如何有效应对疫情对国内农产品供应链的冲击将继续是政府和企业面临的一大重大挑战。与此同时，疫情对海外农产品供应链造成影响的可能性更大，这也是中国农产品贸易面临的重大风险因素之一。涉农外贸企业需从被动应对疫情转为常态化风险管理，主动推进供应链模式调整。

中国和美国不仅是世界最大的两个经济体，而且在农产品贸易上具有极强的互补性，年内中国农产品贸易发展势必受到中美双边关系演变的影响。美国新政府正在就对华政策做重新评估，虽然贸易战升级势头很可能受到抑制，但美方会继续利用加征关税等多种工具作为筹码对中国施压。澳大利亚、加拿大等中国重要的农产品贸易伙伴在多大程度上与美国保持同步也需受到密切关注。

考虑到美国等主要发达国家采取的宏观经济政策，年内发生汇率急剧波动的风险较大，人民币可能继续出现一定幅度升值，这也是影响年内农产品贸易格局的重要因素。

非洲大陆自由贸易区从2021年1月1日正式启动，这不仅为非洲地区经济发展注入新的活力，也为非洲外的国家扩大对非经贸合作开拓了有利机遇。涵盖亚太地区主要经济体的《区域全面经济伙伴关系协定》（RCEP）正有待获得各签署国批准，启动这一超大自贸区建设进程势必对全球经贸发展产生重大影响。中国涉农外贸企业需关注这些新商机，提前做好相应部署。

分论

2021 中国农产品贸易发展报告

分 产 品 贸 易

谷 物

(一)贸易概况

2020年，中国谷物贸易逆差一转近年来逐步改善的态势，呈扩大态势。出口量259.3万吨，下降19.9%；出口额10.8亿美元，下降15.6%。进口量3 579.1万吨，增长99.8%；进口额95.2亿美元，增长80.9%。净进口量3 319.8万吨，增加1.3倍；贸易逆差84.4亿美元，扩大1.1倍。

1. 产品结构

谷物出口以稻谷产品和小麦产品为主，合计占谷物出口总量的95.9%、出口总额的92%；进口主要是玉米产品、小麦产品、大麦产品、稻谷产品和高粱产品，合计占谷物进口总量的99.2%、进口总额的98.5%(表6)。

表6 2020年中国主要谷物品种贸易情况

单位：万吨、亿美元、%

产 品	出口量	进口量	净进口量	净进口量比上年增长	出口额	进口额	净进口额	净进口额比上年增长
稻谷产品	230.5	294.3	63.9	—	9.2	15.0	5.8	141.7
玉米产品	0.3	1 129.6	1 129.3	136.9	0.0	24.9	24.9	137.1
高粱产品	2.1	481.3	479.2	505.8	0.1	11.6	11.5	576.5
小麦产品	18.1	837.6	819.5	158.1	0.7	23.5	22.7	158.0
大麦产品	0.0	807.9	807.9	36.3	0.0	18.8	18.8	20.5

稻谷产品。出口量 230.5 万吨，下降 16.1%，占谷物出口总量的 88.9%；出口额 9.2 亿美元，下降 13.4%。进口量 294.3 万吨，增长 15.6%，占谷物进口总量的 8.2%；进口额 15 亿美元，增长 15.3%。

玉米产品。出口量 3 315 吨，下降 87.3%；出口额 475.5 万美元，下降 51.8%。进口量 1 129.6 万吨，增加 1.4 倍，占谷物进口总量的 31.6%；进口额 24.9 亿美元，增加 1.3 倍。

高粱产品。出口量 2.1 万吨，下降 48.3%；出口额 943.5 万美元，下降 38.2%。进口量 481.3 万吨，增加 4.8 倍，占谷物进口总量的 13.4%；进口额 11.6 亿美元，增加 5 倍。

小麦产品。出口量 18.1 万吨，下降 42.1%，占谷物出口总量的 7%；出口额 7 355.6 万美元，下降 39.3%。进口量 837.6 万吨，增加 1.4 倍，占谷物进口总量的 23.4%；进口额 23.5 亿美元，增加 1.3 倍。

大麦产品。出口量 78.4 吨，下降 75.2%；出口额 8.9 万美元，下降 39.2%。进口量 807.9 万吨，增长 36.3%，占谷物进口总量的 22.6%；进口额 18.8 亿美元，增长 20.4%。

2. 贸易区域

出口市场。中国谷物前五位出口市场依次是埃及、韩国、塞拉利昂、喀麦隆和尼日尔，对前五位市场合计出口 100.9 万吨，占谷物出口总量的 38.9%，比上年下降 9.1 个百分点。其中，对韩国、塞拉利昂、喀麦隆和尼日尔出口量分别增长 35.8%、67.2%、37.3%和 2.6%，对埃及出口量下降 40.9%。

进口来源地。中国谷物前五位进口来源地依次是美国、乌克兰、加拿大、法国和澳大利亚。从前五位国家合计进口 3 041.8 万吨，占谷物进口总量的 85%，比上年增长 7.4 个百分点。其中，从美国和法国进口量分别增加 7.9 倍和 1.5 倍，从乌克兰、加拿大和澳大利亚进口量分别增长 68.1%、38.2%和 8.2%（表 7）。

表 7　2020 年中国谷物主要出口市场和进口来源地

单位：万吨、%

出口市场	出口量	比上年增长	占谷物出口总量比重	进口来源地	进口量	比上年增长	占谷物进口总量比重
埃　　及	26.4	−40.9	10.2	美　　国	1 025.4	786.5	28.7
韩　　国	22.1	35.8	8.5	乌 克 兰	868.4	68.1	24.3
塞拉利昂	20.5	67.2	7.9	加 拿 大	432.5	38.2	12.1
喀 麦 隆	18.8	37.3	7.2	法　　国	414.5	148.9	11.6
尼 日 尔	13.2	2.6	5.1	澳大利亚	300.9	8.2	8.4

分品种看，稻谷产品主要出口至埃及、韩国、塞拉利昂、喀麦隆和尼日尔，进口主要来自缅甸、越南、巴基斯坦、泰国和柬埔寨。小麦产品主要出口至朝鲜、中国香港、中国澳门、泰国和缅甸，进口主要来自法国、加拿大、美国、澳大利亚和立陶宛。大麦产品进口主要来自乌克兰、加拿大、法国、澳大利亚和阿根廷。高粱产品进口主要来自美国、阿根廷、澳大利亚、缅甸和法国。玉米产品进口主要来自乌克兰、美国、保加利亚、俄罗斯和老挝（表8、表9）。

表8 2020年中国主要谷物品种出口市场

单位：万吨、%

稻谷产品				小麦产品			
出口市场	出口量	比上年增长	占稻谷产品出口总量比重	出口市场	出口量	比上年增长	占小麦产品出口总量比重
埃及	26.4	−40.9	11.4	朝鲜	11.0	−51.0	60.5
韩国	20.6	38.7	8.9	中国香港	6.4	−9.1	35.2
塞拉利昂	20.5	67.2	8.9	中国澳门	0.4	6.8	2.5
喀麦隆	18.8	37.3	8.1	泰国	0.1	−69.3	0.9
尼日尔	13.2	2.6	5.7	缅甸	0.1	−45.9	0.3
主要出口市场合计			43.1	主要出口市场合计			99.2

表9 2020年中国主要谷物品种进口来源地

单位：万吨、%

大麦产品				高粱产品			
进口来源地	进口量	比上年增长	占大麦产品进口总量比重	进口来源地	进口量	比上年增长	占高粱产品进口总量比重
乌克兰	226.3	159.0	28.0	美国	425.7	608.2	88.4
加拿大	201.8	38.3	25.0	阿根廷	44.1	215.6	9.2
法国	175.9	48.7	21.8	澳大利亚	10.4	28.5	2.2
澳大利亚	149.2	−35.6	18.5	缅甸	1.1	14.1	0.2
阿根廷	39.2	493.5	4.8	法国	0.0	712.2	0.0
主要进口市场合计			98.1	主要进口市场合计			100.0

（续）

玉米产品				小麦产品			
进口来源地	进口量	比上年增长	占玉米产品进口总量比重	进口来源地	进口量	比上年增长	占小麦产品进口总量比重
乌克兰	629.8	52.2	55.7	法国	238.6	394.7	28.5
美国	434.2	1 266.9	38.4	加拿大	229.8	38.1	27.4
保加利亚	26.1	5 796.9	2.3	美国	165.2	599.5	19.7
俄罗斯	13.8	98.0	1.2	澳大利亚	122.6	555.5	14.6
老挝	13.3	－6.4	1.2	立陶宛	33.3	69.5	4.0
主要进口市场合计			98.9	主要进口市场合计			94.3

3. 价格变动

（1）中国谷物进出口价格

2020 年中国以一般贸易方式出口谷物的平均价格[①]为每吨 415 美元，增长 9.4%；进口平均价格为每吨 271 美元，下降 10.3%。其中，大麦出口价格下跌，大米和高粱出口价格上涨；小麦、大麦和玉米进口价格下跌，大米和高粱进口价格上涨（表 10）。

表 10　2020 年中国主要谷物品种进出口价格

单位：美元/吨、%

产品	出口平均价格	比上年增长	进口平均价格	比上年增长
谷物	415	9.4	271	－10.3
小麦	—	—	279	－2.4
大麦	1 509	－19.9	233	－11.7
玉米	—	—	221	－1.3
大米	360	6.1	508	1.0
高粱	445	20.4	239	0.7

（2）中国谷物进出口价格与国际市场价格比较

2020 年，国际大米价格大幅上涨。泰国 5%破碎率大米价格全年平均每吨 497 美元，增长 18.8%；越南 5%破碎率大米价格全年平均每吨 428 美元，增长 21.6%。中国大米进口均价每吨 508 美元，增长 1%；出口均价每吨 360 美元，增长 6.1%（图 9）。

① 出口平均价格＝出口总额/出口总量；进口平均价格＝进口总额/进口总量。下同。
本节对中国谷物及其主要品种的进出口价格分析均为一般贸易方式下的价格（小麦和玉米一般贸易方式下无出口）。

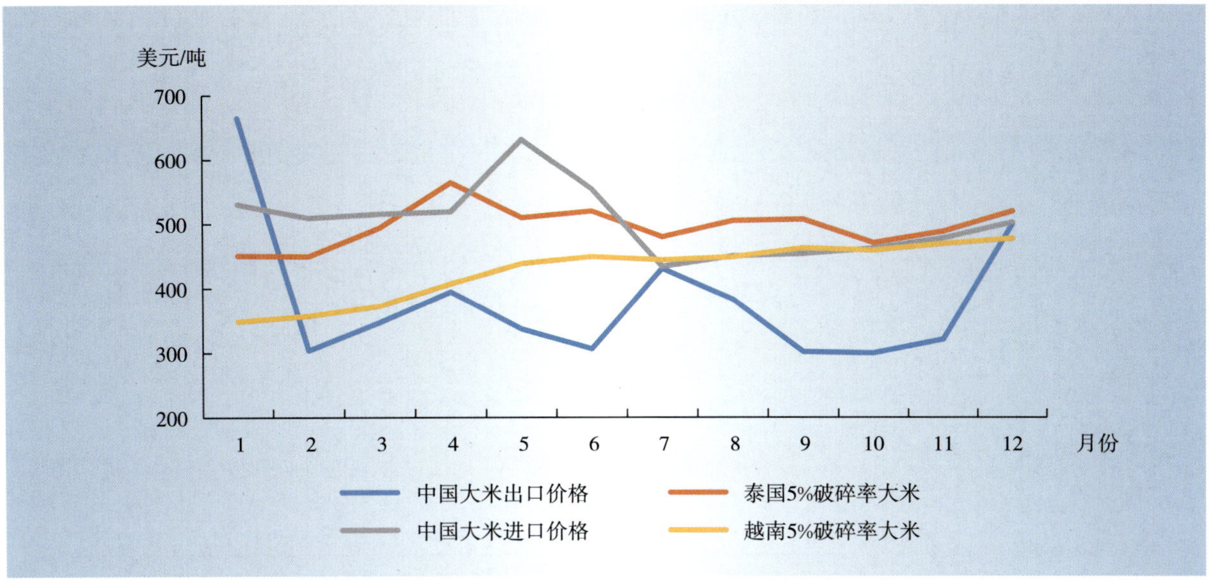

图 9　2020 年中国大米进出口价格与国际大米市场价格比较

数据来源：泰国和越南大米价格来自世界银行商品价格数据库，中国大米进出口价格根据中国海关数据计算。

国际小麦价格先降后涨，美国软红冬麦价格全年平均为每吨 228 美元，增长 12.9%。美国硬红冬麦价格全年平均为每吨 207 美元，下降 1.8%。中国小麦进口均价每吨 279 美元，下降 2.4%（图 10）。

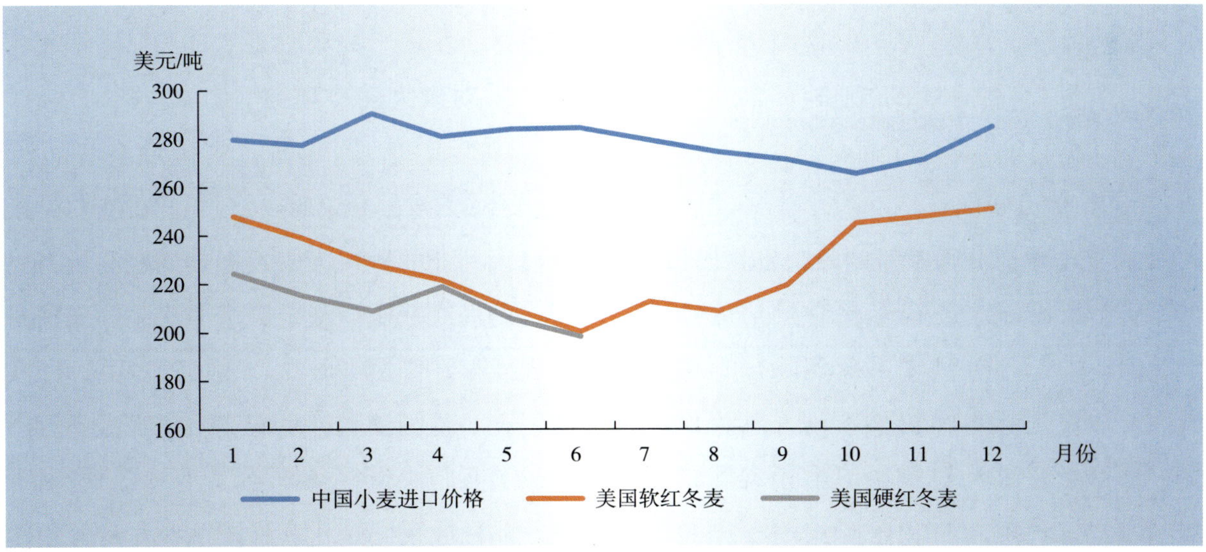

图 10　2020 年中国小麦进口价格与国际小麦市场价格比较

数据来源：美国小麦价格来自世界银行商品价格数据库，中国小麦进口价根据中国海关数据计算。

注：①中国出口的小麦产品主要为面粉，没有小麦（原粮）出口，故没有小麦出口价。②世界银行美国硬红冬麦价格数据自 2020 年 6 月停止更新。

国际玉米价格先降后涨，后期涨幅明显（图 11）。国际玉米价格全年平均为每吨 165 美元，下降 2.7%。中国玉米进口均价每吨 221 美元，下降 1.3%。

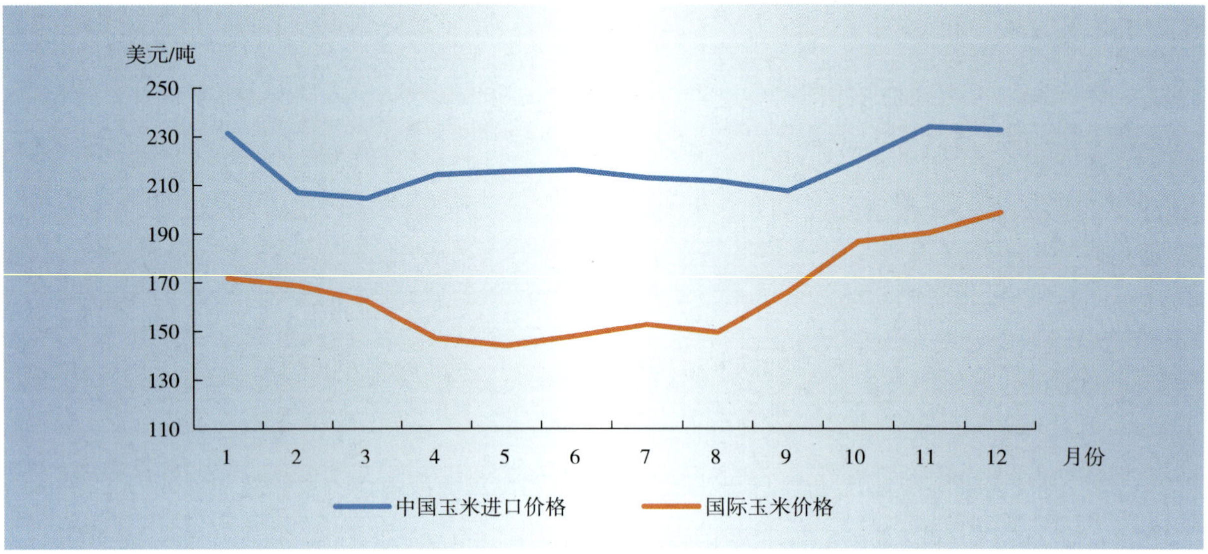

图 11　2020 年中国玉米进口价格与国际玉米市场价格比较

数据来源：世界玉米价格来自世界银行商品价格数据库，中国玉米进口价格根据中国海关数据计算。

4. 自给率[①]变动

2020 年，中国粮食产量 66 949 万吨，比上年增加 565 万吨，其中谷物产量 61 674 万吨，净进口量 3 319.8 万吨，自给率为 94.9%，比上年下降 3 个百分点。

（二）政策变化

1. 上半年部分国家短期限制谷物出口

受疫情影响，公众对粮食供应安全产生忧虑，加上部分国家采取谷物出口限制措施，造成国际谷物价格上涨，其中国际大米价格上涨最为显著。但由于谷物产需基础稳定，各国政府和国际组织不断稳定预期，国际谷物价格一段时间上涨后相继恢复正常。

2. 中美第一阶段协议执行稳步推进

中方切实履行自美农产品采购协议。自美玉米、小麦、高粱等谷物进口显著增长。

3. 对澳大麦“双反”终裁

2020 年 5 月 18 日，中国商务部发布 2020 年第 14 号和第 15 号公告，公布对原产于澳大利亚的进口大麦反倾销调查和反补贴调查的最终裁定，裁定原产于澳大利亚的进口大麦存在倾销和补贴，国内产业受到了实质损害，且倾销和补贴与实质损害之间存在因果关系，决定自 2020 年 5 月 19 日起对上述产品征收反倾销税和反补贴税，反倾销税率为 73.6%，反补贴税率为 6.9%，征收期限为 5 年。

① 自给率：按当年生产总量/表观消费量（当年生产总量＋当年净进口量）×100%计算。下同。

干 豆

2020年，中国干豆出口量33.8万吨，比上年下降12.4%；出口额4.7亿美元，下降7.8%。进口量320.5万吨，增长42.1%；进口额10.7亿美元，增长33.4%。净进口量286.7万吨，增长53.3%；贸易逆差6.1亿美元，扩大1.1倍。

1. 产品结构

干豆出口以芸豆、绿豆、红小豆为主，合计占干豆出口总量的89.6%、出口总额的89.4%；进口主要是豌豆和绿豆，合计占干豆进口总量的97.1%、进口总额的93.5%（表11）。

表11 2020年中国主要干豆品种贸易情况

单位：万吨、亿美元、%

产 品	出口量	进口量	净进口量	净进口量比上年增长	出口额	进口额	净进口额	净进口额比上年增长
干 豆	33.8	320.5	286.7	53.3	4.7	10.7	6.1	110.3
绿 豆	10.9	20.5	9.6	838.5	1.8	1.8	0.0	101.8
红小豆	4.6	0.8	−3.8	−11.6	0.6	0.1	−0.6	11.2
豌 豆	0.1	290.8	290.7	45.2	0.0	8.2	8.2	240.6
芸 豆	14.8	1.0	−13.8	16.1	1.8	0.1	−1.7	13.9

绿豆。出口量10.9万吨，下降13.4%，占干豆出口总量32.3%；出口额1.8亿美元，下降13.1%，占干豆出口总额的38.9%。进口量20.5万吨，增长81.1%，占干豆进口总量的6.4%；进口额1.8亿美元，增加1.1倍，占干豆进口总额的17.1%。

红小豆。出口量4.6万吨，下降12.8%，占干豆出口总量的13.6%；出口额0.6亿美元，增长6.1%，占干豆出口总额的13.8%。进口量0.8万吨，下降28%；进口额0.1亿美元，下降21.8%。

豌豆。出口量0.1万吨，增加1倍；出口额127.4万美元，增长57.9%。进口量290.8万吨，增长45.2%，占干豆进口总量的90.7%；进口额8.2亿美元，增长41%，占干豆进口总额的76.6%。

芸豆。出口量14.8万吨，下降13.9%，占干豆出口总量的43.8%；出口额1.8亿美元，下降7.3%，占干豆出口总额的38.6%。进口量1万吨，增长32.9%；进口额0.1亿美元，增长9%。

2. 贸易区域

出口市场。中国干豆前五位出口市场依次是日本、印度、越南、韩国和古巴，对前五位市场合计出口19.6万吨，占干豆出口总量的58%，比上年下降13.3%。

进口来源地。中国干豆前五位进口来源地依次是加拿大、美国、缅甸、法国和乌兹别克斯坦。从前五位国家合计进口304.8万吨，占干豆进口总量95.1%，比上年增长39.3%（表12）。

表12 2020年中国干豆主要出口市场和进口来源地

单位：万吨、%

出口市场	出口量	比上年增长	占出口总量比重	进口来源地	进口量	比上年增长	占进口总量比重
日本	5.7	−12.0	16.9	加拿大	273.3	38.5	85.3
印度	4.3	−13.2	12.7	美国	14.0	277.8	4.4
越南	3.8	−32.3	11.1	缅甸	8.3	6.1	2.6
韩国	3.1	−1.4	9.1	法国	4.8	297.7	1.5
古巴	2.8	12.0	8.3	乌兹别克斯坦	4.4	29.8	1.4

绿豆主要出口至日本和越南，合计占出口总量的67.6%；进口主要来自缅甸、乌兹别克斯坦、澳大利亚、埃塞俄比亚和印度尼西亚，合计占进口总量的94.8%。

红小豆主要出口至韩国和日本，合计占出口总量的66.2%；进口主要来自越南和缅甸，合计占进口总量的72.3%。

芸豆主要出口至印度和古巴，合计占出口总量的47.8%（表13）。豌豆进口基本来自加拿大，占进口总量的93.8%（表14）。

表13 2020年中国主要干豆出口市场

单位：吨、%

绿豆				红小豆			
出口市场	出口量	比上年增长	占绿豆出口总量比重	出口市场	出口量	比上年增长	占红小豆出口总量比重
日本	39 645.0	−9.5	36.3	韩国	19 868.1	−14.5	43.3
越南	34 109.7	−27.3	31.3	日本	10 506.9	−20.3	22.9
美国	10 918.1	19.3	10.0	马来西亚	3 787.9	0.3	8.3
韩国	6 819.0	52.9	6.3	新加坡	1 997.4	4.1	4.4
加拿大	2 801.3	−26.6	2.6	美国	1 989.3	12.7	4.3
主要出口市场合计			86.5	主要出口市场合计			83.2

（续）

豌豆				芸豆			
出口市场	出口量	比上年增长	占豌豆出口总量比重	出口市场	出口量	比上年增长	占芸豆出口总量比重
越　南	243.4	38.4	30.2	印　度	42 781.8	−12.2	28.9
印度尼西亚	125.0	0	15.5	古　巴	28 000.0	12.0	18.9
利比里亚	104.0	103.9	12.9	意大利	13 746.0	−17.5	9.3
中国台湾	89.7	456.3	11.1	巴基斯坦	8 429.4	267.6	5.7
中国香港	51.0	1.4	6.3	阿联酋	3 941.0	8	2.7
主要出口市场合计			76	主要出口市场合计			65.5

表 14　2020 年中国主要干豆进口来源地

单位：吨、%

绿豆				红小豆			
进口市场	进口量	比上年增长	占绿豆进口总量比重	进口市场	进口量	比上年增长	占红小豆进口总量比重
缅　甸	58 115.2	3.0	28.3	越　南	3 306.4	756.6	44.0
乌兹别克斯坦	44 187.1	29.8	21.5	缅　甸	2 120.0	552.3	28.3
澳大利亚	34 394.2	553.2	16.7	泰　国	1 444.6	−85.1	19.3
埃塞俄比亚	32 299.3	0.0	15.7	加拿大	630.0	0.0	8.4
印度尼西亚	25 774.3	55.4	12.6	—			
主要进口来源地合计			94.8	主要进口来源地合计			100
豌豆				**芸豆**			
进口市场	进口量	比上年增长	占豌豆进口总量比重	进口市场	进口量	比上年增长	占芸豆进口总量比重
加拿大	2 727 984.9	38.5	93.8	缅　甸	5 140.2	93.7	49.1
美　国	125 106.8	832.0	4.3	加拿大	3 846.6	25.5	37
法　国	47 407.3	300.5	1.6	泰　国	550.1	−30.1	5.3
英　国	4 021.9	47.9	0.1	美　国	448.0	−44.8	4.3
澳大利亚	2 287.8	−48.7	0.1	阿根廷	317.1	0.0	3.1
主要进口来源地合计			99.9	主要进口来源地合计			99.1

3. 价格变动

2020 年，豌豆进口平均价格为每吨 283.8 美元，比上年下降 2.3%。

绿豆出口平均价格为每吨 1 449.4 美元，下降 12.4%；进口平均价格为每吨 896.9 美元，增长 16.6%。

红小豆出口平均价格为每吨 1 403 美元，增长 17.8%；进口平均价格为每吨 946.2 美元，增长 4.7%。

薯　类[①]

2020 年，薯类进口量 337.8 万吨，比上年增长 18.7%；进口额 8.1 亿美元，增长 24.4%。出口薯类 2.3 万吨，下降 43.1%；出口额 0.2 亿美元，下降 56%。

1. 产品结构

2020 年，中国薯类主要进出口产品为木薯、甘薯和马铃薯（表 15）。

木薯。木薯是中国薯类主要进口品种。进口量 335.5 万吨，比上年增长 18.2%，占薯类进口量的 99.3%；进口额 7.8 亿美元，增长 22%。

甘薯。出口量 2.3 万吨，下降 42.7%，出口额 1 558.6 万美元，下降 56.2%。甘薯进口量 98.7 吨，下降 75.5%；进口额 5.3 万美元，下降 74.7%。

马铃薯。出口量为 538.9 吨，下降 55.1%；出口额 84.5 万美元，下降 52.8%。进口量 2.3 万吨，增加 1.9 倍；进口额 2 937.7 万美元，增加 1.6 倍。

表 15　2020 年中国薯类产品贸易情况

单位：万吨、万美元、%

产　品	出口量	进口量	净进口量	净进口量较上年增长	出口额	进口额	净进口额	净进口额较上年增长
木　薯	0	335.5	335.5	18.2	0	78 287.9	78 287.9	22.0
甘　薯	2.3	0	−2.3	−42.3	1 558.6	5.3	−1 553.3	−56.1
马铃薯	0.1	2.3	2.2	231.1	84.5	2 937.6	2 853.1	206.3

2. 贸易区域

（1）出口市场

2020 年薯类出口市场主要集中在越南、中国香港、中国澳门和荷兰，出口量合计 2 万吨，占出口总量的 87%。越南是中国最大的薯类出口市场，出口量 1.4 万吨，同比下降 21.1%。

（2）进口来源地

中国的薯类进口来源地主要是泰国、越南、柬埔寨和老挝，四国进口量合计占进口

① 本章统计的马铃薯不包括蔬菜中的鲜食和加工类马铃薯。

总量的99.1%。泰国是中国第一大薯类进口来源国，进口量266.3万吨，增长10.2%，占薯类进口总量的78.8%（表16）。

表16 2020年中国薯类主要出口市场和进口来源地

单位：万吨、%

出口市场	出口量	比上年增长	占出口总量百分比	进口市场	进口量	比上年增长	占进口总量百分比
越　南	1.4	−21.1	61.9	泰　国	266.3	10.2	78.8
中国香港	0.3	−78.9	14.2	越　南	45.8	56.0	13.6
中国澳门	0.1	66.7	5.9	柬埔寨	12.5	93.0	3.7
荷　兰	0.1	13.5	5.0	老　挝	10.2	66.2	3.0
英　国	0.1	−50.3	2.5	荷　兰	1.1	154.8	0.3

分品种看，2020年木薯无出口贸易；进口主要来自泰国，进口量266.3万吨，占木薯进口总量的79.4%。甘薯主要出口至越南和中国香港，两地合计占甘薯出口总量的77.5%。马铃薯主要出口至韩国和印度尼西亚，合计占出口量的64.5%（表17）。

表17 2020年中国薯类品种主要出口市场和进口来源地

单位：吨、%

产　品	进口来源地	进口量	比上年增长	占进口总量百分比	出口市场	出口量	比上年增长	占出口总量百分比
木　薯	泰　国	266.3	10.2	79.4	—			
	越　南	457.8	56.1	13.7				
甘　薯	越　南	1.4	−21.5	63.0	越　南	1.4	−21.5	63.0
	—				中国香港	0.3	−78.8	14.5

3. 价格变动

2020年，甘薯出口均价为每吨722美元，较上年下降19.4%。马铃薯出口价格上升，进口价格下降。木薯和甘薯进口价格基本保持平稳，比上年小幅增长（表18）。

表 18　2020 年中国薯类细分品种进出口价格

单位：美元/吨、%

产　品	出口平均价格	与上年相比增长	进口平均价格	与上年平均增长
木　薯		—	235.3	3.9
甘　薯	722	−19.4	537	3
马铃薯	1 606	7.9	1 304.3	−7

棉　花

（一）贸易概况

2020 年，中国进口棉花 223.2 万吨，比上年增长 15.2%；进口额 35.9 亿美元，增长 0.3%。出口量 0.6 万吨，下降 88.6%；出口额 0.1 亿美元，减少 90.7%。贸易逆差 35.3 亿美元，扩大 0.6%。

1. 产品结构

棉花贸易的主要产品是原棉（亦称未梳棉）。2020 年，原棉进口量 215.8 万吨，增长 16.8%，占棉花进口总量的 96.7%，比上年增加 1.4 个百分点。原棉出口量 0.5 万吨，下降 91%，占棉花出口总量的 75.7%，减少近 20 个百分点。其他棉花进口量 7.3 万吨，下降 16.9%。

2. 贸易区域

进口来源地。依进口量排序，美国超越巴西成为中国第一大进口来源地，自美国进口 98.8 万吨，比上年增加 1.7 倍，占中国棉花进口总量的 44.3%；自巴西进口 64 万吨，增长 25%，占比 28.7%；自印度进口 26.8 万吨，增长 10.6%，占比 12%。美国、巴西、印度、澳大利亚、苏丹是中国棉花的前五大进口来源地，合计占 91.7%。乌兹别克斯坦曾是中国棉花第五大进口来源地，2020 年进口量 1 万吨，下降 87%（表 19）。

表 19　2020 年中国棉花主要进口来源地

单位：万吨、亿美元、%

国　别	进口量	进口量比同期	进口额	进口额比同期	占中国棉花总进口的比重	
					进口量	进口额
国家合计	223.2	15.2	35.9	−0.3	—	—
美　国	98.8	172.8	16.1	120.0	44.3	44.9
巴　西	64.0	25.0	10.5	12.3	28.7	29.2
印　度	26.8	10.6	3.9	1.4	12.0	10.9
澳大利亚	11.7	−70.5	2.3	−72.5	5.3	6.3
苏　丹	3.2	−20.5	0.4	−27.6	1.4	1.2

出口市场。中国棉花主要出口到周边国家，依次为马来西亚、日本和越南。其中，对马来西亚出口 0.3 万吨，上年仅为 67 吨；对日本出口 0.1 万吨，下降 57.9%。

3. 贸易方式

2020 年中国棉花进口方式以一般贸易、海关特殊监管区域与境外之间进出的物流货物（以下简称物流货物）和保税监管场所进出境货物为主，分别进口 128.5 万吨、53.6 万吨和 23.5 万吨，分别占中国棉花进口总量的 57.6%、24%和 10.5%（表 20）。

出口方式以物流货物和一般贸易为主，其出口量分别占中国棉花出口总量的 66.1%和 23.7%，合计占 89.8%。

表 20　2020 年中国棉花进口主要贸易方式

单位：万吨、亿美元、%

贸易方式	进口量	比上年增长	进口额	比上年增长
贸易方式合计	223.2	15.2	35.9	−0.3
一般贸易	128.5	84.3	19.9	65.8
物流货物	53.6	−0.4	9.0	−12.0
保税仓库进出境货物	23.5	−50.3	4.1	−56.1
进料加工（对口合同）	16.8	−25.6	2.9	−36.1

4. 价格变动

根据 Cotlook A（FE）棉价指数，2020 年国际棉价先跌后涨，从 1 月每磅 79.1 美分持续下跌至 4 月全年最低点 63.5 美分，随后逐渐回升，12 月价格达到全年最高点 81 美分。全年均价每磅 77.9 美分，与上年基本持平。

2020 年中国棉花平均进口价格为每吨 1 609 美元，比上年上涨 13.5%。所有贸易方式中，以边境小额贸易方式进口的棉花平均价格最低，为每吨 1 192 美元；一般贸易、物流贸易、保税监管场所进出境货物等方式进口的棉花均价分别为每吨 1 546 美元、1 679 美元和 1 732 美元。

2020 年全年国内外棉花平均价差为每吨 450 元，上半年价差缩小，下半年由于棉花市场价格回升，国内价格涨幅高于国际价格，价差再次拉大，11 月中国进口棉价指数（FC Index M）1%税后价与中国棉花价格指数（3128B）价差达到全年最高点，为每吨 1 500 元。

2020 年中国棉花年度平均出口价格为每吨 1 364 美元，比上年下跌 18.8%。

5. 自给率变动

2020 年全国棉花总产量 591 万吨，比上年增加 2.1 万吨，增长 0.4%。棉花净进口222.6万吨，自给率为72.6%，较上年下降3.2个百分点。

(二) 政策变化

2020年，中国继续实行棉花进口滑准税政策，共发放40万吨非国营贸易配额，限定以加工贸易方式进口。中美第一阶段经贸协议1月份达成后，利好美棉进口，自美国棉花进口量快速增长。

食用油籽

中国食用油籽进口量继续位居全球第一。2020年进口1.1亿吨，比上年增加1 283.4万吨，增长13.8%。其中，大豆、油菜籽、花生、芝麻进口量增加，亚麻籽、葵花籽进口量下降。出口食用油籽104.3万吨，下降10.1%。其中，葵花籽出口增加，花生、大豆、芝麻出口下降。食用油籽进口额432.7亿美元，增长12.7%；出口额16亿美元，下降5%。贸易逆差416.7亿美元，比上年扩大13.5%。

(一) 产品结构

2020年，主要进口产品有大豆、油菜籽、花生、芝麻、亚麻籽、葵花籽，主要出口产品有葵花籽、花生、大豆和芝麻。

1. 主要进口产品

食用油籽进口中，大豆比重超过94.5%。大豆、花生、芝麻和油菜籽进口量额双增，亚麻籽、葵花籽进口量额双降（表21）。

表21 2020年中国进口食用油籽产品结构

单位：万吨、亿美元、%

产　品	进口量	比上年增长	进口额	比上年增长	占食用油籽进口比重	
					进口量	进口额
大　豆	10 032.7	13.3	395.3	11.8	94.5	91.3
油菜籽	311.4	13.8	13.6	11.3	2.9	3.1
花　生	108.8	126.2	8.5	153.8	1.0	2.0
芝　麻	101.6	25.1	12.7	5.7	1.0	2.9
亚麻籽	37.3	−12.7	1.7	−7.1	0.4	0.4
葵花籽	18.1	−40.3	0.8	−27.7	0.2	0.2

2. 主要出口产品

食用油籽出口以葵花籽和花生为主，花生量额双降，葵花籽量额双增，出口量比重均超35%。大豆、芝麻出口量额双降（表22）。

表 22 2020年中国出口食用油籽产品结构

单位：万吨、亿美元、%

产　品	出口量	比上年增长	出口额	比上年增长	占食用油籽出口比重	
					出口量	出口额
葵花籽	50.8	5.8	6.5	4.4	48.7	40.5
花　生	39.9	−20.9	7.7	−9.4	38.2	48.2
大　豆	8.1	−30.5	0.7	−22.4	7.8	4.6
芝　麻	4.9	−11.6	1.0	−12.6	4.7	6.2

（二）贸易区域

1. 进口来源地

中国食用油籽进口来源地较为集中。大豆主要从巴西、美国和阿根廷三国进口，自三国进口总量合计占大豆进口总量的97.3%。油菜籽主要从加拿大、澳大利亚和俄罗斯进口。芝麻进口主要来自非洲国家（表23）。

表 23 2020年中国食用油籽主要进口来源地

单位：万吨、亿美元、%

产　品	来源地	进口量	比上年增长	进口额	比上年增长
大　豆	合　计	10 032.7	13.3	395.3	11.8
	巴　西	6 427.8	11.4	249.1	8.3
	美　国	2 588.8	52.8	106.3	59.1
	阿根廷	745.6	−15.2	28.9	−19.1
油菜籽	合　计	311.4	13.8	13.6	11.3
	加拿大	231.6	−1.8	10.0	−6.9
	澳大利亚	43.9	228.8	2.1	239.2
	俄罗斯	33.1	75.6	1.5	101.7
花　生	合　计	108.8	126.2	8.5	153.8
	美　国	34.8	371.6	2.1	420.9
	塞内加尔	32.3	22.1	2.5	37.8
	苏　丹	29.7	704.5	2.7	854.4

（续）

产　品	来源地	进口量	比上年增长	进口额	比上年增长
芝　麻	合　计	101.6	25.1	12.7	5.7
	苏　丹	23.1	35.1	3.0	16.1
	尼日尔	17.8	14.2	2.2	−0.4
	埃塞俄比亚	14.6	29.9	2.1	−16.9

2. 出口市场

中国食用油籽出口量 104.3 万吨，且出口市场分散（表 24）。

表 24　2020 年中国食用油籽主要出口市场

单位：万吨、万美元、%

产　品	出口市场	出口量	比上年增长	出口额	比上年增长
花生	合　计	39.9	−20.9	7.7	−9.4
	日　本	6.3	−6.4	1.5	1.2
	韩　国	3.2	−1.9	0.6	8.5
	印度尼西亚	2.7	−30.8	0.5	−22.1
	荷　兰	2.4	−2.5	0.5	17.2
	菲律宾	2.4	−28.9	0.5	−14.9
	泰　国	2.3	−17.5	0.4	−5.3
葵花籽	合　计	50.8	5.8	6.5	4.4
	土耳其	12.0	−4.0	1.4	−5.2
	埃　及	8.0	2.3	1.1	4.2
	伊拉克	6.4	54.9	0.8	56.7
	西班牙	3.0	110.9	0.5	107.7
	伊　朗	2.8	−30.2	0.4	−33.6
大豆	合　计	8.1	−30.5	0.7	−22.4
	韩　国	4.0	−14.5	0.4	−5.8
	日　本	2.3	−6.9	0.2	−6.6

（三）价格变动

进口价格。食用油籽进口价格比上年下跌1%。大豆、油菜籽、芝麻进口价格下降，其中芝麻进口价格降幅超过15%。花生、葵花籽、亚麻籽进口价格上涨，其中葵花籽进口价格涨幅超过20%。从月度价格变化看，12月大豆进口价格最高，为每吨434.6美元，比7月（年内最低价）高59.2美元，波动幅度为15.8%（图12）。

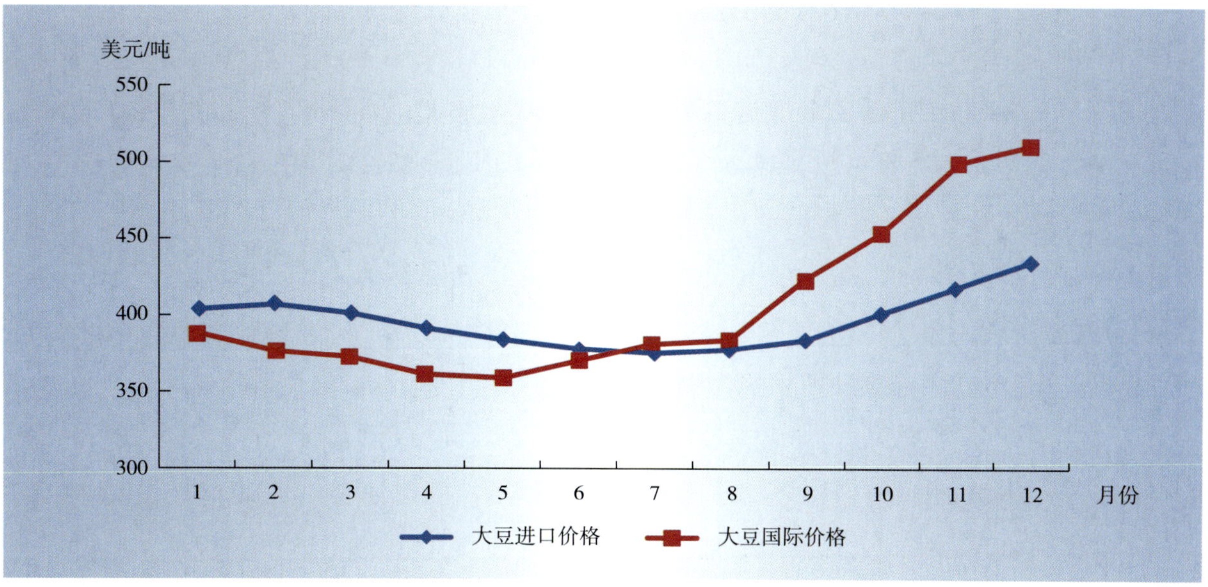

图12　2020年大豆月度进口价格

数据来源：国际价格来源于世界银行商品数据库，进口价格根据中国海关数据计算。

出口价格。食用油籽平均出口价格比上年上涨5.6%。大豆、花生出口价格上涨，涨幅均超过10%（表25）。芝麻、葵花籽出口价格下降。

表25　2020年中国主要食用油籽品种进出口价格

单位：美元/吨、%

产　品	进口平均价格	比上年上涨	出口平均价格	比上年上涨
大　豆	394.0	−1.3	901.9	11.6
油菜籽	437.4	−2.2	3 942.1	—
芝　麻	1 253.4	−15.5	2 023.4	−1.2
花　生	778.0	12.2	1 937.3	14.4
葵花籽	441.3	21.2	1 276.3	−1.3
亚麻籽	459.5	6.4	1 437.9	—

(四）自给率变动

2020 年，全国大豆总产量 1 960 万吨，增产 8.3%；进口 10 033 万吨，增长 13.3%；自给率为 16.4%，比上年下降 0.6 个百分点。

(五）进口变化大的主要油籽品种及原因

2020 年大豆进口超 1 亿吨，比上年增长 13.3%。中国大豆进口受全球疫情影响有限，进口大豆量增价跌，供给基本正常。国内生猪产能回升推动大豆需求，下游行业维持高进口、高消耗的运行格局。国外大豆供应能力提升，巴西大豆丰产，为中国扩大进口提供支撑。随着中美第一阶段经贸协议落实，自美国大豆进口增加，加之美豆库存偏高，下半年中国大豆进口量增价稳。随着临储大豆进入市场，国产大豆供给增加，价格高位趋稳。

食用植物油

2020 年，中国食用植物油贸易逆差继续扩大。出口量 17.2 万吨，比上年下降 35.8%；出口额 2 亿美元，下降 26.9%。进口量 1 169.5 万吨，增长 1.5%；进口额 87.2 亿美元，增长 17.7%。净进口 1 152.3 万吨，增长 2.3%；贸易逆差 85.2 亿美元，扩大 19.5%。

1. 产品结构

食用植物油出口主要是豆油、芝麻油和花生油，合计占食用植物油出口总量的 74.2%、出口总额的 77.2%；进口主要是棕榈油、葵花油和红花油、菜籽油、豆油，合计占食用植物油进口总量的 97.6%、进口总额的 92.5%（表 26）。

表 26　2020 年中国食用植物油贸易情况

单位：万吨、亿美元、%

产　品	出口量	进口量	净进口量	净进口量比上年增长	出口额	进口额	净进口额	净进口额比上年增长
食用植物油	17.2	1 169.5	1 152.3	2.3	2.0	87.2	85.2	19.5
菜籽油	0.3	193.2	192.9	20.3	0.04	16.4	16.4	24.2
豆油	10.8	96.3	85.5	36.1	1.0	7.3	6.3	53.7
花生油	1.2	26.9	25.7	38.9	0.3	4.3	4.0	90.5
棕榈油	2.6	646.1	643.5	−14.4	0.2	41.2	41.0	0.2
葵花油和红花油	0.3	195.4	195.1	59.1	0.1	15.7	15.6	69.6
亚麻籽油	0.1	5.8	5.7	5.6	0.03	0.6	0.6	50.0
橄榄油	0.01	5.5	5.5	1.9	0.005	1.7	1.7	−5.6
玉米油	0.9	0.1	−0.8	300.0	0.1	0.01	−0.1	233.3
芝麻油	0.7	0.1	−0.6	20.0	0.3	0.03	−0.3	50.0

菜籽油。出口量0.3万吨，比上年下降73.5%；出口额0.04亿美元，下降63.6%。进口量193.2万吨，增长19.6%，占食用植物油进口总量的16.5%；进口额16.4亿美元，增长23.7%。

豆油。出口量10.8万吨，下降45%，占食用植物油出口总量的63%；出口额1亿美元，下降45.1%。进口量96.3万吨，增长16.6%；进口额7.3亿美元，增长22.3%。

花生油。出口量1.2万吨，增长25.6%，占食用植物油出口总量的7.2%；出口额0.3亿美元，增长41.9%。进口量26.9万吨，增长38.6%；进口额4.3亿美元，增长92.1%。

棕榈油。出口量2.6万吨，下降18.9%，占食用植物油出口总量的14.9%；出口额0.2亿美元，下降13%。进口量646.1万吨，下降14.4%，占食用植物油进口总量的55.3%；进口额41.2亿美元，增长0.4%。

葵花油和红花油。出口量0.3万吨，下降2.6%；出口额0.1亿美元，增长15.8%。进口量195.4万吨，增长59%，占食用植物油进口总量的16.7%；进口额15.7亿美元，增长70%。

2. 贸易区域

出口市场。中国食用植物油前五位出口市场依次是朝鲜、中国香港、巴布亚新几内亚、马来西亚和新加坡，前五位市场合计出口16.7万吨，占食用植物油出口总量的96.9%。其中，对马来西亚出口量增长35.5%，对朝鲜和中国香港出口量分别下降40.1%和30.3%。

进口来源地。中国食用植物油前五位进口来源地依次是印度尼西亚、马来西亚、乌克兰、俄罗斯和加拿大。从前五位国家合计进口1 004.9万吨，占食用植物油进口总量的85.8%，比上年减少0.4个百分点。其中，从俄罗斯进口量增长91.9%，从印度尼西亚进口量下降28.7%（表27）。

表27 2020年中国食用植物油主要出口市场和进口来源地

单位：万吨、%

出口市场	出口量	比上年增长	占食用植物油出口总量比重	进口来源地	进口量	比上年增长	占食用植物油进口总量比重
朝　鲜	8.2	−40.1	47.5	印度尼西亚	374.7	−28.7	32.0
中国香港	5.3	−30.3	31.0	马来西亚	269.9	18.1	23.1
巴布亚新几内亚	1.3	−84.2	7.6	乌克兰	132.7	23.6	11.3
马来西亚	1.3	35.5	7.6	俄罗斯	124.2	91.9	10.6
新加坡	0.6	−11.7	3.3	加拿大	103.4	7.3	8.8

分产品看，豆油主要出口至朝鲜、中国香港、马来西亚、新加坡和蒙古，进口主要来自阿根廷、俄罗斯、巴西、乌克兰和白俄罗斯。棕榈油主要出口至朝鲜、中国香港、蒙古，进口主要来自印度尼西亚、马来西亚、巴布亚新几内亚、泰国和菲律宾。葵花油和红花油进口主要来自乌克兰、俄罗斯、哈萨克斯坦、土耳其和西班牙。菜籽油进口主要来自加拿大、阿联酋、俄罗斯、澳大利亚和乌克兰（表 28、表 29）。

表 28　2020 年中国主要食用植物油产品出口市场

单位：万吨、%

豆油				棕榈油			
出口市场	出口量	比上年增长	占豆油出口总量比重	出口市场	出口量	比上年增长	占棕榈油出口总量比重
朝　　鲜	6.5	−42.7	59.8	朝　　鲜	1.7	−26.4	64.9
中国香港	2.9	−41	26.8	中国香港	0.6	10.9	21.8
马来西亚	0.7	88.4	6.4	蒙　　古	0.3	−14.9	13.0
新 加 坡	0.3	11.8	2.7			—	
蒙　　古	0.1	10.2	1.0				
主要出口市场合计			96.7	主要出口市场合计			99.7

表 29　2020 年中国主要食用植物油产品进口来源地

单位：万吨、%

棕榈油				葵花油和红花油			
进口来源地	进口量	比上年增长	占棕榈油进口总量比重	进口来源地	进口量	比上年增长	占葵花油和红花油进口总量比重
印度尼西亚	374.7	−28.7	58.0	乌克兰	115.2	33.1	59.0
马来西亚	269.9	18.1	41.8	俄罗斯	73.6	132.0	37.7
巴布亚新几内亚	1.1	3.0	0.2	哈萨克斯坦	4.5	24.9	2.3
泰　国	0.2	−35.0	0.0	土耳其	0.9	131.7	0.5
菲律宾	0.2	1 613.3	0.03	西班牙	0.4	6.2	0.2
主要进口来源地合计			100.0	主要进口来源地合计			99.7

（续）

菜籽油				豆油			
进口来源地	进口量	比上年增长	占菜籽油进口总量比重	进口来源地	进口量	比上年增长	占豆油进口总量比重
加拿大	103.4	7.3	53.5	阿根廷	30.5	−4.2	31.7
阿联酋	36.2	77.4	18.7	俄罗斯	26.8	61.1	27.9
俄罗斯	21.7	42.3	11.3	巴　西	20.7	−10	21.5
澳大利亚	7.3	47.2	3.8	乌克兰	11.2	24.4	11.7
乌克兰	6.2	−46.7	3.2	白俄罗斯	3.4	212.9	3.5
主要进口来源地合计			90.9	主要进口来源地合计			96.3

3. 价格变动

2020年中国以一般贸易方式出口食用植物油的平均价格为每吨1 303美元，增长13.2%；进口平均价格为每吨750美元，增长15.9%。其中，豆油出口价格下跌，菜籽油、花生油、棕榈油、葵花油和红花油出口价格上涨；菜籽油、豆油、花生油、棕榈油、葵花油和红花油进口价格均上涨（表30）。

表30　2020年中国主要食用植物油产品进出口价格

单位：美元/吨、%

产　品	出口平均价格	比上年增长	进口平均价格	比上年增长
食用植物油	1 303	13.2	750	15.9
菜籽油	1 619	77.9	850	3.5
豆　油	1 026	−1.6	748	4.0
花生油	2 297	20.7	1 601	39.2
棕榈油	1 384	57.3	637	17.5
葵花油和红花油	2 175	5.8	800	7.0

食　糖

（一）贸易概况

2020年，中国食糖进口量额双增、出口量额双减。全年进口量527.3万吨，比上年增长55.5%，进口额18亿美元，增长60.7%；出口量14.7万吨，下降20.7%，出口额0.7亿美元，下降17.5%。

1. 产品结构

主要进口产品是原糖和砂糖。其中，原糖进口量466.5万吨，增长59.8%，占中国食糖进口总量的 88.5%；砂糖进口量 59.8 万吨，增长 35.3%，占中国食糖进口总量的 11.3%。

主要出口食糖是砂糖、未列名精制糖和原糖，出口量分别为 9.4 万吨，4 万吨和 1.3 万吨，分别占食糖出口总量的 63.5%、27.1% 和 9%，与上年相比，分别下降 23.7%、25.3%和增加 2.4 倍（表 31）。

表 31 2020 年中国食糖及其产品贸易情况

单位：万吨、亿美元、%

产品	进口量	出口量	净进口量	净进口量比上年增长	进口额	出口额	净进口额	净进口额比上年增长
食糖	527.4	14.8	512.6	60	18.1	0.8	17.3	68
原糖	466.5	1.3	465.2	59.6	15.4	0.06	15.3	64.9
砂糖	59.8	9.4	50.4	58	2.6	0.4	2.2	69.2
未列名精制糖	1.0	4.0	−3	7.1	0.05	0.3	−0.3	25

2. 贸易区域

2020 年，中国食糖前五大进口来源地分别是巴西、古巴、韩国、萨尔瓦多和印度。其中，巴西仍为第一大进口来源国，进口量 393.4 万吨，占食糖进口总量的 74.6%。与上年相比，自巴西、古巴、韩国、萨尔瓦多和印度的食糖进口量分别增长 183%、7.8%、7.5%、88.1%和 413%（表 32）。

表 32 2020 年中国食糖主要进口来源地

单位：万吨、亿美元、%

进口来源地	进口量	进口量比上年增长	进口量占总进口量的比重	进口额	进口额比上年增长	进口额占总进口额的比重
巴西	393.4	183.0	74.6	12.7	189.9	70.3
古巴	46	7.8	8.7	1.7	7.5	9.4
韩国	19.5	7.5	3.7	0.9	15.8	4.9
萨尔瓦多	18.3	88.1	3.5	0.8	105.7	4.2
印度	14.2	413.0	2.7	0.3	387.5	3.0

食糖前五大出口市场为朝鲜、中国香港、蒙古、美国和菲律宾，出口量分别为 8.2 万吨、2 万吨、1.7 万吨、0.5 万吨和 0.5 万吨。对朝鲜、中国香港、蒙古、美国和菲律宾出口分别下降 17.4%、11.5%、50.7%、16.2%和 37.4%。

3. 价格变动

2020年国际糖价持续震荡运行。国际食糖价格从1月每吨310.6美元下降至4月的224.7美元，为全年最低价；5月后价格回升，12月恢复至年初水平，但仍低于全年最高价326美元。

进口食糖月度平均价格先升后降，4月份最高，为每吨406美元，10月份最低，为每吨332美元；进口食糖全年平均价格为每吨355美元，比上年下降1.9%。出口食糖月度平均价格，11月份最高，为每吨624美元，出口食糖全年平均价格为每吨516美元，比上年增长8.5%（图13）。

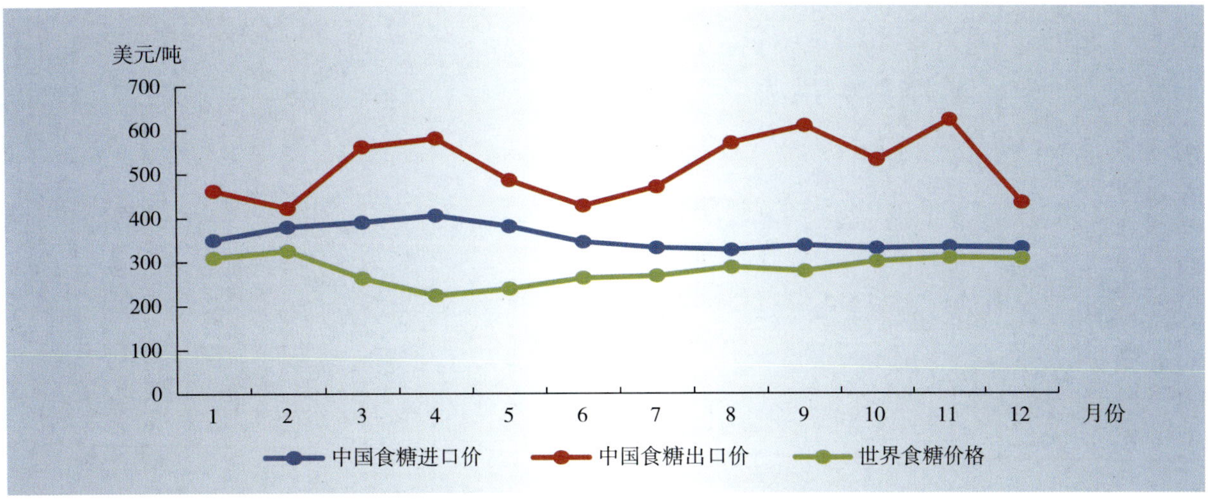

图13 2020年中国食糖月度进出口价格与世界食糖价格比较

数据来源：中国进出口食糖价格来源于中国海关，世界食糖价格来源于国际糖理事会（ISO）。

（二）政策变化

2020年5月22日，为期三年的食糖贸易保障措施到期，此后配额外进口食糖不再加征保障措施关税，配额外食糖进口关税回归至50%，进口食糖成本大幅降低。

2020年6月29日，商务部发布《关于调整〈实行进口报告管理的大宗农产品目录〉的公告》（商务部公告2020年第23号），自2020年7月1日起，将关税配额外食糖纳入《实行进口报告管理的大宗农产品目录》，实行大宗农产品进口报告管理。进口关税配额外食糖的对外贸易经营者按照《大宗农产品进行报告和信息发布管理办法》向中国糖业协会和中国食品土畜进口商会备案。

蔬　菜

2020年，中国蔬菜贸易额159.7亿美元，顺差138.9亿美元，是中国第一大顺差农产品。出口额149.3亿美元，比上年下降3.6%，占农产品出口总额的19.5%；进口额10.4亿美元，增长8.2%。

1. 产品结构

蔬菜是中国第二大出口农产品，前十大出口品种为大蒜、蘑菇、番茄、生姜、辣椒、洋葱、马铃薯、胡萝卜及萝卜、木耳和西兰花，合计占蔬菜出口总额的61.3%（表33）；进口蔬菜主要是辣椒、马铃薯、胡椒、番茄、甜玉米和豌豆等品种及蔬菜种子，合计占蔬菜进口总额的95.3%（表34）。

表33　2020年中国主要蔬菜品种出口情况

单位：亿美元、%

产品	出口			顺差	
	出口额	比上年增长	占蔬菜出口比重	金额	占顺差的比重
蔬菜	149.3	−3.6	100.0	138.9	100.0
大蒜	26.1	6.9	17.5	26.1	18.8
蘑菇	23.2	−20.6	15.5	23.2	16.7
番茄	9.8	4.4	6.6	9.6	6.9
生姜	7.2	25.6	4.8	7.1	5.1
辣椒	6.7	7.3	4.5	2.4	1.7
洋葱	5.2	−13.3	3.5	5.2	3.8
马铃薯	3.7	−18.0	2.4	2.4	1.7
胡萝卜及萝卜	3.5	−4.5	2.4	3.5	2.5
木耳	3.4	−47.6	2.3	3.4	2.5
西兰花	2.7	5.5	1.8	2.7	2.0

表34　2020年中国主要蔬菜品种进口情况

单位：万美元、%

产品	进口额	比上年增长	占蔬菜进口比重
蔬菜	90 996.2	13.9	100.0
辣椒	43 229.1	18.3	41.6
马铃薯	12 856.4	−20.1	14.1
胡椒	6 532.8	53.0	6.3
番茄	2 689.4	20.9	2.6
甜玉米	2 043.8	−17.3	2.0
豌豆	2 027.0	−10.5	2.0
蔬菜种子	27 679.1	7.0	26.7

大蒜。大蒜是第一大蔬菜出口产品，出口额26.1亿美元、增长6.9%，占蔬菜出口总额的17.5%。主要出口产品为鲜大蒜和大蒜（干），其中鲜大蒜出口量226.2万吨、增长27.9%，出口额20.8亿美元、增长3.7%；大蒜（干）出口量21.3万吨、增长18%，出口额5.1亿美元、增长21.7%。

蘑菇。蘑菇出口额23.2亿美元、下降20.6%，占蔬菜出口总额的15.5%。主要出口产品为蘑菇（加工）和蘑菇（干），其中蘑菇（加工）出口量27.5万吨、下降4.8%，出口额10.4亿美元、增长1.5%；蘑菇（干）出口量6.2万吨、下降36.4%，出口额10.2亿美元、下降38.4%。

番茄。番茄出口额9.8亿美元、增长4.4%，占蔬菜出口总额的6.6%；进口额2 689.4万美元、增长20.9%。主要出口产品为番茄（加工），出口量89.8万吨、下降6.9%，出口额7.1亿美元、下降4.5%；进口量2.1万吨、增长7.5%，进口额2 597.2万美元、增长7.6%。

生姜。生姜出口量51.1万吨、下降5%，出口额7.2亿美元、增长25.6%，占蔬菜出口总额的4.8%。

辣椒。辣椒出口额6.7亿美元、增长7.3%，占蔬菜出口总额的4.5%；进口额4.3亿美元、增长18.3%，占蔬菜进口总额的41.6%。主要出口产品为辣椒（干），出口量21.7万吨、增长4.5%，出口额5.6亿美元、增长4.8%；进口量16.8万吨、下降0.3%，进口额3.9亿美元、增长25.3%。

洋葱。洋葱出口额5.2亿美元、下降13.3%，占蔬菜出口总额的3.5%。主要出口产品为鲜洋葱，出口量85.9万吨、下降10.4%，出口额4.7亿美元、下降18.2%。

马铃薯。马铃薯出口额3.7亿美元、下降18.2%，占蔬菜出口总额的2.4%；进口额1.6亿美元、下降20.1%，占蔬菜进口总额的14.1%。主要出口产品为马铃薯鲜薯，出口量46万吨、下降11.5%，出口额3.1亿美元、下降25.7%；进口的主要产品为马铃薯（加工），进口量10.3万吨、下降21.4%，进口额1.3亿美元、下降20.1%。

胡椒。胡椒进口量2.2万吨、增长72.5%，进口额6 532.8万美元、增长53%，占蔬菜进口总额的6.3%。

蔬菜种子。蔬菜种子进口量1.8万吨、增长43.5%，进口额2.8亿美元、增长7%，占蔬菜进口总额的26.7%。

2. 贸易区域

出口市场。中国蔬菜前五大出口市场依次是日本、中国香港、越南、韩国和马来西亚，对前五大市场合计出口额77.9亿美元，占蔬菜出口总额的52.2%。除马来西亚外其他四国出口额都有所下降，其中对越南和韩国的降幅最大，分别下降了17.1%和11.1%。

进口来源地。中国蔬菜前五位进口来源地依次是印度、越南、日本、美国和印度尼西亚。从前五位国家合计进口6.7亿美元，占蔬菜进口总额的64.8%。其中，从印度尼西亚、印度和越南进口额分别增长

82.8%、21.6%和6.1%，从美国和日本进口额下降34.8%和2.6%（表35）。

表35 2020年中国蔬菜主要出口市场和进口来源地

单位：万美元、%

出口市场	出口额	比上年增长	占蔬菜出口总额比重	进口来源地	进口额	比上年增长	占蔬菜进口总额比重
日　本	210 469.7	−5.4	14.1	印　度	37 364.2	21.6	36.0
中国香港	194 676.5	−7.3	13.0	美　国	10 437.9	−34.8	10.1
越　南	165 916.5	−17.1	11.1	越　南	9 176.7	6.1	8.8
韩　国	104 394.8	−11.1	7.0	日　本	5 837.6	−2.6	5.6
马来西亚	103 451.2	0.1	6.9	印度尼西亚	4 515.6	82.8	4.3

分品种看，大蒜主要出口至印度尼西亚、越南、美国、巴西、马来西亚和日本。蘑菇主要出口至中国香港、马来西亚、越南、泰国、日本和韩国。番茄主要出口至中国香港、俄罗斯、意大利、越南、加纳和尼日利亚，进口主要来自意大利、美国、澳大利亚和西班牙。生姜主要出口至荷兰、美国、巴基斯坦、日本、阿联酋和马来西亚。辣椒主要出口至西班牙、马来西亚、泰国、美国、日本和俄罗斯，进口主要来自印度、越南、德国、美国和西班牙。洋葱主要出口至越南、日本、马来西亚、泰国、菲律宾和俄罗斯。胡椒进口主要来自印度尼西亚、越南、马来西亚、巴西和意大利。蔬菜种子进口主要来自日本、泰国、智利和丹麦（表36、表37）。

表36 2020年中国主要蔬菜品种出口市场

单位：万美元、%

大　蒜				蘑　菇			
出口市场	出口额	比上年增长	占大蒜出口总额比重	出口市场	出口额	比上年增长	占蘑菇出口总额比重
印度尼西亚	47 157.0	−6.1	18.0	中国香港	41 648.3	−33.0	17.9
越　南	30 468.4	−0.8	11.7	马来西亚	39 037.8	−14.4	16.8
美　国	30 024.3	14.5	11.5	越　南	35 765.5	−44.2	15.4
巴　西	13 152.4	40.6	5.0	泰　国	26 221.1	−9.4	11.3
马来西亚	11 238.7	−0.1	4.3	日　本	13 370.4	−12.4	5.8
日　本	10 387.9	−3.7	4.0	韩　国	9 676.1	−28.2	4.2
主要出口市场合计			54.5	主要出口市场合计			71.4

（续）

番 茄				生 姜			
出口市场	出口额	比上年增长	占番茄出口总额比重	出口市场	出口额	比上年增长	占生姜出口总额比重
中国香港	18 705.8	94.8	19.0	荷 兰	11 287.6	42.7	15.7
俄罗斯	9 391.7	−25.2	9.6	美 国	8 038.4	25.4	11.2
意大利	7 464.6	8.8	7.6	巴基斯坦	6 021.0	6.0	8.4
越 南	4 784.2	22.9	4.9	日 本	5 171.0	6.8	7.2
加 纳	4 280.3	−6.5	4.4	阿联酋	5 086.3	46.9	7.1
尼日利亚	4 234.7	−33.2	4.3	马来西亚	4 781.0	51.7	6.7
主要出口市场合计			49.7	主要出口市场合计			56.2

辣 椒				洋 葱			
出口市场	出口额	比上年增长	占辣椒出口总额比重	出口市场	出口额	比上年增长	占洋葱出口总额比重
西班牙	11 729.7	4.4	17.4	越 南	23 976.8	−15.5	45.9
马来西亚	6 843.9	31.1	10.2	日 本	8 799.7	−25.8	16.9
泰 国	5 963.5	13.1	8.9	马来西亚	2 822.0	−14.4	5.4
美 国	5 804.1	1.3	8.6	泰 国	2 483.0	25.6	4.8
日 本	4 968.2	7.5	7.4	菲律宾	2 369.4	155.4	4.5
俄罗斯	4 884.4	−16.9	7.3	俄罗斯	1 524.5	−32.6	2.9
主要出口市场合计			59.7	主要出口市场合计			80.4

表 37 2020 年中国主要蔬菜品种进口来源地

单位：万美元、%

辣 椒				胡 椒			
进口来源地	进口额	比上年增长	占辣椒进口总额比重	进口来源地	进口额	比上年增长	占胡椒进口总额比重
印 度	36 117.2	23.9	83.5	印度尼西亚	3 391.9	78.4	51.9
越 南	6 905.0	−4.7	16.0	越 南	1 764.1	97.5	27.0
德 国	72.2	71.3	0.2	马来西亚	488.3	−31.0	7.5
美 国	56.1	1 242.6	0.1	巴 西	373.0	50.9	5.7
西班牙	44.9	17.4	0.1	意大利	152.3	47.5	2.3
主要进口来源地合计			99.9	主要进口来源地合计			94.4

（续）

番茄				蔬菜种子			
进口来源地	进口额	比上年增长	占番茄进口总额比重	进口来源地	进口额	比上年增长	占蔬菜种子进口总额比重
意大利	950.7	16.0	35.4	日本	5 123.4	−11.0	18.5
美国	600.8	−29.4	22.3	泰国	3 474.4	16.6	12.6
澳大利亚	495.3	280.1	18.4	智利	2 995.2	5.9	10.8
西班牙	100.2	15.4	3.7	丹麦	2 990.0	21.5	10.8
主要进口来源地合计			79.8	主要进口来源地合计			52.7

3. 价格变动

2020 年中国蔬菜主要的出口品种鲜大蒜、蘑菇（干）、鲜蘑菇、辣椒（干）和鲜洋葱的出口价格下跌，大蒜（干）、大蒜（加工）、蘑菇（加工）、番茄（加工）、鲜番茄、生姜、鲜辣椒和洋葱（干）的出口价格上涨；主要的进口品种番茄（加工）和辣椒（干）的价格上涨，胡椒和蔬菜种子的价格下跌（表 38）。

表 38　2020 年中国主要蔬菜品种进出口价格

单位：美元/吨、%

产品	出口		进口	
	平均价格	比上年增长	平均价格	比上年增长
大蒜				
鲜大蒜	866.1	−19.6	12 147.7	−1.6
大蒜（干）	2 396.6	2.9	11 177.2	1 461.2
大蒜（加工）	1 649.1	0.9	2 057.0	25.2
蘑菇				
蘑菇（干）	16 529.8	−3.5	135 639.8	8 666.5
蘑菇（加工）	3 471.1	1.5	11 406.2	47.3
鲜蘑菇	1 674.0	−9.3	3 912.8	50.1
番茄				
番茄（加工）	785.3	2.6	1 174.7	14.6
鲜番茄	1 219.1	14.5		
番茄（汁）	3 019.2	—	1 052.6	—

（续）

产　品	出　口		进　口	
	平均价格	比上年增长	平均价格	比上年增长
生姜	1 405.1	33.1	1 255.5	−33.1
辣椒				
辣椒（干）	2 534.8	−1.1	2 303.8	26.1
鲜辣椒	1 033.8	1.2	755.5	−45.3
洋葱				
鲜洋葱	394.3	−5.9	321.5	111.0
洋葱（干）	2 779.0	4.4	3 863.1	1.9
胡椒	7 134.7	16.7	2 873.1	−14.1
蔬菜种子	27 249.3	−15.1	15 129.8	−25.8

水　果

（一）贸易概况

2020年，中国水果出口量524.6万吨，比上年增长6.6%，出口额83.5亿美元，增长12.1%；进口量673万吨，下降7.7%，进口额110.4亿美元，增长6.5%。连续第三年呈贸易逆差状态，逆差26.9亿美元，与上年相比小幅回落。

1. 产品结构

出口产品中，柑橘产品继续增长，出口额19亿美元，增长近两成。其中，鲜柑橘出口量稳额增，出口额15.8亿美元，增长24.2%；柑橘罐头出口量下跌4.6%，出口额与上年基本持平。苹果产品出口呈恢复性增长，出口额18.8亿美元，比上年增长12.6%。其中，鲜苹果出口量额分别为105.8万吨和14.5亿美元，分别增长9%和16.3%；苹果汁出口量扭转上年大幅下跌的趋势出现反弹，但出口额相对稳定。葡萄产品出口额12.7亿美元，增长19.4%，主要是鲜葡萄。梨产品出口7.5亿美元，其中鲜梨出口额6.7亿美元，增长16.5%。柿子产品出口继续大幅增长，出口额2.1亿美元，增长超六成（表39）。

中国前十大进口水果品种均为鲜冷冻水果。具体来看，榴莲进口量小幅下降，进口额迅猛增长，比上年增长四成多。樱桃进口量额双增，进口量增长8.7%，进口额增长17.4%。香蕉、山竹、葡萄、柑橘和猕猴桃量额双降。火龙果进口量额均大幅增长，增幅分别超过四成和五成。龙眼和椰子进口量减额增（表40）。

表 39 2020 年中国主要水果产品出口情况

单位：万吨、亿美元、%

产　品	出口额	比上年增长	出口量	比上年增长
柑橘	19.0	19.5		
鲜柑橘	15.8	24.2	104.5	3.1
柑橘罐头	3.1	0.9	25.4	−4.6
苹果	18.8	12.6		
鲜苹果	14.5	16.3	105.8	9.0
苹果汁	4.3	1.6	42.1	9.0
葡萄	12.7	19.4		
鲜葡萄	12.1	22.8	42.5	15.9
梨	7.5	16.1		
鲜梨	6.7	16.5	53.9	14.7
桃	3.1	−12.2		
桃罐头	1.7	14.5	15.8	17.5
鲜桃	1.4	−31.6	7.8	−36.0
柿子	2.1	60.0		
鲜柿子	2.1	62.1	10.8	50.8
草莓	1.4	1.7	7.1	14.2
甜瓜	1.3	−0.7	8.5	5.6

表 40 2020 年中国主要鲜冷冻水果进口情况

单位：万吨、亿美元、%

产　品	进口量	比上年增长	进口额	比上年增长
榴　莲	57.6	−4.8	23.0	43.5
樱　桃	21.0	8.7	16.5	17.4
香　蕉	174.7	−9.9	9.3	−14.7
山　竹	29.4	−19.3	6.8	−15.0
葡　萄	25.0	−0.7	6.4	−0.1
火龙果	61.8	41.9	5.5	52.7
柑　橘	43.1	−24.0	4.9	−17.3
龙　眼	34.7	−14.7	4.9	15.6
猕猴桃	11.7	−9.2	4.5	−0.9
椰　子	63.6	−3.6	3.0	3.5

2. 贸易区域

按出口额排序，前十大出口市场依次是越南、泰国、印度尼西亚、美国、菲律宾、日本、中国香港、马来西亚、孟加拉国和缅甸。缅甸取代俄罗斯进入中国水果前十大出口市场行列。对前十大出口市场出口额合计68.2亿美元，占出口总额的81.7%；出口量合计398.1万吨，占出口总量的75.9%。其中，除对日本、马来西亚出口小幅下降外，对其他市场出口均呈不同程度增长，增幅较大的有越南、泰国、美国、菲律宾、中国香港和缅甸。

按进口额排序，前十大进口来源地依次是泰国、智利、越南、菲律宾、新西兰、澳大利亚、秘鲁、美国、南非和印度尼西亚。印度尼西亚取代厄瓜多尔进入中国前十大进口来源地行列。自前十大来源地的进口额合计96.5亿美元，占进口总额的87.4%，进口量合计549.7万吨，占进口总量的81.7%。前十大进口来源地中，自菲律宾、澳大利亚、美国进口显著下降，降幅均超出10%。自越南进口量减额增。自印度尼西亚进口量额均大幅增长（表41）。

表41 2020年中国水果前十大出口市场和进口来源地贸易情况

单位：亿美元、万吨、%

出口市场					进口来源地				
国家（地区）	出口额	比上年增长	出口量	比上年增长	国家（地区）	进口额	比上年增长	进口量	比上年增长
越南	19.5	37.0	97.9	28.9	泰国	40.7	21.6	168.1	−2.5
泰国	10.1	27.0	53.0	29.4	智利	21.6	10.2	47.4	−1.8
印度尼西亚	6.9	3.6	46.6	7.6	越南	9.3	18.5	131.6	−9.6
美国	6.8	27.8	50.0	24.1	菲律宾	6.4	−20.9	102.7	−19.7
菲律宾	6.2	64.4	36.7	70.8	新西兰	5.1	−3.7	14.4	−7.5
日本	5.0	−8.5	26.1	−3.5	澳大利亚	3.4	−11.0	12.8	−16.5
中国香港	4.1	12.2	24.9	19.1	秘鲁	3.1	0.5	9.9	−4.3
马来西亚	3.6	−4.2	21.4	−3.0	美国	2.5	−14.4	8.6	−18.9
孟加拉国	3.5	31.9	24.7	8.9	南非	2.2	−0.5	20.0	−2.8
缅甸	2.5	15.5	16.8	18.5	印度尼西亚	2.1	63.7	34.2	47.1
合计	68.2		398.1		合计	96.5		549.7	

3. 价格变动

一般贸易方式下，水果的进出口品种主要是鲜冷冻水果，进口热带水果价格普遍高于出口温带水果。其中鲜柑橘、鲜苹果、鲜葡萄和鲜梨的出口价格分别为每吨 1 531.6 美元、1 386.5 美元、2 890.6 美元、1 242 美元。鲜榴莲、鲜樱桃、鲜香蕉、鲜山竹果和鲜葡萄的价格分别为每吨 3 999.3 美元、7 813 美元、540.5 美元、2 297.1 美元和 2 566.5 美元（表 42）。

表 42　2020 年一般贸易方式下中国水果产品平均进出口价格

单位：美元/吨

出　口		进　口	
出口产品	平均价格	进口产品	平均价格
鲜柑橘	1 531.6	鲜榴莲	3 999.3
鲜苹果	1 386.5	鲜樱桃	7 813.0
鲜葡萄	2 890.6	鲜香蕉	540.5
鲜　梨	1 242.0	鲜山竹果	2 297.1
苹果（汁）	1 026.8	鲜葡萄	2 566.5
鲜柿子	1 923.5	鲜柑橘	1 139.7
鲜　桃	1 807.1	鲜龙眼	1 423.8
柑橘（罐头）	1 097.5	鲜火龙果	900.7
桃（罐头）	1 027.5	鲜猕猴桃	3 854.3
鲜甜瓜	1 382.4	鲜椰子	466.3

（二）政策变化

俄罗斯出台措施限制中国部分水果进口，导致对俄罗斯水果出口受阻。俄罗斯动植物卫生监督局以从中国进口产品检测出检疫性有害生物为由，自 2019 年 8 月 10 日起暂停从中国进口仁果类及核果类产品，涉及苹果、梨、桃等主要出口水果品种；随后自 2020 年 1 月 6 日起限制中国柑橘类水果进口。受其影响，中国对俄水果出口大幅减少。

坚　果

（一）贸易概况

2020 年，中国坚果贸易量额双降。其中，出口量 39.9 万吨，比上年下降 4.6%，出口额 15 亿美元，下降 4.7%；进口量 39 万吨，下降 6.3%，进口额 20.9 亿美元，下降 16.7%。贸易维持逆差状态，逆差 5.9 亿美元。

1. 产品结构

坚果出口产品主要是瓜子、核桃和栗子，其中瓜子出口量减额增，出口量 11.2 万吨、下降 9.3%，出口额 3.3 亿美元、增长 1.2%；核桃出口量增额减，出口量增长 1.4%，出口额下降 15.8%；栗子出口量额分别下降 2.8%、3.6%。进口产品主要是开心果、扁桃核及仁、腰果，开心果、扁桃核及仁进口量额均大幅下降，腰果进口量增长 17.2%，进口额下降 9.5%（表 43）。

表 43 2020 年中国主要坚果进出口情况

单位：万吨、亿美元、%

出口					进口				
产品	出口量	比上年增长	出口额	比上年增长	产品	进口量	比上年增长	进口额	比上年增长
瓜子	11.2	−9.3	3.3	1.2	开心果	10.4	−7.7	6.6	−18.6
核桃	9.7	1.4	2.9	−15.8	扁桃核及仁	7.9	−17.9	3.3	−37.5
栗子	5.0	−2.8	1.2	−3.6	腰果	4.3	17.2	1.7	−9.5

2. 贸易区域

按出口额排序，前五大出口市场依次为美国、日本、德国、越南和哈萨克斯坦，出口额合计 5.8 亿美元，占出口总额的 38.7%；出口量合计 12 万吨，占出口总量的 29.9%。与上年相比，哈萨克斯坦取代吉尔吉斯斯坦成为第五大出口市场，出口量额均增长 4 倍以上。

按进口额排序，前五大进口来源地依次为美国、伊朗、越南、澳大利亚和南非，进口额合计 16.5 亿美元，占进口总额的 79.3%；进口量合计 29.8 万吨，占进口总量的 76.5%。与上年相比，南非取代墨西哥成为第五大进口来源地（表 44）。

表 44 2020 年中国坚果前五大出口市场和进口来源地贸易情况

单位：亿美元、万吨、%

出口市场					进口来源地				
国家（地区）	出口额	比上年增长	出口量	比上年增长	国家（地区）	进口额	比上年增长	进口量	比上年增长
美国	1.7	−0.4	2.9	−1.8	美国	6.4	−24.2	12.2	−11.0
日本	1.3	−3.4	2.7	−3.1	伊朗	4.0	32.2	6.7	53.6
德国	1.3	10.9	1.4	−8.5	越南	2.6	−10.5	4.0	0.8
越南	0.9	1.3	2.8	0.5	澳大利亚	2.4	−41.8	4.4	−35.9
哈萨克斯坦	0.7	443.2	2.2	567.3	南非	1.2	−9.2	2.5	6.8
合计	5.8	—	12.0	—	合计	16.5	—	29.8	—

3. 价格变动

2020 年坚果平均出口价格为每吨 3 412.6 美元，主要出口产品中，瓜子、核桃和栗子分别为 3 000 美元、2 887.5 美元和 2 482.7 美元。2020 年坚果平均进口价格为每吨 5 264.3 美元，主要进口产品中，开心果、扁核桃及仁和腰果分别为 5 808.4 美元、4 234.7 美元和 3 646.8 美元（表 45）。

表 45　2020 年中国主要坚果平均进出口价格

单位：美元/吨

出口产品	出口平均价格	进口产品	进口平均价格
坚　果	3 412.6	坚　果	5 264.3
瓜　子	3 000.0	开心果	5 808.4
核　桃	2 887.5	扁核桃及仁	4 234.7
栗　子	2 482.7	腰　果	3 646.8

（二）政策变化

对美调减加征关税涉及产品包含坚果。国务院关税税则委员会发布《关于对原产于美国的部分进口商品（第三批）加征关税的公告》（税委会公告〔2020〕1 号文），对公告中第一部分所列税目商品的加征税率由10%调整为5%，其中包括腰果、扁核桃及仁等坚果产品。美国尽管受到疫情冲击，但仍是中国最大坚果进口来源地。

茶　叶

2020 年中国茶叶出口量额双降，贸易顺差持平。茶叶出口量 36.1 万吨，比上年下降 5.2%，出口额 21.7 亿美元，略降 0.3%；进口量4.6 万吨，略增0.3%，进口额2 亿美元，下降3.5%。贸易顺差19.7 亿美元，与上年持平。

（一）产品结构

1. 出口产品

出口产品以绿茶为主。绿茶出口量额双降，出口量所占比重为 81.2%，比上年增长 0.3 个百分点；出口额所占比重为 60.2%，下降 0.4 个百分点。红茶、乌龙茶、花茶出口量额双降，普洱茶出口量额双增（表 46）。

表 46　2020 年中国茶叶出口产品结构

单位：吨、亿美元、%

产　品	出口量	出口额	占茶叶出口比重	
			出口量	出口额
茶　叶	361 136.4	21.7	100.0	100.0
绿　茶	293 394.0	13.1	81.2	60.2
红　茶	28 802.7	3.4	8.0	15.9
乌龙茶	16 942.6	2.2	4.7	10.0
花　茶	6 130.2	0.6	1.7	2.8
普洱茶	3 545.1	1.1	1.0	5.2

2. 进口产品

进口产品以红茶为主。红茶进口量减额增，进口量所占比重为77.1%，比上年下降2.5个百分点；进口额所占比重为64.8%，增加3.7个百分点。绿茶进口量额双增，进口量所占比重增加0.4个百分点，进口额所占比重增加0.6个百分点（表47）。

表47　2020年中国茶叶进口产品结构

单位：吨、亿美元、%

产　品	进口量	进口额	占茶叶进口比重	
			进口量	进口额
茶　叶	45 943.0	2.0	100.0	100.0
红　茶	35 428.2	1.3	77.1	64.8
绿　茶	4 266.0	0.2	9.3	9.2
乌龙茶	2 886.8	0.3	6.3	14.4

（二）贸易区域

1. 出口市场

按出口量排序，2020年茶叶前五大出口市场分别是摩洛哥、乌兹别克斯坦、加纳、多哥和塞内加尔，合计出口14.3万吨，占茶叶出口量的39.7%。出口量在1万吨以上的市场共12个，其中7个是非洲国家。前五大出口市场中，对摩洛哥出口比上年下降9.6%，对乌兹别克斯坦、加纳、多哥和塞内加尔出口分别增长12.5%、13.8%、17%和11.7%。

按出口额排序，居前五位的市场依次为中国香港、摩洛哥、马来西亚、越南和缅甸，出口额合计11.3亿美元，占出口总额的52.1%。前五大市场出口额均超过1亿美元，对中国香港、摩洛哥和越南出口额下降，对马来西亚和缅甸出口额增长（表48）。

表48　2020年中国茶叶主要出口市场

单位：吨、亿美元、%

产　品	出口量	比上年增长	出口额	比上年增长	占茶叶出口比重	
					出口量	出口额
中国香港	15 171.7	−22.1	4.9	−9.7	4.2	22.7
摩洛哥	67 159.2	−9.6	2.0	−12.1	18.6	9.1
马来西亚	5 837.3	13.1	1.7	28.7	1.6	8.0
越　南	5 398.1	−18.2	1.4	−12.6	1.5	6.3
缅　甸	6 289.8	29.2	1.3	113.7	1.7	6.0
小　计	99 856.1	—	11.3	—	27.6	52.1

2. 进口来源地

按进口量排序，2020 年中国茶叶前五大进口来源地分别是斯里兰卡、印度、越南、中国台湾和印度尼西亚，合计进口 3.4 万吨，占茶叶进口总量的 74.4%。从进口额看，前五大进口来源地分别为斯里兰卡、中国台湾、印度、越南和肯尼亚，合计进口 1.5 亿美元，占茶叶进口总额的 75.1%。自中国台湾和印度进口量额双降，自斯里兰卡、越南和肯尼亚进口量额双增（表 49）。

表 49　2020 年中国茶叶主要进口来源地

单位：吨、亿美元、%

进口来源地	进口量	比上年增长	进口额	比上年增长	占茶叶进口比重	
					进口量	进口额
斯里兰卡	14 268.3	8.2	0.70	6.4	31.1	35.0
中国台湾	3 139.0	−20.5	0.40	−23.4	6.8	20.2
印　度	10 304.7	−23.1	0.30	−7.1	22.4	14.6
越　南	3 606.6	35.3	0.06	35.9	7.9	3.1
肯 尼 亚	2 286.2	26.60	0.04	1.8	5.0	2.3
小　计	33 604.8	1.3	1.50	−2.7	73.1	75.1

（三）价格变动

1. 国际市场价格波动较大，均价上涨 5.4%

全年国际茶叶拍卖价格平均每吨 2 700 美元，比上年上涨 5.4%。分月度来看，1—3 月价格连续下跌，3 月跌至 2 134 美元的价格谷底；4—8 月价格持续回升，8 月达 3 149 美元峰值；9—12 月价格下行。从全年来看，1—5 月价格低于上年同期水平，6—12 月价格高于上年同期，价差扩大后至年底逐渐收窄（图 14）。

2. 中国茶叶出口价格显著高于进口价格

2020 年茶叶出口价格为每吨 5 765.2 美元。绿茶、红茶、乌龙茶、花茶和普洱茶的出口价格分别为每吨 4 250.3 美元、12 145.9 美元、12 406.1 美元、9 300 美元、33 219.7 美元，其中红茶、花茶和普洱茶的出口价格显著高于进口价格（表 50）。

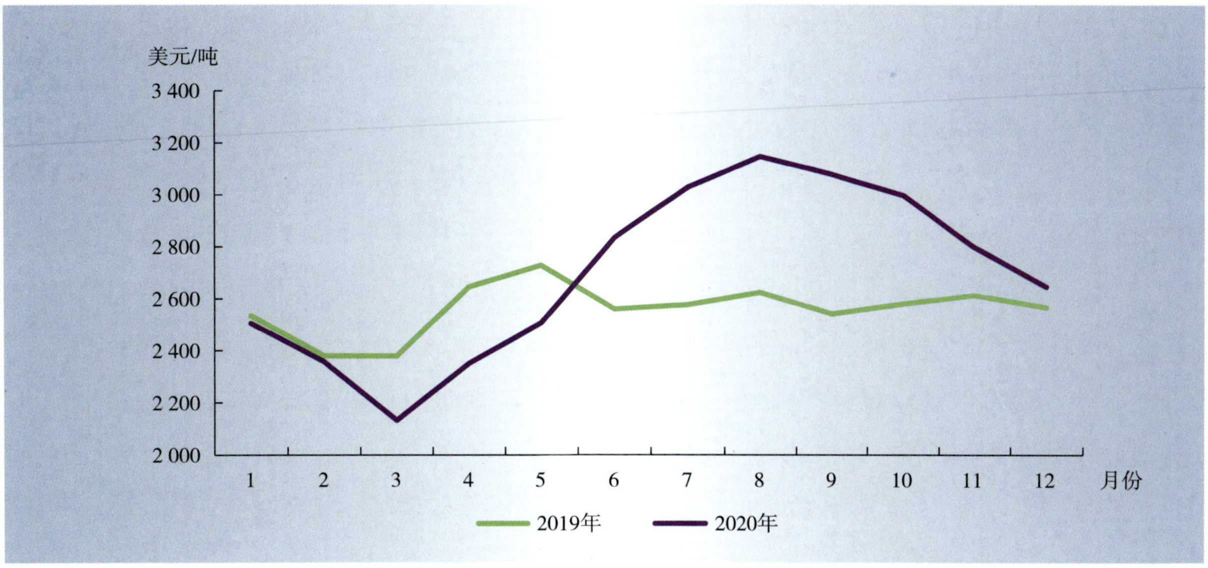

图 14　2019—2020 年国际市场茶叶拍卖价格比较

数据来源：世界银行商品价格数据库。

表 50　2020 年中国茶叶产品进出口价格比较

单位：美元/吨

产　品	出口价格	进口价格
茶　叶	5 765.2	4 218.1
绿　茶	4 250.3	5 328.8
红　茶	12 145.9	3 368.7
乌龙茶	12 406.1	17 145.4
花　茶	9 300.0	4 361.2
普洱茶	33 219.7	6 352.4

花　卉

2020 年，花卉贸易总额 6.3 亿美元。其中出口额 3.9 亿美元，比上年增长 8.2%；进口额 2.4 亿美元，下降 10.1%。

（一）产品结构

主要贸易产品有装饰用花、苗木及接穗和种球三类。出口方面，装饰用花出口额 1.8 亿美元，比上年增长 1.6%；苗木及接穗出口额 2 亿美元，增长 15.1%；种球出口额 239 万美元，下降 7.7%。进口方面，装饰用花进口额 5 427 万美元，下降 21.4%；苗木及接穗进口额 8 944 万美元，增长 5.7%；种球进口额 9 427 万美元，下降 15.2%。

装饰用花。主要产品有兰花、康乃馨和玫瑰。其中，兰花出口额 3 728.9 万美元，下降 14.7%，出口量 1 万吨，与上年基本持平；康乃馨出口额 2 579.8 万美元，增长 6%，出口量 0.6 万吨，与上年基本持平；玫瑰出口额 1 374.3 万美元，出口量 0.5 万吨，分别增长 21.2%和 35.2%。兰花进口额 1 432.8 万美元，进口量 0.6 万吨，分别下降 25%和 23.7%；康乃馨进口额 38.2 万美元，进口量 5 吨，分别下降 20.8%和 18.8%；玫瑰进口额 478 万美元，进口量 0.5 万吨，分别下降 40%和 42.9%。

苗木及接穗。主要出口产品有兰花、玫瑰和康乃馨。其中，兰花出口额 2 199.7 万美元，出口量 6.2 万吨，分别比上年增长 5.5%和 2.5%；玫瑰出口额 266.1 万美元，出口量 1.3 万吨，分别增加 7.9 倍和 22.5 倍。主要进口产品有杜鹃，进口额 565.4 万美元，增长 27.1%，进口量 42.8 吨，下降 49.2%（表 51）。

表 51　2020 年中国花卉主要产品贸易情况

单位：万美元、吨、%

出口					进口				
产　品	出口额	比上年增长	出口量	比上年增长	产　品	进口额	比上年增长	进口量	比上年增长
装饰用花	18 193.6	1.6	51 400.0	3.6	装饰用花	5 427.0	−21.4	9 923.3	−29.6
兰　花	3 728.9	−14.7	10 024.6	0.3	兰　花	1 432.8	−25.0	6 001.8	−23.7
康乃馨	2 579.8	6.0	6 351.4	10.3	康乃馨	38.2	−20.8	5.0	−18.8
玫　瑰	1 374.3	21.6	4 699.4	35.2	玫　瑰	478	−40.0	495.2	−42.8
苗木及接穗	20 483.3	15.1	644 624.9	−18.5	苗木及接穗	8 944.2	5.7	69 783.2	−43.9
兰　花	2 199.7	5.5	622 797.6	2.5	杜　鹃	565.0	27.1	42.8	49.2
康乃馨	111.9	−0.2	6 920.5	−4.1	种　球	9 427.0	−15.2	538 793.4	−5.7

（二）贸易区域

1. 出口市场

按出口额排序，前五大市场分别是日本、韩国、荷兰、越南和美国，合计出口 2.6 亿美元，占花卉出口总额的 67.4%。其中，对日本出口 9 366.7 万美元，占比 24.1%；对韩国出口 4 771.8 万美元，占比 12.3%；对荷兰出口 4 742 万美元，占比 12.2%；对越南出口 4 641 万美元，占比 11.9%；对美国出口 2 689.5 万美元，占比 6.9%。对越南出口额涨幅达 125.8%（表 52）。

2. 进口来源地

按进口额排序，前五大进口来源地分别是荷兰、日本、泰国、厄瓜多尔和新西兰，合计进口 2 亿美元，占花卉进口总额的 82.2%。其中，自荷兰进口 1.1 亿美元，占比 44.3%；自日本进口 6 454.5 万美元，占比27.1%；自泰国进口1 176.1万美元，占比4.9%；自厄瓜多尔进口853.3万美元，占比3.6%；自新西兰进口524万美元，占比2.2%（表52）。

表52 2020年中国花卉前五大出口市场和进口来源地情况

单位：万美元、吨、%

出口市场					进口来源地				
国家（地区）	出口额	比上年增长	出口量	比上年增长	国家（地区）	进口额	比上年增长	进口量	比上年增长
日本	9 366.7	2.1	19 820.7	0.4	荷兰	10 547.4	−15.0	497 456.1	−7.3
韩国	4 771.8	−6.7	4 892.2	−39.1	日本	6 454.6	32.6	478.6	−33.6
荷兰	4 742.0	18.5	10 282.4	2.3	泰国	1 176.1	−24.0	5 485.0	−22.8
越南	4 641.0	125.8	4 422.4	258.5	厄瓜多尔	853.3	−48.9	815.3	−54.0
美国	2 689.5	−10.5	10 154.6	3.1	新西兰	524.0	−20.4	24 571.5	−13.0
合计	26 211.0	—	49 572.4	—	合计	19 555.4	—	528 806.5	—

（三）价格变动

主要出口产品中，装饰用花出口均价下降1.9%，苗木及接穗上涨41.2%。装饰用花产品中，康乃馨出口均价下降4%，玫瑰下降10.1%。苗木及接穗产品中，兰花出口均价上涨2.9%，康乃馨上涨4.1%。

主要进口产品中，装饰用花进口均价上涨11.7%，苗木及接穗上涨88.5%。装饰用花产品中，兰花进口均价上涨6.1%，玫瑰上涨5%。苗木及接穗产品中，杜鹃进口均价大幅上涨（表53）。

表53 2020年中国花卉主要产品进出口价格

单位：美元/吨、%

出口			进口		
产品	出口均价	比上年增长	产品	进口均价	比上年增长
装饰用花	3 539.6	−1.9	装饰用花	5 468.9	11.7
康乃馨	4 061.8	−4.0	兰花	2 387.3	6.1
玫瑰	2 924.7	−10.1	玫瑰	9 653.3	5.0
苗木及接穗	317.8	41.2	苗木及接穗	1 281.7	88.5
兰花	353.2	2.9	杜鹃	132 103.7	150.1
康乃馨	161.8	4.1	种球	175.0	11.2

调味香料

2020年，中国调味香料进出口均大幅增加。出口额5.7亿美元，比上年增长65.1%；进口额2.9亿美元，比上年翻一番；贸易顺差2.8亿美元。全年进口量11.9万吨，增长64.1%；出口量12.7万吨，增长46.8%。

（一）产品结构

1. 主要进口产品

主要进口产品是枯茗子、姜黄、肉豆蔻、豆蔻和丁香，进口量合计占调味香料进口总量的87.4%。与上年相比，枯茗子、肉豆蔻、豆蔻和丁香均量额双增，丁香增长尤为显著，进口量额分别增加6.6倍和8.4倍；姜黄进口量额双降，分别下降38.6%和41.5%（表54）。

表54 2020年中国调味香料进口产品结构

单位：万吨、万美元、%

产　品	进口量	比上年增长	进口额	比上年增长	占调味香料进口比重	
					进口量	进口额
调味香料	11.9	64.1	28 758.7	103.3	100.0	100.0
枯茗子	8.2	79.4	15 163.5	50.7	68.9	52.7
姜　黄	0.9	−38.6	342.0	−41.5	7.6	1.2
肉豆蔻	0.7	184.4	3 389.9	208.9	5.9	11.8
豆　蔻	0.3	318.6	5 069.3	733.1	2.5	17.6
丁　香	0.3	659.7	1 108.4	839.5	2.5	3.9

2. 主要出口产品

主要出口产品是肉桂、八角茴香、姜黄、丁香和肉豆蔻，出口量占调味香料出口总量的77.4%。与上年相比，肉桂、八角茴香量额双增，姜黄量增额降（表55）。

表55 2020年中国调味香料出口产品结构

单位：万吨、亿美元、%

产　品	出口量	比上年增长	出口额	比上年增长	占食用植物油出口比重	
					出口量	出口额
调味香料	12.7	46.8	5.7	65.1	100.0	100.0
肉　桂	8.7	49.2	2.9	80.7	68.5	50.9
八角茴香	1.0	3.3	0.6	34.5	7.9	10.5
姜　黄	0.1	11.4	0.3	−13.1	0.1	5.3

（二）贸易区域

1. 进口来源地

中国调味香料进口来源较集中，按进口量排序前五大进口来源地依次为印度、印度尼西亚、缅甸、格鲁吉亚和斯里兰卡，占调味香料进口总量的99.2%。分品种看，枯茗子几乎全部来自印度，姜黄大部分来自缅甸，肉豆蔻、豆蔻和丁香大部分来自印度尼西亚（表56）。

表56　2020年中国调味香料进口来源地

单位：万吨、万美元、%

产　品	进口来源地	进口量	比上年增长	进口额	比上年增长
枯茗子	印　　度	8.2	79.7	15 134.3	50.7
姜　黄	缅　　甸	0.9	−39.0	330.2	−42.4
肉豆蔻	印度尼西亚	0.7	182.1	3 281.7	205.7
豆　蔻	印度尼西亚	0.3	327.9	5 047.4	793.5
丁　香	印度尼西亚	0.2	720.4	998.5	998.0

2. 出口市场

中国调味香料出口市场较多，按出口量排序前五大市场依次为越南、马来西亚、孟加拉国、巴基斯坦和沙特阿拉伯，合计占调味香料出口总量的54.2%。其中，肉桂主要出口至越南、孟加拉国和巴基斯坦，八角茴香主要出口至越南和马来西亚，姜黄主要出口至日本和美国（表57）。

表57　2020年中国调味香料主要出口市场

单位：万吨、亿美元、%

产　品	出口市场	出口量	比上年增长	出口额	比上年增长
肉　桂	合　计	8.7	49.2	2.9	80.7
	越　　南	2.7	172.9	1.4	270.8
	孟加拉国	1.0	4.6	0.2	0.69
	巴基斯坦	0.7	18.2	0.2	15.7
八角茴香	合　计	1.0	3.3	0.6	34.5
	越　　南	0.4	2.6	0.2	33.9
	马来西亚	0.1	25.4	0.1	45.5

（三）价格变动

2020 年，调味香料进口均价上涨 23.9%，主要进口产品中，枯茗子、姜黄价格下降，肉豆蔻价格上涨。出口均价上涨 12.5%，主要出口产品中，肉桂和八角茴香价格均上涨，姜黄价格下降（表 58）。

表 58 2020 年中国主要调味香料进出口价格

单位：美元/吨、%

产品	进口平均价格	比上年增长	产品	出口平均价格	比上年增长
枯茗子	1 838.7	−16.0	肉桂	3 383.7	21.1
姜黄	376.0	−4.7	八角茴香	5 993.5	30.2
肉豆蔻	4 970.4	8.6	姜黄	2 227.9	−21.6

药 材

2020 年，中国药材出口额 9.2 亿美元，比上年增长 4%；进口额 1.2 亿美元，下降 8.6%。贸易顺差 8 亿美元，扩大 6.1%。

（一）产品结构

2020 年，主要出口药材品种是枸杞、人参、当归、黄芪和半夏，主要进口产品是西洋参、人参和大海子。

1. 主要出口产品

药材出口品种较多，前五大出口品种出口额合计 2.8 亿美元，占药材出口额的 30.6%，枸杞、黄芪和半夏出口额增长，人参和当归出口额下降（表 59）。

2. 主要进口产品

2020 年主要药材进口品种有西洋参、人参和大海子，分别占药材进口额的 25.9%、19.4%和 4.2%（表 60）。

表 59 2020 年中国主要药材品种出口情况

单位：万美元、吨、%

产品	出口额	比上年增长	出口量	比上年增长	占药材出口比重	
					出口额	出口量
药材	91 711.8	4.0	128 870.7	8.1	—	—
枸杞	10 882.1	15.2	12 766.7	10.4	11.9	9.9
人参	8 277.7	−17.6	1 801.5	−21.3	9.0	1.4
当归	3 155.3	−0.8	4 174.7	7.1	3.4	3.2
黄芪	2 975.7	25.8	5 015.5	9.5	3.2	3.9
半夏	2 794.0	18.0	1 595.3	18.7	3.0	1.2

表 60 2020 年中国主要药材品种进口情况

单位：万美元、吨、%

产 品	进口额	比上年增长	进口量	比上年增长	占药材进口比重	
					进口额	进口量
药 材	11 702.6	−8.6	54 212.9	4.2	—	—
西洋参	3 025.5	−46.6	802.8	−46.4	25.9	1.5
人 参	2 272.3	14.9	45.8	−1.7	19.4	0.1
大海子	494.6	—	799.9	—	4.2	1.5

（二）贸易区域

1. 出口市场

中国药材出口市场较为集中，主要有中国香港、中国台湾和日本等国家和地区（表 61）。

表 61 2020 年中国药材主要出口市场

单位：万美元、吨、%

产 品	国家（地区）	出口额	比上年增长	出口量	比上年增长
枸 杞	合 计	10 882.1	15.2	12 766.7	10.4
	中国香港	1 635.2	39.4	1 925.6	35.3
	中国台湾	1 389.3	38.2	1 771.8	−2.2
	美 国	1 019.8	22.2	1 094.2	29.0
	马来西亚	936.8	66.1	1 220.6	70.4
	德 国	905.9	1.5	932.9	−7.8
人 参	合 计	8 277.7	−17.6	1 801.5	−21.3
	日 本	4 383.5	−17.5	752.8	−31.0
	中国香港	1 194.2	−9.6	250.2	−2.9
	中国台湾	1 146.5	−33.3	341.4	−28.6
当 归	合 计	3 155.3	−0.8	4 174.7	7.1
	中国香港	584.6	34.1	606.2	34.8
	中国台湾	564.7	−5.2	820.8	−2.4
	越 南	470.3	−21.6	636.2	40.7
	日 本	447.3	−4.1	651.9	−3.9
	韩 国	414.7	−5.7	860.0	−7.2

2. 进口来源地

药材进口来源地较为集中。西洋参全部进口自加拿大和美国。人参和大海子分别全部进口自韩国和东盟国家（表 62）。

表 62 2020 年中国药材主要进口来源地

单位：万美元、吨、%

产 品	国家（地区）	进口额	比上年增长	进口量	比上年增长
西洋参	合 计	3 025.5	−46.6	802.8	−46.4
	加拿大	1 945.6	−53.4	646.7	−50.4
	美 国	1 079.9	−27.6	156.2	−18.9
人 参	合 计	2 272.3	14.9	45.8	−1.7
	韩 国	2 272.3	14.9	45.8	−1.7
大海子	合 计	494.6	—	799.9	—
	泰 国	381.0	—	596.2	—
	越 南	113.7	—	203.7	—

（三）价格变动

出口价格。药材主要出口品种中，枸杞、人参出口均价上涨；当归出口均价下跌。

进口价格。人参进口均价上涨；西洋参进口均价与上年基本持平（表 63）。

表 63 2020 年中国主要药材品种进出口价格

单位：美元/吨、%

产 品	出口均价	比上年增长	进口均价	比上年增长
枸 杞	8 524	4.3	—	—
人 参	45 949	4.8	496 481	16.9
当 归	7 558	−7.4	—	—
西洋参	—	—	37 685	−0.1

畜产品

（一）贸易概况

2020 年，中国畜产品进口增长，出口下降，贸易逆差继续扩大。贸易总额 530 亿美元，比上年增长 24.1%；其中，出口额 54.3 亿美元，下降 16.5%，进口额 475.7 亿美元，增长 31.3%。贸易逆差 421.4 亿美元，比上年扩大 41.8%；其中，生猪产品、乳品、牛产品、家禽、羊产品、动物毛、动物生皮、动物生毛皮、马驴骡等为逆差，肠衣、羽毛、蜂产品、蛋产品、兔产品等保持顺差（图 15）。

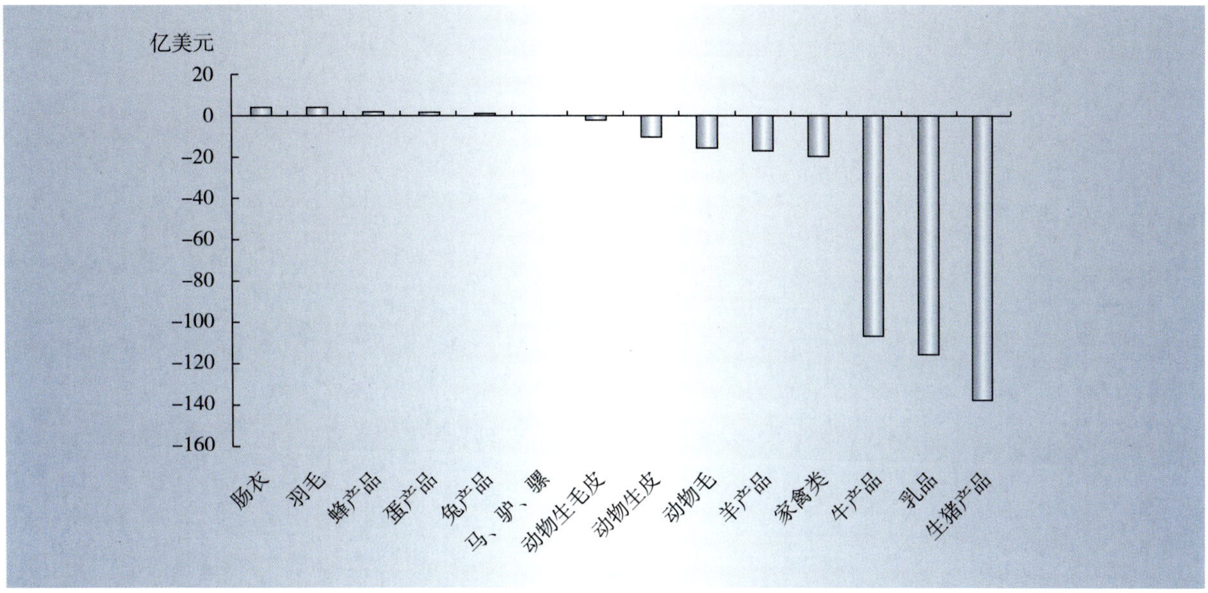

图 15　2020 年中国各类畜产品进出口贸易差额情况

1. 产品结构

2020 年，贸易总额超过 10 亿美元的畜产品有 8 类，依次是生猪产品、乳品、牛产品、家禽产品、动物毛、羊产品、肠衣、动物生皮，贸易额合计 498.3 亿美元，占畜产品贸易总额的 94%（表 64）。

表 64　2020 年中国畜产品进出口情况

单位：亿美元、%

产　品	出口额			进口额			贸易逆差	
	金　额	比上年增长	占出口总额比重	金　额	比上年增长	占进口总额比重	金　额	比上年增长
畜产品	54.3	−16.5	100.0	475.7	31.3	100.0	421.4	41.8
生猪产品	8.9	4.3	16.3	147.6	125.3	31.0	138.7	143.4
牛产品	1.2	−11.9	2.1	107.7	24.0	22.6	106.6	24.5
羊产品	0.2	−10.6	0.4	17.6	−6.0	3.7	17.4	−6.0
马驴骡	0.0	−26.5	0.0	0.4	−39.6	0.1	0.4	−40.0
家禽产品	16.1	−12.7	29.6	35.5	72.6	7.5	19.4	798.9
兔产品	0.2	−15.0	0.4	0.0	127.1	0.0	−0.2	−16.5

（续）

产　品	出口额			进口额			贸易逆差	
	金　额	比上年增长	占出口总额比重	金　额	比上年增长	占进口总额比重	金　额	比上年增长
蜂产品	3.2	10.0	6.0	0.9	0.8	0.2	−2.3	14.2
蛋产品	1.8	−5.7	3.3	0.0	89.2	0.0	−1.8	−5.8
乳品	2.3	−48.1	4.2	118.7	5.4	24.9	116.4	7.5
动物毛	2.1	−43.5	3.9	18.5	−27.2	3.9	16.4	32.3
动物生皮	0.2	17.3	0.3	10.1	−12.2	2.1	10.0	−40.0
动物生毛皮	0.0	−92.7	0.0	1.8	−50.7	0.4	1.8	−50.3
肠衣	9.3	−12.3	17.1	2.4	−6.0	0.5	−6.9	−14.3
羽毛	5.7	−35.1	10.6	1.3	−53.2	0.3	−4.5	−27.0
其他畜产品	2.6	−3.0	4.8	4.8	7.8	1.0	2.2	−67.9

（1）出口产品

2020年出口额超过1亿美元的畜产品是家禽产品、肠衣、生猪产品、羽毛、蜂产品、乳品、动物毛、蛋产品和牛产品9类产品，出口额合计50.6亿美元，占畜产品出口总额的93.2%。与上年相比，动物生皮、蜂产品和生猪产品出口额增长，动物生毛皮、乳品、动物毛、羽毛、马驴骡、兔产品、家禽产品、肠衣、牛产品、羊产品和蛋产品出口额下降。

（2）进口产品

2020年进口额超过10亿美元的畜产品有生猪产品、乳品、牛产品、家禽产品、动物毛、羊产品和动物生皮7类产品，进口额合计455.8亿美元，占畜产品进口总额的95.8%。与上年相比，兔产品、生猪产品、蛋产品、家禽产品、牛产品、乳品和蜂产品进口额增加，羽毛、动物生毛皮、马驴骡、动物毛、动物生皮、羊产品、肠衣进口额下降。

（3）主要畜产品贸易

生猪产品。出口额8.9亿美元，比上年增长4.3%；进口额147.6亿美元，增加1.3倍；贸易逆差138.7亿美元，比上年扩大1.4倍。

活猪、加工猪肉和猪肉为主要出口产品。活猪出口量72万头，比上年下降24.2%；出口额5.2亿美元，增长31.5%；加工猪肉出口量6.6万吨，出口额2.8亿美元，分别下降15.5%和11.4%；猪肉出口量1.1万吨，出口额0.9亿美元，分别下降60%和36.8%。

猪肉和猪杂碎是主要进口产品。猪肉进口量430.4万吨，进口额118.8亿美元，分别增长115.8%和163.5%；猪杂碎进口量

135.5万吨，进口额27.8亿美元，分别增长19.8%和37.8%。

牛产品。出口额1.2亿美元，比上年下降11.9%；进口额107.7亿美元，增长24%；贸易逆差106.5亿美元，比上年扩大24.5%。

非种用活牛和加工牛肉为主要出口产品。非种用活牛出口额5 798.9万美元，增长3.2%；加工牛肉出口量0.9万吨，下降20.4%，出口额5 680.2万美元，下降22.5%。

牛肉和非种用活牛是主要进口产品。进口最多的是牛肉，进口量211.8万吨，进口额101.8亿美元，分别增长27.7%和23.8%；其次是非种用活牛，进口额3亿美元，增长36.7%；种牛进口额1.9亿美元，增长61.8%；牛杂碎进口量2.3万吨，进口额0.9亿美元，分别下降15.7%和11.9%。

羊产品。出口额0.2亿美元，比上年下降10.6%；进口额17.6亿美元，下降6%；贸易逆差17.4亿美元，缩小5.9%。羊肉是主要贸易产品。出口量1 726.4吨，出口额1 937.9万美元，分别下降11.7%和9.8%；进口量36.5万吨，进口额17.4亿美元，分别下降7%和6.3%。

家禽产品。出口额16.1亿美元，比上年下降12.7%；进口额35.5亿美元，增长72.6%；贸易逆差19.4亿美元，扩大8倍。

鸡及产品是主要出口产品。出口量38.8万吨，出口额13.5亿美元，分别下降9.3%和12.7%；进口量153.6万吨，进口额35亿美元，分别增长96.5%和73.4%。

蛋产品。出口额1.8亿美元，比上年下降5.7%，进口额30.1万美元，增长89.2%。

鲜蛋和加工蛋是主要出口产品。鲜蛋出口量7.4万吨，增长2.4%，出口额1.1亿美元，下降6.1%；加工蛋出口量2.8万吨，出口额7 343万美元，分别下降2.9%和5.4%。

乳品。出口额2.3亿美元，比上年下降48%；进口额118.7亿美元，增长5.4%；贸易逆差116.4亿美元，比上年扩大7.6%。

奶粉和鲜奶是主要贸易产品。奶粉进口量133.9万吨，下降4%，进口额84亿美元，增长0.3%；鲜奶进口量104万吨，进口额13.1亿美元，分别增长16.8%和18.9%；乳清粉进口量62.2万吨，进口额8.1亿美元，分别增长38%和35.7%。奶粉出口量1.1万吨，出口额1.8亿美元，分别下降52.1%和53.8%；鲜奶出口量2.5万吨，出口额2 204.9万美元，分别增长1.8%和3.6%。

动物毛。出口额2.1亿美元，比上年下降43.5%；进口额18.5亿美元，下降27.2%。出口产品中，羊毛出口量0.6万吨，出口额3 192.1万美元，分别下降42.7%和40.8%；猪鬃、猪毛出口量4 215.1吨，出口额5 174.4万美元，分别下降2.1%和11%。进口产品中，羊毛进口量22.2万吨，进口额16.3亿美元，分别下降19.3%和32.1%；山羊绒进口量6 331.9吨，进口额2.1亿美元，分别增长11.1%和60.1%。

动物生皮和动物生毛皮。动物生皮出口额0.2亿美元，比上年增长17.3%；进口额10.1亿美元，下降12.2%。动物生毛皮出口额26.5万美元，下降92.7%；进口额1.8亿美元，下降50.7%。

2. 贸易区域

(1) 出口市场

按出口额排序，2020年畜产品前五大出口市场依次为中国香港、日本、德国、美国和越南，出口额合计为37.5亿美元，占畜产品出口总额的69.1%。

与上年相比，对前五大出口市场出口均下降，其中对越南和美国出口降幅较大（表65）。

表65 2020年中国畜产品主要出口市场

单位：亿美元、%

出口市场	出口额	比上年增长	占畜产品出口总额比重
中国香港	18.2	−13.2	33.6
日　本	12.1	−13.8	22.3
德　国	2.7	−15.7	5.0
美　国	2.4	−20.6	4.4
越　南	2.1	−44.7	3.8

对中国香港主要出口生猪产品、家禽产品、乳品和蛋产品，出口额分别为6.7亿美元、5.7亿美元、2亿美元和1.3亿美元，占对港畜产品出口总额的36.5%、30.9%、11.2%和6.9%。其中活猪出口量72万头，下降24.2%，出口额4.7亿美元，增长30.2%；猪肉出口量0.9万吨，出口额0.8亿美元，分别下降61.9%和39.9%；加工猪肉出口量2.5万吨，出口额1.2亿美元，分别下降11.6%和2.2%。出口家禽产品17.9万吨，下降1.4%。出口蛋产品7.9万吨，增长1.8%。出口乳品3.7万吨，下降20.5%。

对日本主要出口产品为家禽、肠衣和生猪产品，出口额分别占对日畜产品出口总额的60.5%、9.8%和8.6%。其中家禽产品出口量17.1万吨，出口额7.3亿美元，比上年分别下降15.2%和15.6%；生猪产品出口量2.7万吨，下降18.8%，出口额1亿美元，下降21.2%；肠衣出口量3 959.7吨，下降1.7%，出口额1.2亿美元，下降2.7%。

(2) 进口来源地

按进口额排序，前五大进口来源地依次为巴西、新西兰、澳大利亚、美国和西班牙，进口额合计占畜产品进口总额的57.9%（表66）。

表 66 2020 年中国畜产品主要进口来源地

单位：亿美元、%

进口来源地	进口额	比上年增长	占畜产品进口总额比重
巴　西	74.3	84.4	15.6
新西兰	73.5	0.6	15.5
澳大利亚	48.8	−16.0	10.3
美　国	43.6	128.3	9.2
西班牙	34.9	136.6	7.3

从巴西进口 74.3 亿美元，比上年增长 84.4%。主要进口牛产品、家禽产品、生猪产品，三类产品进口额合计占自巴西畜产品进口总额的 99.9%。其中，牛肉进口量 84.8 万吨，进口额 41.8 亿美元，分别增长 1.1 倍和 99.5%；家禽产品进口量 68.7 万吨，进口额 16.5 亿美元，分别增长 27.8% 和 24.8%；猪肉进口量 48.1 万吨，进口额 15.6 亿美元，分别增加 1.2 倍和 1.6 倍。

从新西兰进口 73.5 亿美元，比上年增长 0.6%，进口产品主要是乳品、牛产品、羊产品和动物毛，这四类产品进口额合计占自新畜产品进口总额的 95.7%。其中，乳品进口量 125.2 万吨（其中奶粉 76.8 万吨，鲜奶 30.9 万吨），进口额 48.7 亿美元，分别增长 0.1%和 5.7%；牛肉进口量 17.0 万吨，进口额 8.4 亿美元，分别下降 20.7% 和 20.7%；羊肉进口量 20.1 万吨，进口额 10 亿美元，分别下降 4.3%和 3.7%；羊毛进口量 3 万吨，进口额 1 亿美元，分别下降 36.7%和 44.1%。

从澳大利亚进口 48.8 亿美元，比上年下降 16%。进口产品主要为牛产品、动物毛、乳品、羊产品和动物生皮，这五类产品进口额合计占自澳畜产品进口总额的 97.2%。其中，牛肉进口量 25.3 万吨，进口额 15 亿美元，分别下降 17.5% 和 15.4%；羊毛进口量 13.3 万吨，进口额 12.2 亿美元，分别下降 5.6%和 31.4%；乳品进口量 23.3 万吨，进口额 8.6 亿美元，分别增长 3.1%和 9.3%；羊肉进口量 15.2 万吨，进口额 6.8 亿美元，分别下降 12.2%和 12.1%；动物生皮进口量 31.9 万吨，进口额 2 亿美元，分别下降 5.8% 和 27.7%。

从美国进口 43.6 亿美元，比上年增加 1.3 倍。主要进口生猪产品、家禽产品、动物生皮和乳品，四类产品进口额合计占自美国畜产品进口总额的 85%。其中，生猪产品进口量 94.7 万吨（其中猪肉 69.6 万吨，猪杂碎 25 万吨），进口额 21.6 亿美元，分别增加 1.3 倍和 1.8 倍；家禽产品进口量

42.6万吨（其中鸡及产品41.2万吨），进口额7.6亿美元，分别增加6 855.5倍和3 103.8倍；动物生皮进口量50.2万吨（其中生牛皮进口量47.9万吨），增长29.5%，进口额4.1亿美元，下降6%；乳品进口量28.2万吨（其中乳清粉进口量24.6万吨，奶粉2.5万吨），进口额3.9亿美元，分别增长55.8%和42.7%。

从西班牙进口34.9亿美元，比上年增加1.4倍。主要进口生猪产品和乳品，两类产品进口额合计占自西班牙畜产品进口总额的96.9%。其中，生猪产品进口量120.8万吨（其中猪肉93.4万吨），进口额32.9亿美元，分别增加1.2倍和1.6倍；乳品进口量2.6万吨（其中鲜奶1.5万吨，乳清粉0.5万吨），进口额1亿美元，分别增长62.9%和22%。

3. 价格变动

2020年，一般贸易方式下（以下本节价格均为一般贸易方式下的价格）活猪、猪肉、加工猪肉、牛肉、羊肉出口价格和猪肉、猪杂碎、牛杂碎、羊肉、鲜奶、奶粉进口价格上涨，其他主要畜产品进、出口价格均下跌（表67）。

表67 2020年中国主要畜产品一般贸易方式进出口价格

单位：美元/吨、%

产品	出口		产品	进口	
	平均价格	比上年增长		平均价格	比上年增长
活猪	6 406.0	41.7	猪肉	2 758.5	21.2
猪肉	8 412.1	36.7	猪杂碎	2 057.4	14.7
加工猪肉	4 354.9	8.3	牛肉	4 785.4	−3.3
牛肉	11 387.1	14.0	牛杂碎	4 122.2	4.6
加工牛肉	6 352.1	−14.1	羊肉	4 783.6	0.9
羊肉	11 344.6	3.1	鲜奶	1 263.2	0.5
鲜蛋	1 442.2	−9.1	奶粉	6 160.0	2.2
肠衣	21 395.3	−3.6	乳清粉	1 263.7	−4.8
羽毛	14 261.6	−33.0	生牛皮	753.8	−25.1
羊毛	3 372.3	−10.2	羊毛	7 051.4	−13.2

（1）生猪产品。出口活猪平均每吨6 406美元，比上年增长41.7%；出口猪肉每吨8 412.1美元，增长36.7%，出口加工猪肉每吨4 354.9美元，增长8.3%。进口猪肉每吨2 758.5美元，增长21.2%，进口猪杂碎每吨2 057.4美元，增长14.7%。

（2）牛产品。出口牛肉平均每吨11 387.1美元，比上年增长14%；出口加工牛肉每吨6 352.1美元，下降14.1%。进口牛肉每吨4 785.4美元，下降3.3%；进口牛杂碎每吨4 122.2美元，增长4.6%。

（3）羊产品。出口羊肉平均每吨11 344.6美元，比上年增长3.1%；进口羊肉每吨4 783.6美元，增长0.9%。

（4）蛋产品。出口鲜蛋平均每吨1 442.2美元，比上年下降9.1%。

（5）乳品。进口鲜奶价格每吨1 263.2美元，比上年增长0.5%；进口奶粉平均每吨6 160美元，增长2.2%；进口乳清粉每吨1 263.7美元，下降4.8%。

（6）动物毛。出口羊毛平均每吨3 372.3美元，比上年下降10.2%。进口羊毛每吨7 051.4美元，下降13.2%。

（7）动物生皮。进口生牛皮平均每吨753.8美元，下降13.2%。

（二）政策变化

1. 对澳牛肉和乳品实施特殊保障措施

2020年1月14日，海关总署发布《关于2020年自澳大利亚进口两类农产品触发水平数量的公告》（2020年第8号），对自澳大利亚进口的牛肉和乳品两类8个税号产品实施特殊保障管理措施。

2. 解除进口美国牛肉月龄限制

2020年3月23日，海关总署和农业农村部发布《关于解除进口美国牛肉及牛肉产品月龄限制的公告》（2020年第34号），有条件解除对美国30月龄及以上牛肉及牛肉产品的禁令，允许符合中国法律法规要求的相关产品对华出口。

3. 对新西兰乳品实施特殊保障措施

2020年12月2日，海关总署发布《关于2021年度自新西兰进口有关农产品触发水平数量的公告》（2020年第132号），根据《中华人民共和国政府和新西兰政府自由贸易协定》，中国对自新西兰进口的四大类12个税号乳品实施特殊保障措施。

水产品

（一）贸易概况

2020年中国水产品进出口总额346.1亿美元，比上年下降12.1%；贸易顺差34.8亿美元，扩大78%。其中，上半年出口额和进口额比上年同期分别下降16.3%和9.3%，下半年出口额比上年同期增长0.2%、进口额下降23.3%。总体看，水产品全年进出口量额双降，出口额降幅小于进口额降幅，贸易顺差显著扩大，下半年出口逐步回稳、进口大幅下降。

1. 出口情况

2020年水产品出口量381.2万吨，比上年下降10.7%；出口额190.4亿美元，下降7.8%。

（1）一般贸易出口量额双减。出口量277.4万吨，比上年下降9%；出口额141.6亿美元，下降4.8%。一般贸易仍是出口主要方式，分别占总出口量额的72.8%和

74.4%。头足类、对虾、罗非鱼、贝类等是一般贸易的主要出口品种，其中，金枪鱼是唯一出口量额均呈增长的品种，分别增长25.7%和26.5%；淡水小龙虾出口降幅最大，量额分别下降48.2%和55%，对虾出口量额分别下降5.3%和11.9%（表68）。

表68 2020年中国水产品一般贸易方式主要出口品种

单位：万吨、亿美元、%

出口品种	占一般贸易出口额比例	出口		比上年增长	
		数量	金额	数量	金额
头足类	23.5	44.8	33.3	−6.3	0.01
对虾	10.0	13.9	14.2	−5.3	−11.9
罗非鱼	8.6	44.2	12.2	1.3	−5.0
贝类	7.2	18.8	10.2	−10.6	−4.2
鳗鱼	6.6	5.0	9.3	10.8	−6.5
金枪鱼	6.4	19.2	9.1	25.7	26.5
鲭鱼	3.4	24.1	4.9	−29.3	−32.4
蟹类	2.8	4.2	4.0	−16.8	−7.1
藻类	2.8	6.5	4.0	−9.2	−4.7
大黄鱼	1.8	3.4	2.6	−9.1	−9.4
淡水小龙虾	0.5	0.8	0.8	−48.2	−55.0

（2）来进料加工贸易出口量额双减。出口量88.9万吨，比上年下降15.2%，出口额45.8亿美元，下降16.6%。来进料加工贸易分别占总出口量额的23.3%和24.1%。其中，进料加工出口量73.2万吨，出口额34.3亿美元，分别下降13.2%和16%，出口额占来进料加工出口总额比例为74.8%，占比与上年基本持平。来料加工出口量15.8万吨，出口额11.5亿美元，分别下降23.1%和18.4%，出口额占来进料加工出口总额比例为25.2%。

（3）对主要市场出口以降为主。前六大出口市场分别为日本、东盟、美国、欧盟、韩国和中国香港。对日、美、欧出口明显减少，其中对日出口量额比上年分别下降12.7%和11.8%，对美出口量额分别下降6.6%和14.9%，对欧出口量额分别下降22.1%和24.9%。对东盟出口量减额增，其中对泰国出口量额分别增长13.9%和36.7%。对中国香港出口量额分别增长4%和1.2%（表69）。

表 69　2020 年中国水产品主要出口市场情况

单位：万吨、亿美元、%

出口市场	出口量	比上年增长	出口额	比上年增长
日　　本	56.2	−12.7	34.7	−11.8
东　　盟	59.6	−3.6	34.7	18.4
泰　　国	24.1	13.9	13.9	36.7
美　　国	42.6	−6.6	21.3	−14.9
欧　　盟	41.2	−22.1	17.0	−24.9
韩　　国	48.4	−6.1	16.8	−3.5
中国香港	18.3	4.0	15.6	1.2

2. 进口情况

2020 年中国水产品进口量 567.9 万吨，比上年下降 9.4%；进口额 155.7 亿美元，下降 16.8%。

（1）食用水产品进口大幅缩减，鱼粉进口保持稳定。从进口结构看，直接食用水产品进口量 248.4 万吨，进口额 100.7 亿美元，比上年分别下降 6.6%和 15.5%。其中，对虾进口量最大，为 57 万吨，下降 15.3%；鲑鱼（三文鱼）进口降幅最大，量额分别下降 39.6%和 49.4%；鱼粉进口保持稳定，进口量 142.1 万吨，增长 0.1%，进口额 19.5 亿美元，下降 0.9%。来进料加工进口量 85.9 万吨，进口额 20.3 亿美元，分别下降 23.6%和 26.5%。

（2）自主要市场进口比上年普遍下降，自东盟进口量额双增。东盟继 2019 年超过俄罗斯成为中国第一大进口市场后，2020 年继续维持这一地位，进口量额分别为 131.3 万吨和 30.9 亿美元，比上年分别增长 12.1%和 1.1%，进口额占进口总额的 19.9%。其中，自越南进口量额分别增长 9.2%和 8.3%，自印度尼西亚进口量额分别增长 5.1%和 0.8%。自印度、秘鲁和俄罗斯进口降幅较大，其中，自俄罗斯进口量额分别下降 13.4%和 14.1%（表 70）。

表 70　2020 年中国水产品主要进口来源地

单位：万吨、亿美元、%

国家和地区	占进口额比例	出　　口		比上年增长	
		数　量	金　额	数　量	金　额
东　　盟	19.9	131.3	30.9	12.1	1.1
越　　南	8.0	55.6	12.4	9.2	8.3
印度尼西亚	5.4	40.9	8.5	5.1	0.8
俄 罗 斯	12.6	107.6	19.7	−13.4	−14.1

（续）

国家和地区	占进口额比例	出口		比上年增长	
		数量	金额	数量	金额
厄瓜多尔	11.2	36.1	17.5	−3.7	−9.2
秘鲁	7.2	75.8	11.3	−19.0	−25.8
美国	6.3	33.0	9.8	−15.5	−7.5
印度	5.4	23.2	8.5	−29.6	−32.1

（二）影响因素

1. 疫情蔓延导致全球水产品消费需求下降

随着疫情的全球蔓延，世界经济下行，消费者购买力下降，水产品消费需求下滑。多国采取居家隔离等防疫措施，与餐饮业相关的水产品消费下降，适宜居家消费和长期储存的产品受到欢迎。主要用于制作罐头的金枪鱼是唯一实现出口大幅增长的品种，原料和制品出口均呈现上涨。世界贸易组织和联合国贸发组织分别预计2020年全球商品贸易下降9.2%和7%～9%，联合国粮农组织报告预计2020年鱼类供应、消费和贸易收入下降，中国水产品出口形势与上述判断一致。

2. 进口水产品核酸阳性事件导致国内消费者信心不足

疫情在俄罗斯、厄瓜多尔、印度、美国等中国水产品主要进口来源地持续蔓延，2020年6月起，进口水产品等冷链产品多次核酸检测阳性使得国内消费出现恐慌，国内多地相继出现“一刀切”关停日料店、冷库和市场或禁售进口水产品情况。虽媒体澄清新冠肺炎病毒不会经人体消化道传播，但消费者仍然信心不足，对进口产品的购买欲降低，全年三文鱼进口量下降四成，下半年水产品进口呈快速下降态势。

3. 通关效率下降进一步促使水产品进口下行

2020年7月起，根据国务院联防联控机制统一要求，国内各港口对包括水产品在内的进口食品进行更为严格的核酸检测和病毒消杀措施，至12月，进口产品通关时间和费用均显著增加。据相关部门反映，采取疫情防控措施前，大连、连云港、广州、青岛等港口通关时间为2～5天，通关费用每吨商品约300～600元；增加防控措施后，通关时间普遍超过15天，通关费用每吨商品普遍上涨400元以上。

4. 原料进口难不断削弱来进料加工出口优势

中国是全球水产品最主要加工基地之一，2019年来进料加工出口额占水产品出口总额的26.6%。“两头在外”的来进料加工贸易对进出口环节效率要求较高。2020年下半年原料进口通关本就困难，山东、辽宁各港口9月起纷纷拒收散装冷藏原料，全年来进料加工原料进口下降两成以上，来进料加工企业国际竞争优势显著下降。

天然橡胶

2020年，中国天然橡胶出口量0.6万吨，比上年下降56.8%；出口额1 165.6万美元，下降48%；进口量583.5万吨，增长14.2%；进口额78.5亿美元，增长11.1%；净进口量582.9万吨，增长14.4%；贸易逆差78.4亿美元，扩大11%。

（一）产品结构

天然橡胶出口以技术分类天然橡胶（TSNR）、烟胶片产品和其他形状的天然橡胶为主，合计占天然橡胶出口总量的93.7%和出口总额的83.3%；主要进口产品是混合橡胶、技术分类天然橡胶和天然橡胶乳，合计占天然橡胶进口总量的93.2%、进口总额的92.2%。

技术分类天然橡胶产品。出口量2 860.4吨，比上年下降63.7%，占天然橡胶出口总量44.7%；出口额425.8万美元，下降63.3%。进口量133.2万吨，下降12.7%，占天然橡胶进口总量的22.8%；进口额18.3亿美元，下降16.5%。

烟胶片产品。出口量2 373吨，比上年下降41.1%，占天然橡胶出口总量的37.1%；出口额396.2万美元，下降39.1%。进口量16.6万吨，增长2%；进口额2.6亿美元，下降2.7%。

其他形状的天然橡胶产品。出口量627.6吨，比上年下降64.8%；出口额206.9万美元，下降23.1%。进口量23.1万吨，增长8.1%；进口额3.6亿美元，增长4.4%。

混合橡胶产品。出口量341.8吨，比上年增长14.5%；出口额110.1万美元，增长62.9%。进口量353.7万吨，增长33.3%，占天然橡胶进口总量的60.6%；进口额47.8亿美元，增长29.3%。

天然橡胶乳产品。出口量185.6吨，比上年下降75.8%；出口额26.4万美元，下降68.7%。进口量57万吨，增长2.9%；进口额6.3亿美元，增长9.2%（表71和表72）。

表71 2020年中国天然橡胶主要出口产品结构

单位：吨、万美元、%

产　品	出口量	比上年增长	出口额	比上年增长	占出口总量比重
天然橡胶	6 388.4	−56.8	1 165.6	−48.0	100.0
技术分类天然橡胶（TSNR）	2 860.4	−63.7	425.8	−63.3	44.8
烟胶片	2 373.0	−41.1	396.2	−39.1	37.1
其他形状的天然橡胶	627.6	−64.8	206.9	−23.1	9.8
其他混合橡胶	341.8	14.5	110.1	62.9	5.3
天然橡胶乳	185.6	−75.8	26.4	−68.7	2.9

表 72　2020 年中国天然橡胶主要进口产品结构

单位：万吨、亿美元、%

产　品	进口量	比上年增长	进口额	比上年增长	占进口总量比重
天然橡胶	583.5	14.2	78.6	11.1	100.0
技术分类天然橡胶（TSNR）	133.2	−12.7	18.3	−16.5	22.8
烟胶片	16.6	2.0	2.6	−2.7	2.8
其他形状的天然橡胶	23.1	8.1	3.6	4.4	4.0
其他混合橡胶	353.7	33.3	47.8	29.3	60.6
天然橡胶乳	57.0	2.9	6.3	9.2	9.8

（二）贸易区域

出口市场。中国天然橡胶前五位出口市场依次是朝鲜、肯尼亚、伊朗、越南和马来西亚，对前五位市场合计出口 0.5 万吨，占天然橡胶出口总量的 79.7%，比上年下降 59.4 个百分点。其中，对马来西亚、伊朗、朝鲜、肯尼亚和越南出口量分别下降 85.6%、76.7%、53.3%、29.4%和 12.4%。

进口来源地。中国天然橡胶前五位进口来源地依次是泰国、越南、马来西亚、印度尼西亚和缅甸。从前五位国家合计进口 542.5 万吨，占天然橡胶进口总量的 93%，比上年增长 12.9 个百分点。其中，从印度尼西亚、缅甸、越南、马来西亚和泰国进口分别增长 63.6%、29.7%、19.3%、12.5%和 3.3%（表 73）。

表 73　2020 年中国天然橡胶主要出口市场和进口来源地

单位：万吨、%

出口市场	出口量	比上年增长	占天然橡胶出口总量比重	进口来源地	进口量	比上年增长	占天然橡胶进口总量比重
朝　　鲜	0.2	−53.3	36.2	泰　　国	260.5	3.3	44.7
肯 尼 亚	0.1	−29.4	15.8	越　　南	132.6	19.3	22.7
伊　　朗	0.08	−76.7	12.9	马来西亚	78.8	12.5	13.5
越　　南	0.07	−12.4	10.6	印度尼西亚	47.3	63.6	8.1
马来西亚	0.03	−85.6	4.2	缅　　甸	23.1	29.7	4.0

分品种看，技术分类天然橡胶产品主要出口至肯尼亚、伊朗、俄罗斯、乌兹别克斯坦和马来西亚，进口主要来自泰国、印度尼西亚、马来西亚、科特迪瓦和越南。烟胶片产品主要出口至朝鲜和越南，进口主要来自泰国、缅甸、印度尼西亚、越南

和柬埔寨。其他形状的天然橡胶产品主要出口至越南、乌兹别克斯坦、巴基斯坦、马来西亚和朝鲜，进口主要来自老挝、缅甸、越南、加纳和印度尼西亚。天然橡胶乳产品主要出口至朝鲜、埃塞俄比亚、乌兹别克斯坦、越南和菲律宾，进口主要来自泰国、越南、老挝、缅甸和马来西亚（表74和表75）。

表74 2020年中国天然橡胶品种主要出口市场

单位：吨、%

技术分类天然橡胶产品				其他形状的天然橡胶产品			
出口市场	出口量	比上年增长	占技术分类天然橡胶产品出口总量比重	出口市场	出口额	比上年增长	占其他形状的天然橡胶产品出口总量比重
肯尼亚	1 008.0	—	35.2	越　南	185.8	13.7	29.6
伊　朗	806.4	—	28.2	乌兹别克斯坦	112.5	221.7	17.9
俄罗斯	296.1	52 030.2	10.4	巴基斯坦	81.7	−91.8	13
乌兹别克斯坦	226.6	22 949.3	7.9	马来西亚	63.5	3 871.4	10.1
马来西亚	201.6	—	7.1	朝　鲜	54.3	−85.8	8.7
主要出口市场合计			88.8	主要出口市场合计			79.3

表75 2020年中国天然橡胶品种主要进口来源地

单位：万吨、%

技术分类天然橡胶产品				烟胶片产品			
进口来源地	进口量	比上年增长	占技术分类天然橡胶产品进口总量比重	进口来源地	进口量	比上年增长	占烟胶片产品进口总量比重
泰　国	51.3	−30.3	38.6	泰　国	6.9	1.6	41.6
印度尼西亚	28.7	33.5	21.5	缅　甸	5.4	10.4	32.6
马来西亚	27.2	−14.1	20.4	印度尼西亚	2.2	177.3	13.4
科特迪瓦	17.4	78.3	13.1	越　南	1.9	−12.2	11.5
越　南	5.8	−56.5	4.4	柬埔寨	0.1	194.2	0.8
主要进口市场合计			98.1	主要进口市场合计			99.9

（续）

其他形状的天然橡胶产品				天然橡胶乳产品			
进口来源地	进口量	比上年增长	占其他形状的天然橡胶产品进口总量比重	进口来源地	进口量	比上年增长	占天然橡胶乳产品进口总量比重
老挝	13.9	12.5	60.4	泰国	36.6	−13.5	64.3
缅甸	6.2	2.5	27.0	越南	12.5	48.6	22.0
越南	1.1	−32.6	4.7	老挝	4.0	39.5	7.1
加纳	0.5	1 150.4	2.0	缅甸	2.5	276.1	4.4
印度尼西亚	0.5	150.3	2.0	马来西亚	1.0	0.5	1.8
主要进口市场合计			96.1	主要进口市场合计			99.6

（三）价格变动

2020年，技术分类天然橡胶出口价格全年平均每吨1 488.7美元，与上年基本持平；10月份创年内新高，为每吨2 183.8美元。进口价格全年平均每吨1 372.4美元，下降9.2%；12月份最高，为每吨1 536.8美元（图16）。

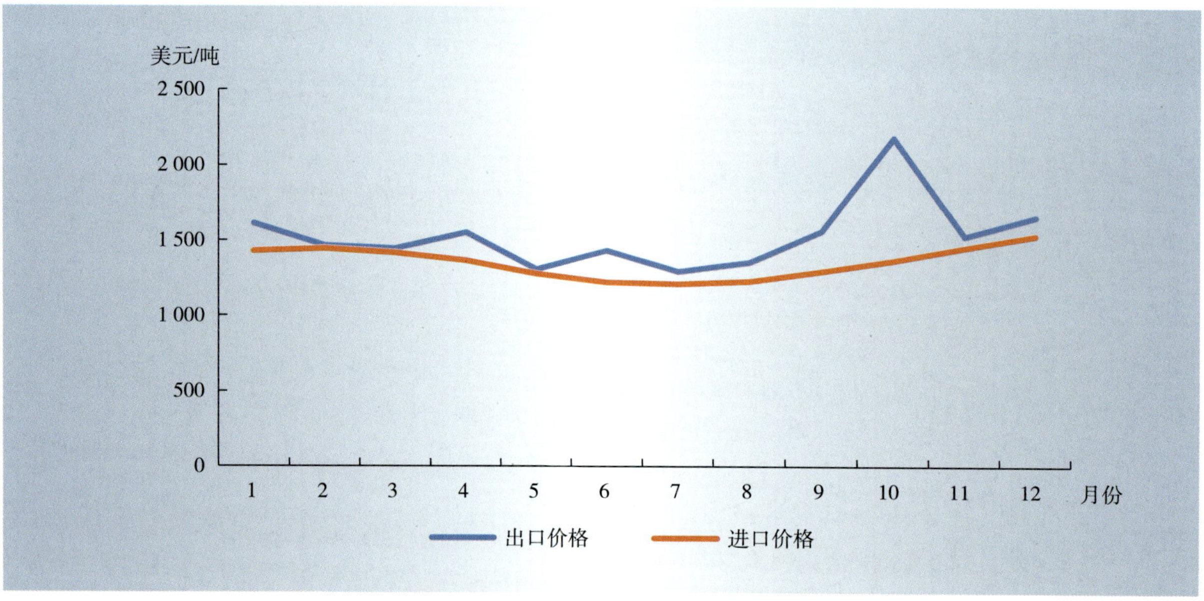

图16 2020年中国技术分类天然橡胶（TSNR）进出口价格

省份农产品贸易

省份农产品贸易综述

（一）贸易规模结构

2020 年，农产品贸易额超过 50 亿美元的有 14 个省（自治区、直辖市），分别为山东、广东、上海、北京、福建、江苏、浙江、天津、辽宁、云南、广西、安徽、河北和湖南，比上年增加 3 个，合计贸易额占全国农产品贸易总额的 91.5%。农产品贸易额在 10 亿～50 亿美元及 10 亿美元以下的分别有 10 个和 7 个省（自治区、直辖市），合计贸易额分别占全国的 7.7% 和 0.8%（图 17）。

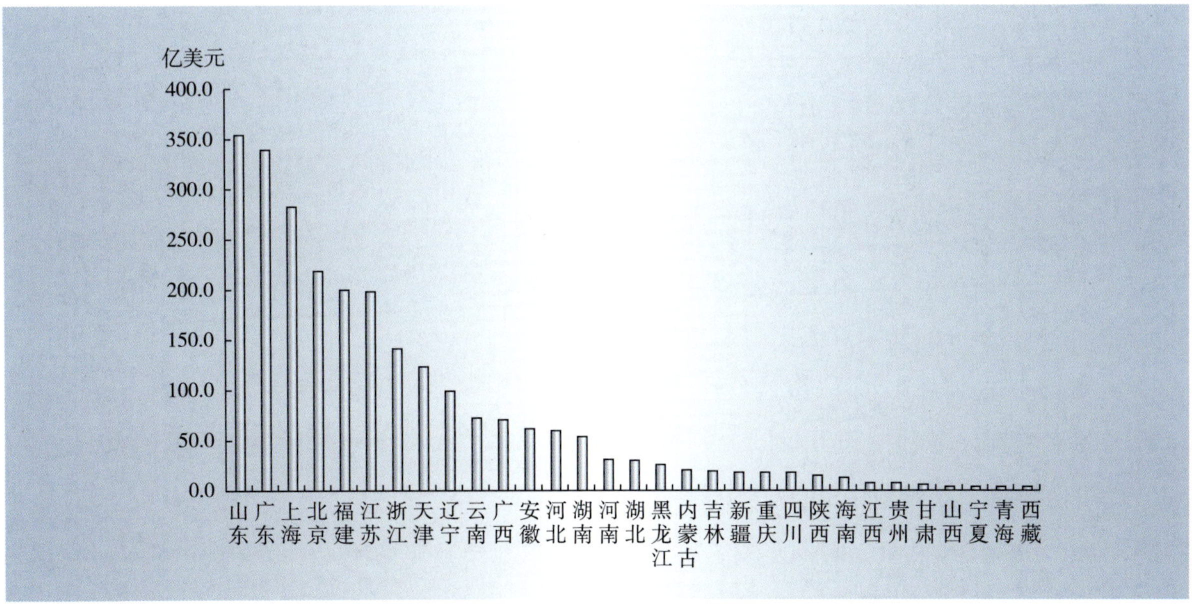

图 17　2020 年中国各省（自治区、直辖市）农产品贸易额

农产品出口额居前五位的省依次是山东、福建、广东、云南和浙江，合计出口额占出口总额的60.2%，其中福建、云南首次跃居第二和第四位；除浙江外，其余4省出口额均在50亿美元以上。进口额居前五位的依次是上海、广东、北京、山东和江苏，5省（直辖市）合计进口额占全国进口总额的58.9%。

（二）年度贸易增长

2020年，22个省（自治区、直辖市）农产品贸易额比上年增长，增幅居前五位的分别为西藏、天津、湖南、安徽和河北，其中西藏增幅最大，较上年增加1.1倍；天津、湖南、安徽和青海等5省（直辖市）增幅在20%以上。8省（自治区、直辖市）贸易额比上年下降，其中降幅居前三位的为河南、贵州和新疆，分别下降23.2%、17.9%和14%（图18）。

11个省（自治区、直辖市）农产品出口额比上年增长，增幅前五位分别为宁夏、湖南、天津、陕西和山西，其中宁夏增幅最大，增长35.6%；其他20个省（自治区、直辖市）出口额均下降，其中河南、西藏和新疆降幅较大，分别下降35.1%、31.6%和21.5%。

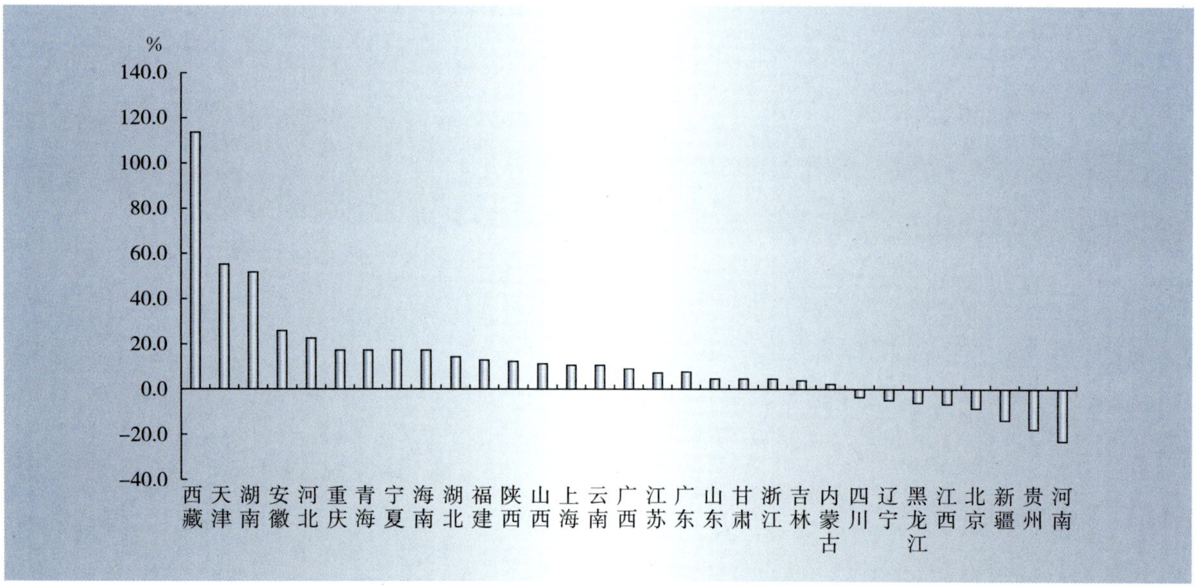

图18 2020年中国各省（自治区、直辖市）农产品贸易额增速

27个省（自治区、直辖市）农产品进口额比上年增长，增幅居前五位的分别为西藏、贵州、湖南、天津和甘肃，其中西藏增加近17倍，贵州增加1.7倍；宁夏、北京、黑龙江和新疆进口额下降，降幅分别为48.4%、9%、2.9%和2.8%。

各省（市、区）农产品贸易

（一）北京市

2020年，北京市农产品贸易额219.1亿美元，比上年下降8.6%。其中，出口额

14.7亿美元，下降4.3%；进口额204.4亿美元，下降8.9%；贸易逆差189.7亿美元，缩小9.2%。

北京市农产品贸易额占全国农产品贸易总额的8.8%，其中，出口额占全国农产品出口总额的1.9%，进口额占全国农产品进口总额的11.9%。

前五大出口农产品是谷物、水果、畜产品、蔬菜和粮食制品，出口额合计11.2亿美元，占全市农产品出口额的75.8%。其中粮食制品出口额增长8.1%，谷物、水果、畜产品和蔬菜出口额分别下降10.7%、7.7%、3.5%和20.8%。

前五大进口农产品是油籽、谷物、畜产品、棉麻丝和水产品，进口额合计152.5亿美元，占全市农产品进口额的74.6%。谷物和棉麻丝进口额分别增加2倍和1.3倍，畜产品进口额增长7%，油籽和水产品进口额分别下降46.8%和38.9%（表76）。

表76 2020年北京市主要农产品贸易情况

单位：亿美元、%

出口产品	出口额	比上年增长	占比	进口产品	进口额	比上年增长	占比
谷 物	7.9	−10.7	53.3	油 籽	48.3	−46.8	23.6
水 果	1.2	−7.7	8.3	谷 物	39.2	195.5	19.2
畜产品	0.8	−3.5	5.1	畜产品	30.5	7.0	14.9
蔬 菜	0.8	−20.8	5.1	棉麻丝	17.5	130.4	8.6
粮食制品	0.6	8.1	3.9	水产品	17.0	−38.9	8.3

前五大出口市场是韩国、日本、美国、埃及和中国香港，合计占全市农产品出口额的39.6%。对韩国、日本、美国和中国香港出口额分别增长24.5%、6%、28.1%和5.8%，对埃及出口额下降42%。

前五大进口来源地是美国、巴西、阿根廷、澳大利亚和乌克兰，合计占全市农产品进口额的53.3%。自澳大利亚和乌克兰进口额分别增长6%和45.7%；自美国、巴西和阿根廷进口额分别下降19%、18.7%和10.4%（表77）。

北京市促进农产品出口主要政策和措施：

（1）推出“一减一公开三提升”政策。精简报关随附单证、公开公示报关企业通关时效、提升京津一体化通关便利化水平、提升“提前申报”“两步申报”比例，建立容错机制。积极落实减税降费，助推企业减负增效，降低企业进出口环节成本。

（2）推进国际贸易“单一窗口”特色应用。将进出口检验检疫、预约查验、联合登临查验等功能纳入“单一窗口”，推进“单一窗口”与交通物资流动信息节点对接。实现展览品通关、临时进境物资无纸化便捷申报、全流程对接，提高跨境贸易便利化水平。完善“单一窗口”出口退税功能，将申报类、备案类、证明类和其他等四大类62项出口退税业务全部纳入“单一窗口”。

表77 2020年北京市农产品出口市场和进口来源地

单位：亿美元、%

出口市场	出口额	比上年增长	占比	进口来源地	进口额	比上年增长	占比
韩　国	1.7	24.5	11.6	美　国	52.0	−19.0	25.4
日　本	1.7	6.0	11.5	巴　西	22.9	−18.7	11.2
美　国	1.0	28.1	7.1	阿根廷	15.3	−10.4	7.5
埃　及	0.8	−42.0	5.2	澳大利亚	9.5	6.0	4.6
中国香港	0.6	5.8	4.1	乌克兰	9.2	45.7	4.5

（二）天津市

2020年，天津市农产品贸易额124.8亿美元，比上年增长55.2%。其中，出口额10.3亿美元，增长16.6%；进口额114.5亿美元，增长59.9%；贸易逆差104.2亿美元，扩大66.1%。

天津农产品贸易额占全国农产品贸易总额的5%，其中，出口额占全国农产品出口总额的1.4%，进口额占全国农产品进口总额的6.7%。

前五大出口农产品是蔬菜、油籽、畜产品、药材和饮品，出口额合计6.4亿美元，占全市农产品出口额的61.7%。饮品出口额增加2倍，蔬菜、油籽、畜产品和药材分别增长25%、15.1%、3.5%和15.3%。

前五大进口农产品是畜产品、油籽、植物油、水产品和饮品，进口额合计105.2亿美元，占全市农产品进口额的91.9%。油籽进口额增加1.3倍，畜产品和植物油分别增长66.6%和36.4%，水产品和饮品分别下降19.1%和4.7%（表78）。

表78 2020年天津市主要农产品贸易

单位：亿美元、%

出口产品	出口额	比上年增长	占比	进口产品	进口额	比上年增长	占比
蔬　菜	2.4	25.0	23.2	畜产品	55.3	66.6	48.3
油　籽	1.1	15.1	11.1	油　籽	33.9	132.6	29.6
畜产品	1.0	3.5	10.1	植物油	7.5	36.4	6.6
药　材	1.0	15.3	9.9	水产品	6.7	−19.1	5.9
饮　品	0.8	196.6	7.5	饮　品	1.8	−4.7	1.6

前五大出口市场是日本、韩国、西班牙、埃及和美国，合计占全市农产品出口额的45%。对韩国、西班牙、埃及和美国出口额分别增长43.7%、57.1%、52.5%和5.3%，对日本出口额下降4.7%。

前五大进口来源地是巴西、美国、新西兰、阿根廷和加拿大，合计占全市农产品进口额的59.8%。自美国、加拿大和巴西进口额分别增加2.8倍、1.4倍和1.3倍；自阿根廷进口额增长36.3%；自新西兰进口额下降3.6%（表79）。

表79　2020年天津市农产品出口市场和进口来源地

单位：亿美元、%

出口市场	出口额	比上年增长	占比	进口来源地	进口额	比上年增长	占比
日　本	2.2	－4.7	21.0	巴　西	30.6	127.2	26.8
韩　国	0.9	43.7	8.7	美　国	16.7	279.4	14.6
西班牙	0.6	57.1	5.5	新西兰	9.2	－3.6	8.1
埃　及	0.5	52.5	4.9	阿根廷	6.0	36.3	5.3
美　国	0.5	5.3	4.8	加拿大	5.9	135.5	5.1

天津市促进农产品出口主要政策和措施：

（1）加强示范创建，强化典型引领。开展农产品出口示范基地和示范企业创建，认定农产品出口示范基地5个、农产品出口示范企业22家，引导出口企业增强联农带农能力、加强质量体系建设、强化品牌打造、扩大出口规模，打造引领农产品出口的示范和标杆。

（2）加强部门协同，强化指导服务。充分发挥联席会议机制作用，针对疫情对农产品出口的影响，会同市商务局、市金融局、天津海关研究推出16条针对性措施。组织中信保天津分公司、各银行机构与农产品出口企业对接，开发推介农产品出口保险产品服务，帮助企业解决融资难题。

（3）加强宣传推介，强化市场开拓。用好国内展会平台，组织农产品出口企业参加津洽会等境内展会，开展展销展卖活动。组织农产品出口企业参加“外贸优品汇　扮靓步行街”活动，助力出口转内销，帮助企业开拓国内市场、渡过难关。

（三）河北省

2020年，河北省农产品贸易总额59.5亿美元，比上年增长32.4%。其中，出口额16.5亿美元，增长2.8%；进口额43亿美元，增长32.2%；贸易逆差26.5亿美元，扩大1.1倍。

河北省农产品贸易总额占全国农产品贸易总额的2.4%。其中，出口额占全国农产品出口总额的2.2%，进口额占全国农产品进口总额的2.5%。

前五大出口农产品是蔬菜、畜产品、水果、水产品和坚果，出口额合计10亿美元，占全省农产品出口总额的61.3%。与上年相比，除畜产品和水产品出口下降外，蔬菜、水果和坚果出口额分别增长14.8%、14.7%和12%。前五大进口农产品是油籽、畜产品、植物油、水产品和谷物，占全省农产品进口总额的91.6%。除油籽和畜产品进口增加外，植物油、水产品和谷物进口额分别下降7%、10.5%和19.5%（表80）。

表80　2020年河北省主要农产品贸易

单位：亿美元、%

出口产品	出口额	比上年增长	占比	进口产品	进口额	比上年增长	占比
蔬　菜	2.3	14.8	14.0	油　籽	29.8	54.1	69.2
畜产品	2.3	−8.6	13.8	畜产品	5.2	17.0	12.1
水　果	2.3	14.7	13.8	植物油	1.8	−7.0	4.3
水产品	1.9	−20.9	11.3	水产品	1.7	−10.5	4.0
坚　果	1.4	12.0	8.5	谷　物	0.9	−19.5	2.0

前五大出口市场是日本、韩国、印度尼西亚、美国和德国，合计占全省农产品出口总额的47.5%。除日本和德国外，对其他出口市场出口额均增长，涨幅分别为2.9%，24%和2.4%。前五大进口来源地是巴西、美国、印度、蒙古和澳大利亚，合计占全省农产品进口总额的78.9%。自巴西、美国和蒙古的进口大幅增长，其中自美国进口增加1.7倍，自澳大利亚进口下降34.1%（表81）。

表81　2020年河北省农产品出口市场和进口来源地

单位：亿美元、%

出口市场	出口额	比上年增长	占比	进口来源地	进口额	比上年增长	占比
日　本	2.8	−10.2	17.0	巴　西	22.9	50.6	53.2
韩　国	1.9	2.9	11.7	美　国	6.6	170.1	15.4
印度尼西亚	1.3	24.0	5.6	印　度	1.9	−5.4	4.4
美　国	0.9	2.4	5.3	蒙　古	1.5	82.2	3.5
德　国	0.9	−1.0	4.8	澳大利亚	1.1	−34.1	2.5

河北省促进农产品出口主要政策和措施：

（1）搭建产销对接平台。建设农产品进出口市场信息发布系统、企业信息管理系统、出口基地建设系统、进出口情况动态监测系统、产业损害监测预警系统等农业贸易促进平台。分产品指导成立食用菌、板栗、鲜梨、辣椒、调味品、水产品、蔬菜等特色农产品出口企业联盟抱团取暖开拓国际市场。

（2）开展全球招商活动。组织参加渔博会、薯博会、食博会、意大利果蔬展等境内外国际展会，积极帮助农产品出口企业开拓国际市场。分产品召开6场农产品出口小型产销对接会，实现省内大型农产品出口供应商和境外大型农产品进口采购商的精准对接。

（3）集中创建一批省级农贸基地。在食用菌、蔬菜、果品、水产、肉类加工、肠衣、中药材等特色优势食用农产品生产区域，采取先建后补、以奖代补方式创建40家以上国际标准农产品生产示范基地，每个奖补30万～50万元。鼓励各类农业企业、现代农业园区、农产品外贸转型升级示范基地参与基地创建，带动全省出口农产品生产。

（四）山西省

2020年，山西省农产品贸易额1.8亿美元，比上年增长11.3%。其中，出口额1.4亿美元，增长13.4%；进口额3 598万美元，增长3.5%；贸易顺差1.1亿美元，扩大17.2%。

山西省农产品贸易额占全国农产品贸易总额的0.1%，其中，出口额占全国农产品出口总额的0.2%，进口额占全国农产品进口总额的0.02%。

前五大出口农产品是水果、坚果、蔬菜、干豆和畜产品，出口额合计1.2亿美元，占全省农产品出口额的83.5%。与上年相比，水果、坚果和蔬菜出口额分别增长20.8%、32.2%和32.1%，干豆和畜产品出口分别下降14%和1.6%。

前五大进口农产品是植物油、畜产品、坚果、饮品和棉麻丝，占全省农产品进口额的77.4%。畜产品和饮品进口额分别增加3.8倍和1.1倍，坚果增长25.3%，植物油和棉麻丝分别下降40.8%和70.3%（表82）。

表82 2020年山西省主要农产品贸易

单位：万美元、%

出口产品	出口额	比上年增长	占比	进口产品	进口额	比上年增长	占比
水　果	4 379.9	20.8	31.0	植物油	984.6	−40.8	27.4
坚　果	3 451.9	32.2	24.4	畜产品	776.7	375.5	21.6
蔬　菜	2 234.8	32.1	15.8	坚　果	659.3	25.3	18.3
干　豆	1 031.7	−14.0	7.3	饮　品	230.5	108.8	6.4
畜产品	703.2	−1.6	5.0	棉麻丝	133.1	−70.3	3.7

前五大出口市场是美国、泰国、韩国、德国和摩洛哥，合计占全省农产品出口额的48.1%。对德国出口额下降12.8%，对美国、泰国、韩国和摩洛哥出口额分别增长

1.2%、58.7%、1.6倍和3.3倍。

前五大进口来源地是印度、美国、智利、巴西和阿根廷，合计占全省农产品进口额的80.2%。自印度进口额下降39.1%，自美国和智利进口额分别增长11.1%和21.8%（表83）。

表83 2020年山西省农产品出口市场和进口来源地

单位：万美元、%

出口市场	出口额	比上年增长	占比	进口来源地	进口额	比上年增长	占比
美　国	1 858.5	1.2	13.2	印　度	1 010.3	−39.1	28.1
泰　国	1 816.7	58.7	12.9	美　国	789.1	11.1	21.9
韩　国	1 282.8	164.8	9.1	智　利	427.0	21.8	11.9
德　国	950.2	−12.8	6.7	巴　西	379.0	—	10.5
摩洛哥	891.5	328.0	6.3	阿根廷	279.4	—	7.8

山西省促进农产品出口主要政策和措施：

（1）全力打造“南果中粮北肉”农产品出口平台。大力推进三大平台建设，省财政安排6 600万元支持平台建设，通过出口平台建设扩大农产品出口，倒逼农产品标准化生产和特色农业产业发展，促进农业转型升级、农民增收。

（2）发挥农业对外合作联席会议机制作用。改善农产品出口环境，切实加强部门合作，落实好各项优惠政策和支持措施。联席会议召开六次促进外向型农业座谈会，签订《关于促进外向型农业发展合作备忘录》，积极为“南果中粮北肉”出口平台建设服务；省商务厅、省外办、省贸促会等单位合作推进全省农业贸易。

（3）积极应对贸易风险。对出口重点监测企业就新冠肺炎疫情以来出口生产和经营情况等进行统计；开展全省苹果产业损害监测预警；监测对日本、韩国、俄罗斯等国主要出口市场农产品出口情况。

（4）举办和参加农产品国际性展会。举办第五届山西（运城）国际果品交易博览会。组织参加中国—阿联酋经济贸易数字展览会、意大利国际果蔬展线上展览会、第二届中菲农业合作投资专场推介会、第十一届中国国际薯业博览会、第二十一届中国国际食品和饮料展览会和第五届中国—东盟农业国际合作展，优质马铃薯、水果、杂粮、蔬菜、中药材等农产品以及白酒、醋、果饮等名优产品亮相国际展台。

（五）内蒙古自治区

2020年，内蒙古自治区农产品贸易额19.7亿美元，比上年增长1.8%。其中，出口额9.7亿美元，下降6.2%；进口额10亿美元，增长11%；由上年贸易顺差1.3亿美元转为贸易逆差3 115.7万美元。

内蒙古农产品贸易额占全国农产品贸易总额的0.8%。其中，出口额占全国农产品出口总额的1.3%，进口额占全国农产品进口总额的0.6%。

前五大出口农产品是油籽、蔬菜、坚果、畜产品和水果，出口额合计6.8亿美元，占全区农产品出口总额的70.1%。与上年相比，坚果、油籽和蔬菜出口额分别增长10%、4%和1.9%，水果和畜产品出口额分别下降70.4%和10.8%。

前五大进口农产品是畜产品、油籽、糖料及糖、植物油和谷物，进口额合计7.8亿美元，占全区农产品进口总额的78.4%。与上年相比，植物油、糖料及糖、油籽和畜产品分别增长128.4%、43.7%、13.9%和12%，谷物进口额下降34.5%（表84）。

表84　2020年内蒙古主要农产品贸易

单位：亿美元、%

出口产品	出口额	比上年增长	占比	进口产品	进口额	比上年增长	占比
油　籽	4.2	4.0	43.3	畜产品	5.4	12.0	53.7
蔬　菜	1.5	1.9	15.8	油　籽	2.0	13.9	19.9
坚　果	0.5	10.0	5.3	糖料及糖	0.2	43.7	2.1
畜产品	0.3	−10.8	3.1	植物油	0.1	128.4	1.4
水　果	0.3	−70.4	2.7	谷　物	0.1	−34.5	1.2

前五大出口市场是土耳其、俄罗斯、伊拉克、埃及和印度尼西亚，合计占全区农产品出口总额的43.2%。对伊拉克、印度尼西亚和土耳其出口额分别增长61.5%、27.6%和1.8%，对俄罗斯和埃及出口额分别下降38%和10.1%。

前五大进口来源地是新西兰、俄罗斯、美国、蒙古和德国，合计占全区农产品进口总额的85.7%。自美国、德国、新西兰和俄罗斯进口额分别增长58.6%、39%、19%和19%，自蒙古进口额下降9%（表85）。

表85　2020年内蒙古农产品出口市场和进口来源地

单位：亿美元、%

出口市场	出口额	比上年增长	占比	进口来源地	进口额	比上年增长	占比
土耳其	1.2	1.8	12.7	新西兰	3.1	19.0	31.3
俄罗斯	1.2	−38.0	12.1	俄罗斯	2.1	19.0	20.7
伊拉克	0.7	61.5	7.1	美　国	1.5	43.2	14.7
埃　及	0.6	−10.1	6.5	蒙　古	1.4	−9.0	13.9
印度尼西亚	0.5	27.6	4.8	德　国	0.5	39.0	5.1

内蒙古促进农产品出口的主要政策和措施：

（1）出台帮扶措施。为应对新冠肺炎疫情对出口带来的不利影响，自治区政府出台一系列帮扶措施，通过出口转内销、跨境电商等方式帮助企业渡过难关。先后出台《内蒙古自治区人民政府办公厅关于支持出口产品转内销配套措施的通知》《内蒙古自治区人民政府关于印发中国（赤峰）跨境电子商务综合试验区建设实施方案的通知》《内蒙古自治区人民政府关于印发中国（满洲里）跨境电子商务综合试验区建设实施方案的通知》。

（2）组织参与农业展会。组织相关企业参加中俄农业合作线上研讨会、推进一带一路农业合作线上专题研讨会、中国—阿联酋经济贸易数字博览会、2020 年意大利国际果蔬线上展览会、中国（广西）—东盟国际食品糖酒博览会，提升了企业知名度，开拓了相关市场。

（六）辽宁省

2020 年，辽宁省农产品贸易额 99.6 亿美元，较上年下降 22.7%。其中，出口额 43.3 亿美元，下降 15.8%；进口额 56.4 亿美元，增长 7.1%；贸易逆差 13.1 亿美元，扩大 9.8 倍。

辽宁省农产品贸易额占全国农产品贸易总额的 4%，其中，出口额占全国农产品出口总额的 5.7%；进口额占全国农产品进口总额的 3.3%。

前五大出口农产品是水产品、畜产品、蔬菜、坚果和粮食制品，占全省农产品出口总额的 77.2%。与上年相比，除坚果出口额增长 11.8%之外，水产品、畜产品、蔬菜和粮食制品的出口额分别下降 15.7%、17.2%、9.3%和 7%。

前五大进口农产品是水产品、油籽、畜产品、水果和谷物，占全省农产品进口总额的 90.7%。与上年相比，油籽进口额增加 1.1 倍，畜产品进口额增长 25.6%，水产品、水果和谷物的进口额分别下降 20.6%、12.9%和 20.5%（表 86）。

表 86 2020 年辽宁省主要农产品贸易

单位：亿美元、%

出口产品	出口额	比上年增长	占比	进口产品	进口额	比上年增长	占比
水产品	24.4	−15.7	56.4	水产品	18.2	−20.6	32.3
畜产品	3.0	−17.2	7.0	油　籽	14.6	112.7	25.9
蔬　菜	2.6	−9.3	6.1	畜产品	11.5	25.6	20.4
坚　果	1.7	11.8	3.9	水　果	4.1	−12.9	7.3
粮食制品	1.6	−7.0	3.8	谷　物	2.7	−20.5	4.9

前五大出口市场是日本、美国、韩国、德国和荷兰，合计占全省农产品出口额的

61.3%。对五大市场出口额分别下降10.3%、5.8%、10.8%、17.3%和8.3%。

前五大进口来源地是巴西、美国、俄罗斯、新西兰和澳大利亚，合计占全省农产品进口额的68.6%。自巴西和美国进口额分别增长94%和27.5%，自俄罗斯、新西兰和澳大利亚进口额分别下降24.4%、14.2%和13.4%（表87）。

表87 2020年辽宁省农产品出口市场和进口来源地

单位：亿美元、%

出口市场	出口额	比上年增长	占比	进口来源地	进口额	比上年增长	占比
日　本	10.7	−10.3	24.8	巴　西	11.9	94.0	24.5
美　国	7.1	−5.8	16.4	美　国	7.6	27.5	15.7
韩　国	4.9	−10.8	11.3	俄罗斯	7.2	−24.4	14.9
德　国	2.1	−17.3	4.8	新西兰	3.3	−14.2	6.7
荷　兰	1.7	−8.3	4.0	澳大利亚	3.2	−13.4	6.7

辽宁省促进农产品出口主要政策和措施：

（1）完善农产品出口形势监测机制。密切监测国际动态，及时掌握国际展洽会等相关推介活动，调整参展计划，确保参展安全高效。跟踪已出台政策措施，及时通过网络平台传达相关信息，助力企业用好强农惠农一揽子政策。监测重点企业农产品出口形势并搭建政企沟通协调平台。

（2）多渠道强化农产品出口品牌推介。积极推进境外农产品展示中心和“海外仓”建设。截至2020年底，辽宁已在美国（两个）、加拿大、韩国、英国、泰国、阿联酋等地建立了7个农产品境外展示中心，境外展示与推介、仓储与配送、品牌营销与售后服务一体化功能不断发展壮大。在沈阳、大连建立了辽宁出口食品农产品展示中心，在疫情期间积极推动出口农产品内销。

（3）推动出口农产品国际认证提升。鼓励企业广泛开展国际认证认可提升国际市场竞争力。年内支持企业开展国际认证46个。

（4）强化公共服务，畅通产销对接。组织企业参加中俄农业合作线上研讨会、2020年意大利国际果蔬线上展览会，组织企业加盟广东农产品采购商联盟等平台，助力企业寻找新机遇拓展新合作，合力应对疫情的不利影响。

（七）吉林省

2020年，吉林省农产品贸易额17.7亿美元，比上年增长4.3%。其中，出口额9.5亿美元，下降12%；进口额8.2亿美元，增长32.5%；贸易顺差1.3亿美元，缩小72.9%。

吉林省农产品贸易额占全国农产品贸易总额的0.7%，其中，出口额占全国农产品出口总额的1.2%；进口额占全国农产品进口总额的0.5%。

前五大出口农产品是坚果、水产品、糖料及糖、油籽和粮食制品，出口额合计5.5亿美元，占全省农产品出口额的58.2%。与上年相比，坚果、水产品、糖料及糖、油籽和粮食制品出口额分别下降0.8%、10.9%、20.8%、16.1%和2.4%。

前五大进口农产品是油籽、水产品、畜产品、坚果和谷物，占全省农产品进口额的94.5%。与上年相比，油籽、畜产品、坚果和谷物进口额分别增长151.6%、10.5%、14.5%和55.2%；水产品进口额下降21.2%（表88）。

表88 2020年吉林省主要农产品贸易

单位：亿美元、%

出口产品	出口额	比上年增长	占比	进口产品	进口额	比上年增长	占比
坚　　果	2.0	−0.8	20.9	油　　籽	3.9	151.6	47.2
水 产 品	1.3	−10.9	13.3	水 产 品	2.2	−21.2	26.8
糖料及糖	1.0	−20.8	10.1	畜 产 品	0.8	10.5	9.1
油　　籽	0.7	−16.1	7.8	坚　　果	0.7	14.5	8.6
粮食制品	0.6	−2.4	6.1	谷　　物	0.2	55.2	2.8

前五大出口市场是韩国、日本、印度尼西亚、美国和德国，合计占全省农产品出口额的64.6%。对韩国、印度尼西亚和美国出口额分别下降4.9%、11.6%和13%，对日本和德国出口额分别增长6.6%和22.7%。

前五大进口来源地是巴西、俄罗斯、美国、乌克兰和韩国，合计占全省农产品进口额的91.8%。自巴西、美国和乌克兰进口大幅增长，其中自巴西进口增加1.2倍，自韩国进口下降32.4%（表89）。

表89 2020年吉林省农产品出口市场和进口来源地

单位：亿美元、%

出口市场	出口额	比上年增长	占比	进口来源地	进口额	比上年增长	占比
韩　国	2.6	−4.9	27.6	巴　西	3.8	120.4	46.0
日　本	1.4	6.6	14.3	俄罗斯	2.8	−13.2	34.0
印度尼西亚	0.9	−11.6	9.2	美　国	0.6	65.6	7.8
德　国	0.7	22.7	7.9	乌克兰	0.2	63.4	2.7
美　国	0.5	−13.0	5.6	韩　国	0.1	−32.4	1.2

吉林省促进农产品出口主要政策和措施：

多措并举推动农产品贸易稳步发展。组织企业参加国际性农产品展洽活动，降低企业市场开发成本，促进农产品贸易国内国际双循环。加强特色农产品调研，深挖全省农产品出口潜力，推动“吉字号”农产品品质提升和品牌升级，推动农产品国际贸易快速发展。

（八）黑龙江省

2020年，黑龙江省农产品贸易额25亿美元，比上年下降6.2%。其中，出口额7.8亿美元，下降12.6%；进口额17.1亿美元，下降2.9%；贸易逆差0.9亿美元，缩小19.4%。

黑龙江省农产品贸易额占全国农产品贸易总额的1%，其中，出口额占全国农产品出口总额的1%，进口额占全国农产品进口总额的1%。

前五大出口农产品是蔬菜、坚果、畜产品、水果和饮品，占全省农产品出口总额的57.4%。与上年相比，饮品、坚果分别增加3.4倍和5.1%；蔬菜、畜产品和水果分别下降25.4%、1.7%和59.4%。

前五大进口农产品是油籽、畜产品、植物油、棉麻丝和糖料及糖，占全省农产品进口总额的92.4%。与上年相比，植物油和糖进口额分别增加1.8倍和2.2倍，油籽、畜产品和棉麻丝进口额分别下降9.9%、1.7%和40%（表90）。

表90 2020年黑龙江省主要农产品贸易

单位：亿美元、%

出口产品	出口额	比上年增长	占比	进口产品	进口额	比上年增长	占比
蔬　菜	1.7	−25.4	21.6	油　籽	7.6	−9.9	44.2
坚　果	1.4	5.1	18.1	畜产品	6.4	−1.7	37.5
畜产品	0.5	−1.7	6.7	植物油	0.7	180.0	4.2
水　果	0.5	−59.4	5.9	棉麻丝	0.6	−40.0	3.4
饮　品	0.4	339.4	5.0	糖料及糖	0.5	219.0	3.1

前五大出口市场是俄罗斯、韩国、美国、日本和印度尼西亚，合计占全省农产品出口总额的53.4%。对俄罗斯和日本出口额分别下降32.7%和22.8%，对韩国、美国和印度尼西亚出口额分别增长17.3%、15.4%和5.9%。

前五大进口来源地是巴西、新西兰、俄罗斯、美国和澳大利亚，合计占全省农产品进口总额的85.2%。自美国进口增加3.6倍，自巴西、新西兰、俄罗斯和澳大利亚进口分别下降31%、4.2%、1.5%和20.9%（表91）。

表 91　2020 年黑龙江省农产品出口市场和进口来源地

单位：亿美元、%

出口市场	出口额	比上年增长	占比	进口来源地	进口额	比上年增长	占比
俄罗斯	2.2	−32.7	28.1	巴　西	4.5	−31.0	26.0
韩　国	0.7	17.3	8.7	新西兰	3.7	−4.2	21.3
美　国	0.6	15.4	7.6	俄罗斯	3.3	−1.5	19.2
日　本	0.4	−22.8	4.7	美　国	2.4	360.8	14.1
印度尼西亚	0.3	5.9	4.3	澳大利亚	0.8	−20.9	4.6

黑龙江省促进农产品出口主要政策和措施：

（1）支持自贸试验区建设。出台《黑龙江省自贸试验区总体方案》，支持自贸试验区内企业“走出去”开展境外农业合作，建设境外农业合作园区，鼓励企业对境外投资合作所得回运产品开展贸易和加工。支持自贸试验区内企业开展出口信用保险项下贸易融资，在风险可控、商业可持续前提下，对效益好、资信良好的企业免抵押、免担保。支持跨境电子商务综合试验区建设。建立与口岸贸易额、过货量、鼓励类与限制类产品等综合因素挂钩的边境地区转移支付增长机制，支持自贸试验区内企业开展跨境电商进出口业务。

（2）出台一揽子扶持政策稳产保供。对畜禽养殖场，蔬菜生产基地，屠宰厂，肉蛋奶、饲料生产加工企业等新型农业经营主体，实施一次性奖励、银行贷款和贴息、农业担保等扶持政策，保障全省蔬菜、肉蛋奶等居民生活必需品供应。

（3）支持企业境外参展。对疫情期间外贸企业境外参展及短期信用保险项目予以支持，对企业在一季度因进口防疫物资向出口信用保险承保机构缴纳的进口预付款保费支出给予 70%保费支持。对一季度进出口增幅超 3%的自主缴费投保企业，保费支持比例由 70%提升至 90%且不受企业经营品类限制。

（九）上海市

2020 年，上海市农产品贸易额 282.1 亿美元，比上年增长 11.1%。其中，出口额 17.1 亿美元，下降 10.5%；进口额 265 亿美元，增长 12.9%；贸易逆差 247.9 亿美元，扩大 14.9%。

上海市农产品贸易额占全国农产品贸易总额的 11.4%，其中，出口额占全国农产品出口总额的 2.2%，进口额占全国农产品进口总额的 15.4%。

前五大出口农产品是水产品、畜产品、蔬菜、饮品和粮食制品，出口额合计 6.9 亿美元，占全市农产品出口额的 40.4%。与上年相比，粮食制品出口额增长 6.6%，水产品、畜产品、蔬菜和饮品分别下降 21.8%、17.8%、1.5%和 10.7%。

前五大进口农产品是畜产品、油籽、饮品、水果和水产品，进口额合计 209.9 亿美元，占全市农产品进口额的 78.8%。畜产品和油籽进口额分别增长 38.9%和 17.9%，饮品、水果和水产品分别下降 7.7%、8.9%和 19.6%（表 92）。

表 92 2020 年上海市主要农产品贸易

单位：亿美元、%

出口产品	出口额	比上年增长	占比	进口产品	进口额	比上年增长	占比
水产品	1.9	−21.8	11.2	畜产品	99.3	38.9	37.5
畜产品	1.9	−17.8	11.1	油　籽	48.2	17.9	18.2
蔬　菜	1.2	−1.5	7.2	饮　品	25.0	−7.7	9.4
饮　品	1.1	−10.7	6.4	水　果	19.2	−8.9	7.2
粮食制品	0.7	6.6	4.4	水产品	17.2	−19.6	6.5

前五大出口市场是日本、美国、中国香港、荷兰和新加坡，合计占全市农产品出口额的 45.4%。对荷兰和新加坡出口额分别增长 47.7%和 94.4%，对日本、美国和中国香港出口额分别下降 12.2%、8.2%和 42.5%。

前五大进口来源地是巴西、美国、新西兰、澳大利亚和法国，合计占全市农产品进口额的 49.4%。自美国进口额增加 1.5 倍；自巴西和新西兰进口额分别增长 12.9%和 18.7%；自澳大利亚和法国进口额分别下降 0.7%和 0.4%（表 93）。

表 93 2020 年上海市农产品出口市场和进口来源地

单位：亿美元、%

出口市场	出口额	比上年增长	占比	进口来源地	进口额	比上年增长	占比
日　本	2.3	−12.2	13.5	巴　西	51.5	12.9	19.4
美　国	1.9	−8.2	11.1	美　国	27.2	150.9	10.2
中国香港	1.4	−42.5	8.0	新西兰	21.0	18.7	7.9
荷　兰	1.2	47.7	7.1	澳大利亚	17.6	−0.7	6.7
新加坡	1.0	94.4	5.8	法　国	13.7	−0.4	5.2

上海市促进农产品出口主要政策和措施：

（1）促进跨境电子商务集约高效发展。深化国家级跨境电子商务综合试验区建设。提升跨境电子商务公共服务平台服务能级，鼓励开展市场化经营项目。简化进口备案要求，简化小微跨境电子商务企业货物贸易外汇收支手续，符合条件的企业可免于办理“贸易外汇收支企业名录”登记。

(2) 建设百亿级和千亿级大宗商品市场。打造若干面向国际的大宗商品现货交易平台，推动大宗商品人民币计价结算。支持上海期货交易所标准仓单交易平台以公司化模式运作，开展标准仓单、非标仓单、保税仓单与场外衍生品交易，推动大宗保税商品转让登记规范化。拓展现货衍生品及价格指数业务。探索通过自由贸易账户为大宗商品现货离岸交易和保税交割提供与国际规则相一致的跨境金融服务。

(3) 营造法治化国际化便利化贸易环境。构建国际化商事争议解决平台，完善多元商事纠纷解决机制。全面推广进口货物“两步申报”通关模式，外高桥港区全面实施出口货物“提前申报、运抵验放”模式。深化中国（上海）国际贸易“单一窗口”与政务服务“一网通办”平台对接，丰富地方特色功能。

（十）江苏省

2020 年，江苏省农产品贸易额 198.9 亿美元，比上年增长 3%。其中，出口额 35.1 亿美元，下降 5.7%；进口额 163.8 亿美元，增长 11.6%；由上年贸易顺差 24.1 亿美元转为逆差 128.8 亿美元。

江苏省农产品贸易额占全国农产品贸易总额的 8%，其中，出口额占全国农产品出口总额的 4.6%，进口额占全国农产品进口总额的 9.5%。

前五大出口农产品是蔬菜、畜产品、水产品、粮食制品和饮品，出口额合计 19.6 亿美元，占全省农产品出口总额的 55.8%。与上年相比，除粮食制品和饮品出口保持增长外，蔬菜、畜产品和水产品出口额分别下降 14.3%、29.5%和 0.8%。

前五大进口农产品是油籽、畜产品、植物油、棉麻丝和谷物，占全省农产品进口总额的 87.9%。与上年相比，棉麻丝和谷物进口额分别下降 27%和 13.9%，油籽、畜产品、植物油进口额分别增长 21.1%、4.4%和 25.7%（表 94）。

表 94 2020 年江苏省主要农产品贸易

单位：亿美元、%

出口产品	出口额	比上年增长	占比	进口产品	进口额	比上年增长	占比
蔬　　菜	7.7	−14.3	21.9	油　　籽	75.5	21.1	46.1
畜 产 品	5.0	−29.5	14.2	畜 产 品	32.6	4.4	19.9
水 产 品	4.1	−0.8	11.7	植 物 油	25.3	25.7	15.4
粮食制品	1.6	2.6	4.5	棉 麻 丝	7.7	−27.0	4.8
饮　　品	1.2	16.2	3.5	谷　　物	2.8	−13.9	1.7

前五大出口市场是美国、日本、中国香港、韩国和印度尼西亚，合计占全省农产品出口总额的44.8%。对日本和印度尼西亚出口额分别下降17.5%和18.2%，对美国、中国香港、韩国的出口额分别增长7.7%、4.5%和21.1%。

前五大进口来源地是巴西、美国、印度尼西亚、澳大利亚和阿根廷，合计占全省农产品进口总额的71.5%。自美国进口额增加2.3倍，自澳大利亚和阿根廷进口额分别下降33%和25.3%（表95）。

表95　2020年江苏省农产品出口市场和进口来源地

单位：亿美元、%

出口市场	出口额	比上年增长	占比	进口来源地	进口额	比上年增长	占比
美　国	4.4	7.7	12.7	巴　西	54.3	8.1	33.2
日　本	4.3	−17.5	12.2	美　国	29.8	233.3	18.2
中国香港	2.5	4.5	7.2	印度尼西亚	14.0	8.5	8.6
韩　国	2.5	21.2	7.1	澳大利亚	11.7	−33.0	7.1
印度尼西亚	1.9	−18.2	5.5	阿 根 廷	7.3	−25.3	4.5

江苏省促进农产品出口主要政策和措施：

（1）持续建设省级农产品出口示范基地（区）。2020年12月，江苏省农业农村厅与南京海关认定了第十一批省级农产品出口示范基地（区），农业农村部门联合海关部门简化出口食品企业备案流程。海关部门推动完善“从农田到关口”的全链条监管机制，利用多种科技手段创新监管模式，增强食品农产品质量安全监管能力。

（2）打造特色农产品优势区，促进大蒜、渔业等产业高质量发展。2020年4月印发《江苏省特色农产品优势区建设三年计划》，提出以区域资源禀赋和产业比较优势为基础，打造一批特色农业品牌，发展壮大特色农业产业。其中，江苏中晚熟大蒜产业集群项目获农业农村部批准进入2020年优势特色产业集群建设名单。2020年5月，江苏出台《关于加快推进渔业高质量发展的意见》，把水产品稳产保供工作纳入“菜篮子”市长负责制的考核内容，统筹整合相关财政资金，重点支持池塘生态化改造、养殖尾水处理、稻田综合种养和海洋渔业发展。

（3）创新参展方式助力企业出口。积极调整《2020年江苏省农产品境外促销计划》，转变传统思维，多维度多方向开拓市场，充分发挥各类资源优势，争取资金补贴展位费用，为企业创造境内线上线下国际展参展机会，采用多种新颖展示展销方式提升推介效果，助力企业稳订单、拓市场，不出国门将产品推向世界。

（十一）浙江省

2020年，浙江省农产品贸易总额141.9亿美元，比上年增长4.7%。其中，出口额49.7亿美元，下降8.2%；进口额92.2亿美元，增长13.3%；贸易逆差42.5亿美元，扩大55.6%。

浙江省农产品贸易额占全国农产品贸易总额的5.7%，其中，出口额占全国农产品出口总额的6.5%，进口额占全国农产品进口总额的5.4%。

前五大出口农产品是水产品、饮品类、畜产品、蔬菜和水果，出口额合计37.6亿美元，占全省农产品出口总额的75.6%。水产品、饮品类、畜产品和蔬菜出口额分别比上年下降13.7%、4.7%、11.2%和4.7%，水果出口额增长8.6%。

前五大进口农产品是畜产品、水果、油籽、水产品和饮品，合计54.7亿美元，占全省农产品进口总额的59.3%。畜产品、水果、水产品和饮品进口额分别增长23.1%、15.5%、1.6%和14.5%，油籽下降5.6%（表96）。

表96 2020年浙江省主要农产品贸易

单位：亿美元、%

出口产品	出口额	比上年增长	占比	进口产品	进口额	比上年增长	占比
水产品	17.3	−13.7	34.8	畜产品	23.3	23.1	25.5
饮品类	6.6	−4.7	13.3	水产品	8.0	1.6	8.7
畜产品	5.6	−11.2	11.3	水　果	8.0	15.5	8.7
蔬　菜	4.7	−4.6	9.4	油　籽	7.9	−5.6	8.6
水　果	3.4	8.6	7.3	饮　品	7.4	14.5	8.0

前五大出口市场是日本、美国、韩国、西班牙和中国香港，合计占全省农产品出口总额的46.7%。与上年相比，对韩国、日本、中国香港出口额分别下降13.2%、12.6%和6.6%，对美国出口额增长3.8%。

前五大进口来源地是澳大利亚、美国、巴西、新西兰和印度尼西亚，合计占全省农产品进口总额的44.7%。自美国和新西兰进口额分别增长46.9%和15.4%。自印度尼西亚进口额下降25.8%（表97）。

浙江省促进农产品出口主要政策和措施：

（1）发挥农产品出口监测预警体系作用。建立了茶叶、蔬菜、水果、食用菌、蜂产品、中药材和水产品等重点产业预警监测点，并建成全国领先的省级农产品进出口数据库，利用外贸大数据分析开展趋势性研判。聚焦重点热点，加强对中美经贸摩擦影响、国内生猪价格、出口茶叶形势等重点产业、产品专题分析研判，及时发布预警信息，加强风险防范。

表 97 2020 年浙江省农产品出口市场和进口来源地

单位：亿美元、%

出口市场	出口额	比上年增长	占比	进口来源地	进口额	比上年增长	占比
日　本	9.5	−12.6	19.2	澳大利亚	13.0	−4.7	14.1
美　国	6.2	3.8	12.5	美　国	9.0	46.9	9.8
韩　国	3.2	−13.2	6.4	巴　西	8.8	0.1	9.5
西班牙	2.4	−0.06	4.8	新西兰	5.3	15.4	5.7
中国香港	1.9	−6.6	3.8	印度尼西亚	5.2	−25.8	5.6

（2）推进浙江出口农产品原料基地建设。建成茶叶、蔬菜、水果、食用菌、蚕种等出口示范基地 55 个，通过加强对出口农产品原料基地建设和管理，提高出口农产品质量安全水平与国际竞争力。

（3）积极应对贸易风险。为积极应对中美贸易摩擦影响，建立重点企业联系制度，召开重点产品应对工作座谈会，组织企业参加拟加征关税评议，降低对美贸易风险。

（十二）安徽省

2020 年，安徽省农产品贸易额 59.9 亿美元，比上年增长 25.9%。其中，出口额 13.2 亿美元，增长 5.6%；进口额 46.7 亿美元，增长 36.6%；贸易逆差 33.5 亿美元，扩大 60.9%。

安徽省农产品贸易额占全国农产品贸易总额的 2.4%。其中，出口额占全国农产品出口总额的 1.7%，进口额占全国农产品进口总额的 2.7%。

前五大出口农产品分别是饮品、畜产品、蔬菜、药材和水果，出口额合计 8.5 亿美元，占全省农产品出口总额的 64.2%。与上年相比，饮品和药材出口额分别增长 15.5%和 4.9%，畜产品、蔬菜和水果分别下降 25.1%、4.5%和 3.1%。

前五大进口农产品是畜产品、油籽、植物油、谷物和棉麻丝，占全省农产品进口总额的 86.8%。与上年相比，除棉麻丝出口下降外，畜产品、油籽、植物油和谷物进口额分别增长 41%、66%、23% 和 42.8%（表 98）。

前五大出口市场是美国、日本、韩国、中国香港和多哥，合计占全省农产品出口总额的 37.4%。对日本和韩国出口额分别下降 1%和 7.2%，对美国、中国香港和多哥的出口额分别增长 1.2%、0.7%和 0.7%。

前五大进口来源地是美国、巴西、苏丹、新西兰和加拿大，合计占全省农产品进口总额的 51.6%。自新西兰和加拿大进口额分别下降 27.5%和 14.1%，自美国、巴西和苏丹进口分别增长 186.5%、58.7%和 57.9%（表 99）。

表 98 2020 年安徽省主要农产品贸易

单位：亿美元、%

出口产品	出口额	比上年增长	占比	进口产品	进口额	比上年增长	占比
饮　品	3.0	15.5	22.5	畜产品	23.5	41.0	50.3
畜产品	2.2	−25.1	16.3	油　籽	9.1	66.0	19.5
蔬　菜	1.2	−4.5	9.3	植物油	5.5	23.0	11.9
药　材	1.2	4.9	8.9	谷　物	1.4	42.8	2.9
水　果	1.0	−3.1	7.2	棉麻丝	1.0	−14.1	2.2

表 99 2020 年安徽省农产品出口市场和进口来源地

单位：亿美元、%

出口市场	出口额	比上年增长	占比	进口来源地	进口额	比上年增长	占比
美　国	1.2	1.7	9.4	美　国	10.0	186.5	21.4
日　本	1.2	−1.0	9.2	巴　西	7.1	58.7	15.1
韩　国	1.2	−7.2	8.8	苏　丹	2.8	57.9	5.9
中国香港	0.7	26.9	5.0	新西兰	2.3	−27.5	5.0
多　哥	0.7	27.7	5.0	加拿大	2.0	−14.1	4.2

安徽省促进农产品出口主要政策和措施：

（1）加大农产品出口品牌创建力度。积极支持出口农产品在境外主销市场进行商标的国际注册、卫生注册，获得地理标志保护和原产地证书，取得产品质量专项认证，打造国际知名品牌，提高农产品出口核心竞争力。积极实施农产品品牌战略，优先培育一批国内外知名度较高的品牌，积极争创中国驰名商标，提高出口农产品质量水平和产品附加值。

（2）大力开拓国际市场。结合全省农产品出口实际情况，以合肥名特优农产品暨农业产业化交易会为对接平台，积极开拓国际农产品市场。鼓励和组织龙头企业参加国内区域性国际农业展会、境外具有一定影响力的国际农业展会和贸易洽谈会等，提高农产品知名度。

（3）加快发展跨境电商。引导企业利用跨境电商平台创新国际市场开拓方式，鼓励企业参加跨境电商平台重大促销活动，指导企业用足用好跨境电商零售进口监管、零售出口增值税、无票免税及所得税应纳税所得额核定增收等政策，支持企业扩大跨境电商零售出口等业务规模。大力推动跨境电商国际物流发展，支持跨境电商企业建设和租赁使用海外仓。

（十三）福建省

2020年，福建省农产品贸易额200.6亿美元，比上年增长13.8%。其中，出口额93亿美元，增长1.7%；进口额107.7亿美元，增长27%；由上年贸易顺差6.7亿美元转为逆差14.7亿美元。

福建省农产品贸易额占全国农产品贸易总额的8.1%，其中，出口额占全国农产品出口总额的12.2%，进口额占全国农产品进口总额的6.3%。

前五大出口产品是水产品、蔬菜、水果、饮品和糖料及糖，合计占全省农产品出口总额的89.8%。与上年相比，除水产品出口增长5.9%之外，蔬菜、水果、饮品和糖料及糖出口额分别下降12.9%、4.2%、8.3%和20.3%。

前五大进口产品是油籽、水产品、畜产品、谷物和饼粕，合计占全省农产品进口总额的77.3%。与上年相比，五类产品进口额分别增长17.5%、9.3%、30.3%、96.4%和42.8%（表100）。

表100 2020年福建省主要农产品贸易

单位：亿美元、%

出口产品	出口额	比上年增长	占比	进口产品	进口额	比上年增长	占比
水产品	59.4	5.9	63.9	油　籽	22.8	17.5	21.2
蔬　菜	10.0	−12.9	10.8	水产品	20.7	9.3	19.2
水　果	6.9	−4.2	7.4	畜产品	19.5	30.3	18.1
饮　品	5.6	−8.3	6.0	谷　物	13.2	96.4	12.3
糖料及糖	1.6	−20.3	1.8	饼　粕	7.0	42.8	6.5

前五大出口市场是泰国、中国台湾、日本、马来西亚和菲律宾，合计占全省农产品出口总额的61.3%。与上年相比，除对日本出口额下降6%外，对泰国、中国台湾、马来西亚和菲律宾出口额分别增长40%、1.2%、50.9%和9.4%。

前五大进口来源地是巴西、加拿大、新西兰、乌克兰和美国，分别增长12.3%、40.5%，16%、69.1%和166.3%（表101）。

福建省促进农产品出口主要政策和措施：

（1）推动各项政策落实。为应对新冠肺炎疫情，全省各级农业农村部门认真贯彻落实“六稳六保”政策，发挥农业对外合作联系会议制度作用，会同商务等部门共同出台扶持农产品出口具体措施，为农产品出口企业解决具体困难，安排专项资金对农产品出口企业引工稳岗、开拓国际市场予以奖补。

（2）扶持壮大出口骨干企业。持续推进特色现代农业“五千工程”，加强省级以上84个特色农产品优势区和60个现代农业产业园创建，组织实施现代农业重点项目450

个，打造一批出口强县，推进特色产业向优势区域集聚发展。实施“百千”增产增效行动，对 33 家重点农业出口龙头企业实行“一企一专班”“一企一策”。

表 101 2020 年福建省农产品出口市场和进口来源地

单位：亿美元、%

出口市场	出口额	比上年增长	占比	进口来源地	进口额	比上年增长	占比
泰　　国	13.5	40.0	14.5	巴　　西	17.5	12.3	16.2
中国台湾	11.5	1.2	12.3	加 拿 大	13.1	40.5	12.1
日　　本	8.8	−6.0	9.4	新 西 兰	9.3	16.0	8.7
马来西亚	8.3	50.9	8.9	乌 克 兰	9.0	69.1	8.3
菲 律 宾	7.5	9.4	8.1	美　　国	8.2	166.3	7.6

（3）持续提升出口基地建设。大力实施特色优势农产品出口提升行动，指导企业创建国际标准农产品示范基地，强化出口基地备案，引进优良品种，推行标准化生产，促进农药化肥减量，建立健全质量安全追溯体系，着力提升全省农产品国际竞争力。2020 年全省创建国际标准农产品示范基地 43 个。

（4）加快打造出口特色品牌。深化闽茶海丝行活动，发挥 12 个海外闽茶文化推广中心作用，疫情期间持续开展闽茶文化和品牌推介。积极探索线上展会拓展国际市场，举办两场福建—俄罗斯茶产业线上经贸对接会，68 家茶企与 400 多位俄罗斯采购商线上对接洽谈。农业农村厅积极会同海关、商务等部门，在平和县创新建立“四位一体”监管模式，琯溪蜜柚在全国率先实现鲜食柑橘产品出口美国。

（十四）江西省

2020 年，江西省农产品贸易额 6.2 亿美元，比上年下降 6.3%。其中，出口额 4.6 亿美元，下降 14.7%；进口额 1.7 亿美元，增长 28%；贸易顺差 2.9 亿美元，缩小 28.4%。

江西省农产品贸易额占全国农产品贸易总额的 0.3%，其中，出口额占全国农产品出口总额的 0.6%，进口额占全国农产品进口总额的 0.1%。

前五大出口农产品是蔬菜、饮品、水产品、畜产品和水果，占全省农产品出口总额的 76.6%。与上年相比，蔬菜、饮品、水产品、畜产品和水果出口额分别下降 4.3%、7.9%、39%、8.5%和 6.7%。

前五大进口农产品是水产品、畜产品、谷物、油籽和棉麻丝，占全省农产品进口总额的 73.2%。与上年相比，畜产品和谷物分别增长 147.5%和 84.1%，水产品和棉麻丝分别下降 28.8%和 38.4%（表 102）。

前五大出口市场是中国香港、日本、俄罗斯、韩国和美国，合计占全省农产品出口总额的 48.7%。对日本和俄罗斯出口额分别增长 11.2%和 59.4%，对中国香港、日本和美国出口额分别下降 22.8%、25.8%和 29.2%。

前五大进口来源地是智利、美国、越南、法国和日本，合计占全省农产品进口总额的 58.6%。自美国、日本、智利、越南和法国进口额分别增加 13.9 倍、7.7 倍、25%、90%和 17.2%（表 103）。

表 102　2020 年江西省主要农产品贸易

单位：亿美元、%

出口产品	出口额	比上年增长	占比	进口产品	进口额	比上年增长	占比
蔬　菜	0.9	−4.3	20.2	水产品	0.4	−28.8	22.8
饮　品	0.9	−7.9	20.0	畜产品	0.3	147.5	16.1
水产品	0.7	−39.0	14.5	谷　物	0.3	84.1	16.0
畜产品	0.6	−8.5	12.9	油　籽	0.2	—	12.2
水　果	0.4	−6.7	9.2	棉麻丝	0.1	−38.4	6.2

表 103　2020 年江西省农产品出口市场和进口来源地

单位：亿美元、%

出口市场	出口额	比上年增长	占比	进口来源地	进口额	比上年增长	占比
中国香港	1.0	−22.8	22.3	智　利	0.3	25.0	17.2
日　本	0.5	−25.8	11.4	美　国	0.3	1 390.6	16.1
俄罗斯	0.3	11.2	6.1	越　南	0.2	90.0	10.1
韩　国	0.2	59.4	5.0	法　国	0.2	17.2	9.3
美　国	0.2	−29.2	3.9	日　本	0.1	769.8	6.0

江西省促进农产品出口主要政策和措施：

（1）支持农业国际合作，扩大对外开放。出台《关于抓好“三农”领域重点工作确保如期实现全面小康的实施意见》，支持农机、种子、农药和化肥等优势产能国际合作并加快“境外农业合作示范区”和“农业对外开放合作试验区”建设。

（2）加强标准化工作，推动优势农产品品牌建设。出台《关于加强农业农村标准化工作的实施方案》，围绕稻米、蔬菜、果业、畜牧、水产 5 个超千亿产业，茶叶、中药材、油茶 3 个超百亿产业实施标准化提升工程，推进农业品牌建设标准化，重点培育江西稻米、鄱阳湖水产、江西茶、江西富硒水果和畜禽农产品等特色农产品品牌；引导优势特色农产品生产企业与国际标准化组织对接，选择稻米、柑橘、茶叶、生猪和蔬菜等传统出口优势产业，依托农产品产业基地建设，培育一批具有国际竞争力的农产品出口企业。

（3）加强部门联动，合力推进农业企业“走出去”。出台支持“走出去”企业的措施，指导“走出去”企业有效应对疫情，稳妥推进项目建设，及时出台推进外贸高质量发展实施意见。南昌海关积极融入全国通关一体化改革，为婺源绿茶、南丰蜜橘、赣南脐橙、鳗鱼等优势产品出口提供“事先申报、一秒通关”便利和融资增信服务。

（十五）山东省

山东是中国首个农业总产值过万亿元的省份，也是首个出口食品农产品质量安全示范省，其农产品贸易额持续位居全国首位。2020年，山东省农产品贸易额354.5亿美元，比上年增长5.4%。其中，出口额183.3亿美元，增长1.6%；进口额171.1亿美元，增长9.7%；贸易顺差12.2亿美元，缩小50.2%。

山东省农产品贸易额占全国进出口总额的14.3%，其中，出口额占全国农产品出口总额的24%，进口额占全国农产品进口总额的10%。

前五大出口农产品是蔬菜、水产品、水果、畜产品和油籽，占全省农产品出口总额的73.8%。与上年相比，水果和蔬菜出口额分别增长32.2%和5.2%，水产品、畜产品和油籽出口额分别下降15.5%、13.8%和0.3%。

前五大进口农产品是油籽、畜产品、水产品、棉麻丝和植物油，占全省农产品进口总额的84%。与上年相比，植物油、畜产品和油籽进口额分别增长73.8%、43.2%和11.4%，棉麻丝和水产品进口额分别下降35.7%和19.2%（表104）。

表104　2020年山东主要农产品贸易

单位：亿美元、%

出口产品	出口额	比上年增长	占比	进口产品	进口额	比上年增长	占比
蔬　菜	49.0	5.2	26.8	油　籽	48.8	11.4	28.5
水产品	43.1	−15.5	23.5	畜产品	47.4	43.2	27.7
水　果	25.8	32.2	14.1	水产品	28.0	−19.2	16.4
畜产品	9.6	−13.8	5.2	棉麻丝	9.0	−35.7	5.3
油　籽	7.8	−0.3	4.3	植物油	5.3	73.8	3.1

前五大出口市场是日本、韩国、美国、印度尼西亚和马来西亚，合计占全省农产品出口总额的55.5%。与上年相比，对日本和韩国出口额分别下降7.5%和5%，对美国、印度尼西亚和马来西亚出口额分别增长8.1%、2.4%和21.4%。

前五大进口来源地是巴西、美国、俄罗斯、加拿大和印度，合计占全省农产品进口总额的 44.2%。自美国和印度进口额增长 125.8%和 22.6%，自巴西、俄罗斯和加拿大进口额分别下降 2.7%、5.6%和 6.1%（表 105）。

表 105　2020 年山东农产品出口市场和进口来源地

单位：亿美元、%

出口市场	出口额	比上年增长	占比	进口来源地	进口额	比上年增长	占比
日　本	41.1	−7.5	22.4	巴　西	42.4	−2.7	24.8
韩　国	18.9	−5.0	10.3	美　国	24.3	125.8	14.2
美　国	16.0	8.1	8.8	俄罗斯	7.7	−5.6	4.5
印度尼西亚	9.6	2.4	5.2	加拿大	7.3	−6.1	4.3
马来西亚	8.5	21.4	4.7	印　度	7.1	22.6	4.2

山东省促进农产品出口主要政策和措施：

（1）培育出口产业集聚区和出口示范企业。山东省农业农村厅制定出台《山东省农产品出口产业集聚区认定管理办法》和《山东省农产品出口示范基地认定管理办法》，组织认定了第一批 10 个农产品出口产业集聚区和 20 个出口示范企业，力争打造一批标准高、带动能力强的特色优势农产品出口产业集聚区和出口示范企业，以进一步提升示范效应，培育国际知名特色农产品。

（2）推进潍坊国家农业开放发展综合试验区建设。2020 年，农综区在人才引进、技术合作、外资吸引、跨境投融资、通关便利化以及体制改革、机制创新等方面先行先试、积极探索。中日现代高效农业产业园、日本高端蔬菜基地、日本无接触测糖、正大 360 万只蛋鸡以及先正达种业研发、中美食品研究院等一批合作项目和人才已经落户落地，探索形成了境外工程承包项下自用农副产品、食品、装备出口审批监管等 6 项新模式。

（3）着力打造主场国际性农业展会。举办第二届亚洲农业与食品产业博览会，来自海内外 1 000 多家知名企业，荷兰、法国、美国、日本等 10 多个国家展团，20 000 多个海内外农业品牌参加展览。举办首届中国 · 山东国际苹果节，集中展示了烟台苹果产业高质量发展成果，在全国苹果产业产销对接、学术交流、品牌打造、文化传承等全链条搭建起互利共赢、开放共享的新平台。

（4）着力开展线上贸易投资促进。举办对话山东—中日现代农业产业对接交流洽谈会、2020 中国—中东欧国家特色农产品云上博览会、首届潍坊国际食品农产品博览会。利用广交会、寿光国际蔬菜博览会等国内外展会平台推介山东出口优势农产品。相关部门积极组织跨境电商在线培训，帮助企业尽可能突破疫情制约，积极发展贸易新业态。

（5）积极应对新冠肺炎疫情，发布实施贸易促进措施。及时发布支持外资外贸企业的32条措施，通过提高授信审批效率、便利化通关等措施节约企业运营和物资流动成本，提高通关服务效率，加快农产品出口企业复工复产。

（十六）河南省

2020年，河南省农产品贸易额29.7亿美元，比上年下降25.7%。其中，出口额17.4亿美元，下降35.2%；进口额12.2亿美元，增长4.5%；贸易顺差5.2亿美元，缩小73.5%。

河南省农产品贸易额占全国农产品贸易总额的1.2%，其中，出口额占全国农产品出口总额的2.3%，进口额占全国农产品进口总额的0.7%。

前五大出口农产品是蔬菜、畜产品、水果、饮品和粮食制品，占全省农产品出口总额的82.2%。与上年相比，除水果和粮食制品出口保持较大增幅外，蔬菜、畜产品和饮品出口额分别下降40.4%、42.7%和14%。

前五大进口农产品是畜产品、油籽、谷物、棉麻丝和植物油，占全省农产品进口总额的77.2%。与上年相比，除油籽和棉麻丝进口下降外，畜产品、谷物和植物油进口额分别增长8%、1.3倍和1.6倍（表106）。

表106 2020年河南省主要农产品贸易

单位：亿美元、%

出口产品	出口额	比上年增长	占比	进口产品	进口额	比上年增长	占比
蔬　菜	10.9	−40.4	62.9	畜产品	4.7	8.0	38.3
畜产品	1.7	−42.7	9.9	油　籽	2.9	−2.2	23.7
水　果	0.7	19.2	4.0	谷　物	0.9	132.4	7.3
饮　品	0.6	−14.0	3.6	棉麻丝	0.6	−51.8	4.6
粮食制品	0.3	45.9	1.8	植物油	0.4	157.7	3.2

前五大出口市场是中国香港、马来西亚、越南、美国和韩国，合计占全省农产品出口总额的63.1%。对美国出口额增长3.3%，对中国香港、马来西亚、越南和韩国出口额分别下降53.6%，36%，52.5%和38.7%。

前五大进口来源地分别是巴西、美国、澳大利亚、越南和阿根廷，合计占全省农产品进口总额的62.3%。自美国和越南进口额增长72.6%和102.5%（表107）。

表 107　2020 年河南省农产品出口市场和进口来源地

单位：亿美元、%

出口市场	出口额	比上年增长	占比	进口来源地	进口额	比上年增长	占比
中国香港	3.3	−53.6	18.8	巴　西	2.5	0.4	20.8
马来西亚	2.7	−36.0	15.5	美　国	2.2	72.6	17.7
越　南	2.3	−52.5	13.1	澳大利亚	1.5	−26.5	12.0
美　国	1.8	3.3	10.0	越　南	0.8	102.5	6.4
韩　国	1.0	−38.7	5.6	阿根廷	0.7	−49.0	5.4

河南省促进农产品出口主要政策和措施：

（1）出台支持政策帮助企业应对疫情。先后出台应对疫情影响支持中小微企业平稳健康发展 20 条措施。2020 年起省财政调整设立 5 亿元省级外经贸发展资金，3 月紧急下拨 2 亿元支持外经贸企业稳定生产经营；6 月拨付企业开拓国际市场资金 2.8 亿元，有力提振了信心，外贸企业活力明显增强。

（2）精准服务复工复产。落实重点外经贸企业“服务官”制度和复工复产协调帮扶机制，积极推进全产业链协同复工，帮助企业协调解决防疫物资、员工返岗、物流运输、贷款融资、经贸人员往来等困难。

（3）多措并举“稳外贸”。大力做好抓订单、保市场工作，加大对外贸企业信贷资金供给，缓解企业资金流动性困难；加快出口退税进度，进一步减轻企业负担；用好出口信用保险政策工具，加快对农产品出口信用保险的理赔进度。

（4）持续推动开放载体平台建设，加快构建口岸枢纽体系。出台《郑州海关服务洛阳以开放引领加快建设中原城市群副中心城市专项方案》共 14 条措施，从助力重点企业特色行业发展、优化口岸营商环境等方面着手，切实发挥海关职能作用。

（十七）湖北省

2020 年，湖北省农产品贸易额 28.5 亿美元，比上年增长 14.7%，其中，出口额 21.9 亿美元，增长 11.8%；进口额 6.6 亿美元，增长 26.4%；贸易顺差 15.3 亿美元，扩大 5.7%。

湖北省农产品贸易额占全国农产品贸易总额的 1.1%，其中，出口额占全国农产品出口总额的 2.9%，进口额占全国农产品进口总额的 0.4%。

前五大出口农产品是蔬菜、饮品、畜产品、水果和药材，占全省农产品出口总额的 63.9%。与上年相比，蔬菜和药材出口额分别增长 11.7%和 3.3%；饮品、畜产品和水果分别下降 4.4%、1.7%和 3%。

前五大进口农产品是油籽、畜产品、植物油、棉麻丝和饮品，占全省农产品进口总额的 82.7%。棉麻丝进口额下降 44.2%，植物油、畜产品、油籽和饮品进口额分别增加9.4倍、1倍、28.9%和51.5%（表108）。

表108 2020年湖北省主要农产品贸易

单位：万美元、%

出口产品	出口额	比上年增长	占比	进口产品	进口额	比上年增长	占比
蔬　菜	88 774.4	11.7	40.5	油　籽	20 379.8	28.9	30.8
饮　品	21 047.6	−4.4	9.6	畜产品	20 121.3	101.9	30.4
畜产品	16 615.7	−1.7	7.6	植物油	6 357.3	940.6	9.6
水　果	6 949.5	−3.0	3.2	棉麻丝	4 152.2	−44.2	6.3
药　材	6 784.1	3.3	3.1	饮　品	3 768.7	51.5	5.7

前五大出口市场是中国香港、泰国、马来西亚、越南和韩国，合计占全省农产品出口总额的69.1%。与上年相比，对中国香港、泰国和马来西亚出口额分别增长23.7%、51.8%和30.2%，对越南和韩国出口额分别下降11.9%和6.7%。

前五大进口来源地是巴西、美国、阿根廷、印度尼西亚和法国，合计占全省农产品进口总额的56.1%。自印度尼西亚、巴西、美国、阿根廷和法国分别增加2.6倍、88%、94.5%、17.4%和29%（表109）。

表109 2020年湖北省农产品出口市场和进口来源地

单位：亿美元、%

出口市场	出口额	比上年增长	占比	进口来源地	进口额	比上年增长	占比
中国香港	5.6	23.7	25.5	巴　西	1.8	88.0	27.7
泰　国	4.5	51.8	20.6	美　国	0.5	94.5	8.3
马来西亚	2.5	30.2	11.5	阿根廷	0.5	17.4	7.5
越　南	1.6	−11.9	7.5	印度尼西亚	0.5	255.8	7.4
韩　国	0.9	−6.7	4.1	法　国	0.3	29.0	5.3

湖北省促进农产品出口主要政策和措施：

（1）强化统筹协调，稳定出口产业供应链。成立农产品促销专班加强农产品促销工作，出台《关于促进农业产业化龙头企业疫后重振加快转型若干措施的通知》，帮助农业出口企业复工复产；召开全省促进农产品出口视频调度会，出台《应对新冠肺炎疫情支持农产品出口企业复工复产的工作措施》；从省农业农村厅农业“走出去”开发财政专项中首次单列 500 万元用于出口促进工作。

（2）强化品牌宣传。联合人民日报客户端推出专版，在 13 个市县开展专场活动，成功推荐潜江小龙虾、随州香菇等 15 个区域公共品牌，入选央视“品牌强国工程”援鄂抗疫公益行动，在中央电视台黄金时段同步播出；组织企业参加中国农交会、东盟博览会、茶叶博览会等重点展会，提升“中国荆楚味—湖北农产品”品牌影响力。

（3）云端发力，拓展出口渠道。组织 10 个县参加“第二届春茶采购节——市县长请你喝春茶”湖北专场大型公益助农直播推介，5 个贫困市县参加农业农村部“国际茶日”系列云活动，20 多场次“荆楚美味云上行”活动，888 个湖北特色农产品上线华创会云展，335 多个品种上线长江严选电商平台“出口专区”，3 400 多个市场主体注册加入一亩田数字平台对接粤港澳大湾区，开展线上营销，180 家出口农企上线建设银行“全球撮合家”云平台。

（4）创新金融产品，提供专项融资。针对农产品出口企业资金短缺问题，成立省农产品出口融资专班，通过“楚贸贷”“季节性收购贷款”“冷连贷”等创新金融产品，将出口信用保险、贷款保证保险作为增信手段，提高银行放贷积极性，为企业解决融资难题。

（5）加快通关，助力企业出口。争取武汉海关加快原产地证书签发、为企业提供出口咨询、实行鲜活农产品“7×24”小时预约通关，最大限度压缩抽检出证时间，保障农产品品质。扩大自助打印原产地证书范围，在原有 15 种自助打印原产地证书基础上增加输印度尼西亚和新加坡的《中国—东盟自贸协定》与输印度的《亚太贸易协定》项下的原产地证书。

（十八）湖南省

2020 年，湖南省农产品贸易额 53 亿美元，比上年增长 50.9%。其中，出口额 16.9 亿美元，增长 27.7%；进口额 36.3 亿美元，增长 64.2%；逆差 19.4 亿美元，扩大 1.2 倍。

湖南省农产品贸易额占全国农产品贸易总额的 2.1%，其中，出口额占全国农产品出口总额的 2.2%，进口额占全国农产品进口总额的 2.1%。

前五大出口农产品是蔬菜、畜产品、药材、饮品和饼粕，占全省农产品出口总额的 76.8%。与上年相比，除饮品下降 3%以外，饼粕、蔬菜、畜产品和药材分别增加 9.5 倍、49.5%、7.3%和 20%。

前五大进口农产品是畜产品、油籽、水产品、水果和粮食制品，占全省农产品进口总额的 89.3%。与上年相比，除粮食制品进口额下降 5.4%以外，油籽、畜产品、水产品和水果分别增加 3 倍、16.2%、83.4%和 27.7%（表 110）。

前五大出口市场是中国香港、日本、马来西亚、美国和荷兰，合计占全省农产品出口总额的 67.5%。对日本、中国香港、马来西亚、美国和荷兰出口额分别增加 3.2

倍、47.1%，16%、6.5%和3.1%。

前五大进口来源地是巴西、美国、新西兰、荷兰和泰国，合计占全省农产品进口总额的68.1%。自巴西、美国、新西兰、荷兰和泰国进口额分别增加1.9倍、6.1倍、7.2%、19.9%和14.9%（表111）。

表110 2020年湖南省主要农产品贸易

单位：亿美元、%

出口产品	出口额	比上年增长	占比	进口产品	进口额	比上年增长	占比
蔬菜	7.2	49.5	42.8	畜产品	13.1	16.2	36.0
畜产品	2.3	7.3	13.7	油籽	12.4	302.2	34.1
药材	1.2	20.0	7.1	水产品	4.0	83.4	32.5
饮品	1.1	−3.0	6.6	水果	1.6	27.7	4.3
饼粕	1.1	953.7	6.5	粮食制品	1.4	−5.4	3.8

表111 2020年湖南省农产品出口市场和进口来源地

单位：亿美元、%

出口市场	出口额	比上年增长	占比	进口来源地	进口额	比上年增长	占比
中国香港	7.1	47.1	42.3	巴西	8.7	194.2	24.1
日本	1.3	324.8	7.8	美国	5.5	608.3	15.2
马来西亚	1.2	16.0	7.4	新西兰	4.2	7.2	11.7
美国	0.9	6.5	5.2	荷兰	4.1	19.9	11.4
荷兰	0.8	3.1	4.8	泰国	2.1	14.9	5.7

湖南省促进农产品出口主要政策和措施：

（1）发挥跨境电商平台优势，推动农产品出口。湖南省依托岳阳进口肉类指定口岸平台优势，发展以肉类、冻品为特色的跨境电商产业，打造中部肉类、冻品跨境电商产业基地。着力构建农产品跨境电商出口供应链体系，搭建集跨境涉农产品品牌培育、出口认证、标准制定、“身份证”管理溯源等功能于一体的第三方综合服务平台，支持郴州农业特色产业利用跨境电商方式出口。

（2）便利出口流程，扩大对外交流。为贸易企业提供法律援助和资金支持，将外贸企业纳入重点保障类企业，在融资方面提供保障；同坦桑尼亚、加纳及埃塞俄比亚召开贸易合作推介会，举办国际展会、进出口名品交流周，扩大农产品对外交流；长沙海关出台“十二条措施”，精准施策支持外贸企业复工复产，支持扩大食品农产品出口，及时跟进指导，帮扶出口食品农产品企业提升自检自控能力水平，打开国外市场。

（十九）广东省

2020年，广东省农产品贸易额338.5亿美元，比上年增长7.3%。其中，出口额92.7亿美元，下降6.1%；进口额245.8亿美元，增长13.4%；贸易逆差153.1亿美元，扩大29.7%。

广东省农产品贸易额占全国农产品贸易总额的13.6%，其中，出口额占全国农产品出口总额的12.1%，进口额占全国农产品进口总额的14.3%。

前五大出口农产品是水产品、畜产品、饮品、蔬菜和糖料及糖，合计出口额63.2亿美元，占全省农产品出口总额的68.2%。出口额与上年相比均有所下降，降幅分别为4.6%、16%、11.6%、0.8%和14.1%。

前五大进口农产品是畜产品、水果、水产品、谷物和油籽，合计进口额178.8亿美元，占全省农产品进口总额的72.8%。与上年相比，除水产品进口额下降外，畜产品、水果、谷物和油籽进口额均较快增长，增幅分别为36.2%、19%、36.6%和15.7%（表112）。

表112　2020年广东省主要农产品品种贸易

单位：亿美元、%

出口产品	出口额	比上年增长	占比	进口产品	进口额	比上年增长	占比
水产品	28.1	−4.6	30.4	畜产品	83.8	36.2	34.1
畜产品	12.6	−16.0	13.6	水果	41.5	19.0	16.9
饮品	10.6	−11.6	11.4	水产品	22.0	−12.7	8.9
蔬菜	6.0	−0.8	6.5	谷物	15.9	36.6	6.5
糖料及糖	5.9	−14.1	6.3	油籽	15.7	14.2	6.4

前五大出口市场是中国香港、美国、马来西亚、日本和墨西哥，合计占全省农产品出口总额的61.1%。与上年相比，对马来西亚和日本的出口额有较快增长，增幅均为10%。

前五大进口来源地是巴西、美国、泰国、智利和澳大利亚，合计占全省农产品进口总额的44.6%。与上年相比，除自澳大利亚进口额下降外，自其他四大来源地进口额均有所增长，其中自巴西和美国进口额增长较快，增幅分别为59.3%和74.5%（表113）。

广东省促进农产品出口主要政策和措施：

（1）培育广东省农产品出口示范基地及出口企业。2020年广东省农业农村厅联合海关总署广东分署认定了两批195家农产品出口示范基地，积极为出口示范基地等搭建平台对外宣传推介、促进产销对接，壮大农产品国际贸易生力军。省农业农村厅还积极培育广东中荔农业集团等农产品出口龙头，推动企业抱团出海，促进“粤字号”农产品销往全球。

表 113 2020 年广东省农产品主要出口市场和进口来源地

单位：亿美元、%

出口市场	出口额	比上年增长	占比	进口来源地	进口额	比上年增长	占比
中国香港	37.1	−6.1	40.1	巴　西	28.0	59.3	11.4
美　国	8.2	−6.3	8.9	美　国	26.0	74.5	10.6
马来西亚	4.1	10.0	4.4	泰　国	23.8	26.8	9.7
日　本	3.6	10.0	3.9	智　利	16.9	7.9	6.9
墨西哥	3.5	−0.3	3.7	澳大利亚	14.9	−13.5	6.0

（2）打造粤港澳台农业交流合作平台。积极推进粤港澳大湾区农业合作，在广州、韶关、惠州、汕尾、东莞、江门、湛江、肇庆 8 个地级市率先启动信誉农场创建培育工作，指导各市开展粤港澳大湾区建设宣传推介等活动。搭建较为完善的粤港澳大湾区“菜篮子”标准化生产体系、现代流通服务体系、产品溯源体系、产品质量安全监管体系、平台管理规则体系、政策支持体系、合作建设体系、理论研究体系。目前已有 23 个省 112 个地级以上城市加入合作共建行列，认定 7 批 962 个粤港澳大湾区“菜篮子”生产基地。

（3）建平台聚资源，拓宽农产品出口通道。依托广东农产品“保供稳价安心”数字平台，开设“湾区优品”专区，举办 2020 广东荔枝“12221”市场营销暨广东国际网络荔枝节、徐闻菠萝出口日本发车仪式、增城荔枝出口北美发车仪式、遂溪火龙果“一带一路”发车仪式暨国际品牌发布会等活动，实现“广东荔枝号”飞机首航、“广东荔枝”登上高铁专列、登上广州塔及亮相国内外多个主要城市电子屏，推动广东荔枝等特色优势农产品突破疫情困境逆势走出去，守住特殊时期的国际市场份额和贸易通道。全省不仅推动粤字号农产品走向广阔海外市场，更通过贸易通道将陕西苹果、湖北莲藕、湖北红薯等兄弟省份优质农产品也推向了大湾区及国际市场。

（4）探索农产品跨境电商新业态新模式。省农业农村厅先后批复同意佛山市里水镇、汕头市澄海区创建省级农产品跨境电商综合试验区，积极探索数字农业农村建设。2020 年 12 月，湛江遂溪举办的中国（广东）香蕉国际网络节上，首次在国外直播平台 Lazada 用中英泰三种语言进行了农产品跨境电商直播推介“广东香蕉”这一农产品省级区域公用品牌。

（5）周密谋划农产品“12221”出口营销。广东省推动的“12221”农产品市场营销体系具体是指建立“1”个农产品大数据，以大数据指导生产引领销售，组建销区采购商和培养产区经纪人“2”支队伍，拓展销区和产区“2”大市场，策划采购商走进产区和农产品走进大市场“2”场活动，实现品牌打造、销量提升、市场引导、品种改良、农民致富等“1”揽子目标。2020年，全省借助“12221”市场营销体系积极推动徐闻菠萝、广东荔枝“走出去”，并从中提炼出可复制可推广经验运用于农产品出口市场营销和国际品牌打造，积极推动广东特色优势农产品“走出去”，帮助企业畅通农产品产销国际对接渠道，开拓国际市场，稳定国际市场份额。

（二十）广西壮族自治区

2020年，广西壮族自治区农产品贸易额69.9亿美元，比上年增长9.8%。其中，出口额17.3亿美元，下降8.1%；进口额52.6亿美元，增长17.3%；贸易逆差35.3亿美元，扩大35.8%。

广西农产品贸易额占全国农产品贸易总额的2.8%。其中，出口额占全国农产品出口总额的2.3%，进口额占全国农产品进口总额的3.1%。

前五大出口农产品是蔬菜、调味香料、水产品、水果和干豆，出口额合计12.1亿美元，占全区农产品出口总额的69.7%。与上年相比，调味香料出口额增加1.3倍，蔬菜、水产品、水果和干豆出口额分别下降11.7%、16.5%、40.7%和50.5%。

前五大进口农产品是油籽、水果、水产品、糖料及糖和谷物，进口额合计47亿美元，占全区农产品进口总额的89.4%。与上年相比，进口额分别增长19%、2.5%、49.9%、67.5%和433.7%（表114）。

表114 2020年广西主要农产品贸易

单位：亿美元、%

出口产品	出口额	比上年增长	占比	进口产品	进口额	比上年增长	占比
蔬菜	7.1	−11.7	41.2	油籽	31.0	19.0	58.9
调味香料	2.2	133.2	12.6	水果	11.9	2.5	22.7
水产品	1.6	−16.5	9.1	水产品	2.0	49.9	3.8
水果	0.7	−40.7	4.1	糖料及糖	1.1	67.5	2.0
干豆	0.5	−50.5	2.7	谷物	1.0	433.7	2.0

前五大出口市场是越南、美国、中国香港、日本和马来西亚，合计占全区农产品出口总额的77.5%。与上年相比，对日本和马来西亚出口额分别增长22.8%和5.5%，对越南、美国和中国香港出口额分别下降11.1%、7.8%和36%。

前五大进口来源地是巴西、泰国、越南、加拿大和美国，合计占全区农产品进口总额的84.8%。与上年相比，自加拿大进口额下降7.3%，自其他进口来源地进口额均增长，其中自美国进口额增加 23.5 倍（表 115）。

表 115 2020 年广西农产品出口市场和进口来源地

单位：亿美元、%

出口市场	出口额	比上年增长	占比	进口来源地	进口额	比上年增长	占比
越　南	10.9	−11.1	63.2	巴　西	21.1	8.5	40.0
美　国	1.0	−7.8	5.7	泰　国	10.9	2.2	20.8
中国香港	0.7	−36.0	3.8	越　南	5.4	17.1	10.3
日　本	0.5	22.8	2.9	加拿大	3.9	−7.3	7.4
马来西亚	0.3	5.5	2.0	美　国	3.3	2 350.7	6.3

广西促进农产品出口主要政策和措施：

（1）加快跨境服务建设，畅通“双循环”。2020 年 2 月，广西壮族自治区人民政府印发《中国（广西）自由贸易试验区建设实施方案》，4 月国务院批复同意设立中国（崇左）跨境电子商务综合试验区。在沿边地区布局建设境内农业对外开放合作试验区，孵化和培育外向型农业龙头企业，提高农业企业国际化水平，引进国际先进模式、技术和经验。依托广西边境口岸和互市贸易点众多的优势，构建国际陆海贸易新通道陆路门户。

（2）加强示范引领，夯实农产品出口基础。全年支持企业创建 70 个供粤港澳大湾区出口农产品示范基地，引导企业对标国际标准，按照标准化、绿色化要求建立农产品生产加工基地。在此基础上组织认定 5 家广西供港农产品示范基地和 23 家广西出口农产品示范基地，提升农产品出口基地标准化和质量安全水平，夯实农产品出口基础。

（3）搭建合作平台，拓宽农产品出口通道。相继与南宁海关签署《推动农业高质量发展战略合作协议》，与自治区商务厅、市场监管局签署《广西农产品国际贸易（供港）促进合作备忘录》，整合资源合力推进农产品出口基地备案，开展香港优质正印等认证，积极培育农产品出口品牌。与中国农产品市场协会合作开展“百家中国农产品流通企业进广西保供给抗疫情助脱贫”、广西新型经营主体“献爱心助脱贫”农产品大采购等活动，帮助农产品贸易企业实现出口转内销。积极组织农产品出口企业参加第五届中国—东盟农业国际合作展、首届中国（广西）—东盟现代种业发展大会、2020 年中国（广西）—东盟蔬菜新品种博览会、第五届中国—东盟农业机械暨甘蔗机械化博览会等国际展会推介活动，助力企业开拓市场。

（4）全方位做好防疫情、稳外贸工作。自治区区商务厅连续出台“防疫情、稳外贸”18 条措施和稳住外贸基本盘 13 条措施，打出疫情防控和稳产保供组合拳。农业农村厅联合海关部门加大对辖区自主品牌企业的帮扶，推荐企业加入中国出入境检验检疫协会，协助企业做好出口质量体系监管，指导企业做好出口申报材料准备工作及本单出口申报和检验检疫，缩短报检通关时间；开通出口农产品绿色通道，方便出口农产品快速通关。

(5) 提供金融保险服务，助力企业出口。自治区区农业农村厅与中国出口信用保险公司广西分公司合作为涉农出口企业提供信用保险、风险咨询、风险跟踪等专业服务，扩大保险覆盖面，加大对保单融资贴息政策支持力度，对受疫情影响的企业进行支持。

(二十一) 海南省

2020年，海南省农产品贸易额11.4亿美元，比上年增长16.8%。其中，出口额5亿美元，下降5.7%；进口额6.4亿美元，增长43.9%；农产品贸易由顺差转为逆差1.3亿美元。

海南省农产品贸易额占全国农产品贸易总额的0.5%。其中，出口额占全国农产品出口总额的0.7%，进口额占全国农产品进口总额的0.4%。

前五大出口农产品是水产品、蔬菜、水果、糖料及糖和花卉，出口额合计4.8亿美元，占全省农产品出口额的95.2%。与上年相比，水产品、蔬菜和花卉出口额分别下降4.5%、6.2%和19%；水果和糖料及糖出口额分别增长66.6%和14.9%。

前五大进口农产品是植物油、水果、饮品、谷物和畜产品，占全省农产品进口额的67.7%。与上年相比，植物油、饮品、谷物和畜产品进口额分别增长977.5%、84.8%、1 347.2%和95.1%；水果进口额下降25.4%（表116）。

表116 2020年海南省主要农产品贸易

单位：亿美元、%

出口产品	出口额	比上年增长	占比	进口产品	进口额	比上年增长	占比
水产品	4.6	−4.5	90.7	植物油	1.1	977.5	17.8
蔬　菜	0.13	−6.2	2.6	水　果	1.0	−25.4	15.7
水　果	0.04	66.6	0.8	饮　品	1.0	84.8	15.0
糖料及糖	0.04	14.9	0.8	谷　物	0.7	1 347.2	10.2
花　卉	0.01	−19.0	0.2	畜产品	0.5	95.1	8.4

前五大出口市场是美国、日本、墨西哥、以色列和菲律宾，合计占全省农产品出口额的72.5%。对美国、日本和墨西哥出口额分别增长5.7%、1%和8.4%，对以色列和菲律宾出口额分别下降3.4%和54.2%。

前五大进口来源地是印度尼西亚、法国、乌克兰、美国和越南，合计占全省农产品进口额的53.3%。自印度尼西亚、法国、乌克兰和美国进口额分别增长71%、3.1倍、34.9倍和2.1倍，自越南进口下降33.8%（表117）。

表117 2020年海南省农产品出口市场和进口来源地

单位：亿美元、%

出口市场	出口额	比上年增长	占比	进口来源地	进口额	比上年增长	占比
美　国	2.1	5.7	42.7	印度尼西亚	0.9	71.0	14.8
日　本	0.6	1.0	12.3	法　国	0.9	305.9	13.5
墨西哥	0.4	8.4	7.1	乌克兰	0.6	3 488.5	8.8
以色列	0.3	−3.4	6.2	美　国	0.6	209.6	8.7
菲律宾	0.2	−54.2	4.2	越　南	0.5	−33.8	7.4

海南省促进农产品出口主要政策和措施：

（1）通过办展参展，拓宽农产品出口渠道。组织举办2020年中国（海南）国际热带农产品冬季交易会，国内外2 400余家企业参展，并举行一系列品牌推介活动，现场销售额2.1亿元、签订订单613亿元。组织农产品出口企业参加2020年中国国际渔业博览会、中国国际农产品交易会、中国—东盟农业国际合作展等具有影响力的国际展会，努力在疫情期间稳住农产品出口基本盘和拓展新的目标市场。

（2）支持企业开展出口基地备案和国际标准认证工作。2020年支持7家热带水果种植企业完成海关出口基地备案和GGAP等国际标准认证。

（二十二）重庆市

2020年，重庆市农产品贸易额15.2亿美元，比上年增长17.9%。其中，出口额1.2亿美元，下降11.9%；进口额14亿美元，增长21.3%；贸易逆差12.8亿美元，扩大25.5%。

重庆市农产品贸易额占全国农产品贸易额的0.6%。其中，出口额占全国农产品出口总额的0.2%，进口额占全国农产品进口总额的0.8%。

前五大出口农产品是畜产品、蔬菜、饮品、棉麻丝和水果，出口额合计7 902.3万美元，占全市农产品出口额的68.7%。与上年相比，畜产品和水果出口额分别增长1.6%和1.2倍，蔬菜、饮品和棉麻丝出口额分别下降23.1%、64.8%和11.9%。

前五大进口农产品是水果、畜产品、油籽、水产品和谷物，进口额合计11.8亿美元，占全市农产品进口额的84.4%。与上年相比，水果和谷物增长1.7倍和87.2%，畜产品、油籽和水产品进口额分别下降 16.4%、22.4%和 44.2%（表 118）。

表 118　2020 年重庆市主要农产品贸易

单位：亿美元、%

出口产品	出口额	比上年增长	占比	进口产品	进口额	比上年增长	占比
畜产品	0.3	1.6	30.3	水　果	5.5	167.2	38.9
蔬　菜	0.3	−23.1	27.8	畜产品	4.6	−16.4	32.9
饮　品	0.06	−64.8	5.0	油　籽	1.2	−22.4	8.9
棉麻丝	0.04	−11.9	3.3	水产品	0.4	−44.2	2.6
水　果	0.03	122.3	2.3	谷　物	0.1	87.2	1.0

前五大出口市场是中国香港、美国、韩国、日本和德国，合计占全市农产品出口额的 49%。与上年相比，对美国出口增长 17.4%，对中国香港、韩国、日本和德国出口下降 5.4%、9.7%、21%和 18.1%。

前五大进口来源地是泰国、澳大利亚、巴西、新西兰和美国，合计占全市农产品进口额的 65.3%。与上年相比，自泰国和美国进口增加 1.6 倍和 1.3 倍。自澳大利亚、巴西和新西兰进口分别下降 7.8%、57.8%和 22.8%（表 119）。

表 119　2020 年重庆市农产品出口市场和进口来源地

单位：亿美元、%

出口市场	出口额	比上年增长	占比	进口来源地	进口额	比上年增长	占比
中国香港	0.2	−5.4	18.4	泰　国	4.9	161.8	53.8
美　国	0.1	17.4	11.0	澳大利亚	1.3	−7.8	14.7
韩　国	0.09	−9.7	7.5	巴　西	1.2	−57.8	13.5
日　本	0.08	−21.0	6.8	新西兰	0.9	−22.8	9.3
德　国	0.06	−18.1	5.3	美　国	0.8	134.5	8.7

重庆市促进农产品出口主要政策和措施：

（1）优化顶层设计抓统筹。成立市政府领导牵头的扩大农产品对外贸易工作协调配合机制。组织编制《重庆市农业对外合作“十四五”规划》《重庆市乡村振兴招商规划（2020—2022 年）》，创新建立区县农业对外合作工作评价机制并发布 2019 年度评价结果。

（2）突出纵横联动抓生态。组建农业对

外合作工作专家库，指导成立农业对外合作分会，建立健全农产品进出口月度监测工作机制和乡村振兴招商引资项目管理等6项制度。联合重庆海关认定23个农产品出口示范基地，累计35个。

（3）优化服务指导抓实效。召开全市农业对外合作暨乡村振兴招商引资工作培训会。组织39家企业参加全市供港蔬菜产销对接培训会，120多家企业开展农产品出口知识及相关政策培训，40家企业开展出口日韩蔬菜、食用菌培训。

（4）搭建对接平台促合作。举办“重庆—新加坡农产品贸易线上对接会”、境外农产品展销中心对接洽谈会、2020中国·重庆潼南国际柠檬节，联合主办中荷（重庆）果品气调仓储技术线上交流会、大都会农业系统的全产业链模式高层论坛重庆分会场活动，组织59家企业参加第四届澳门线上线下购物嘉年华活动，10家企业参加2020年意大利线上果蔬展，累计组织600余家（次）企业参加各类农业对接合作交流活动。

（二十三）四川省

2020年，四川省农产品贸易总额15.1亿美元，比上年下降4.1%。其中，出口额6.5亿美元，下降10.5%；进口额8.6亿美元，增长1.4%；贸易逆差2.1亿美元，扩大73.5%。

四川省农产品贸易总额占全国农产品贸易总额的0.6%。其中，出口额占全国农产品出口总额的0.8%，进口额占全国农产品进口总额的0.5%。

前五大出口农产品是饮品、蔬菜、水产品、畜产品和药材，出口额合计2.9亿美元，占全省农产品出口总额的44.9%。与上年相比，饮品、畜产品、药材、水产品和蔬菜出口额分别下降28.1%、22.2%、19.1%、6.4%和2.4%。

前五大进口农产品是畜产品、油籽、水产品、植物油和饮品，进口额合计7.1亿美元，占全省农产品进口总额的83.2%。与上年相比，畜产品和水产品进口额分别增长24.1%和14.9%，植物油、饮品和油籽分别下降16.1%、15.6%和10.6%（表120）。

表120 2020年四川省主要农产品贸易

单位：亿美元、%

出口产品	出口额	比上年增长	占比	进口产品	进口额	比上年增长	占比
饮　品	1.2	−28.1	19.2	畜产品	3.5	24.1	40.9
蔬　菜	0.6	−2.4	9.8	油　籽	1.8	−10.6	21.2
水产品	0.5	−6.4	7.3	水产品	1.0	14.9	11.9
畜产品	0.3	−22.2	5.4	植物油	0.4	−16.1	4.7
药　材	0.2	−19.1	3.2	饮　品	0.4	−15.6	4.4

前五大出口市场是中国香港、美国、菲律宾、日本和西班牙，合计占全省农产品出口总额的 42.6%。对西班牙和菲律宾出口额分别增长 2.1 倍和 20.1%，对中国香港、日本和美国出口额分别下降 21.9%、15.9%和 2.7%。

前五大进口来源地是巴西、美国、新西兰、澳大利亚和德国，合计占全省农产品进口总额的 52.2%。自美国、澳大利亚、巴西和新西兰进口额分别增长 58.6%、11.7%、7.2%和 6.9%，自德国进口额下降 1.6%（表 121）。

表 121　2020 年四川省农产品出口市场和进口来源地

单位：亿美元、%

出口市场	出口额	比上年增长	占比	进口来源地	进口额	比上年增长	占比
中国香港	0.8	−21.9	12.1	巴　西	1.3	7.2	14.8
美　国	0.6	−2.7	9.2	美　国	1.1	58.6	12.9
菲律宾	0.5	20.1	8.1	新西兰	1.1	6.9	12.3
日　本	0.4	−15.9	6.7	澳大利亚	0.7	11.7	8.0
西班牙	0.4	205.7	6.5	德　国	0.4	−1.6	4.3

四川省促进农产品出口的主要政策和措施：

（1）以建设产业园区带动农产品出口。深化与台湾省的农业合作，逐步形成川台全方位、多层次、多领域农业合作交流良好态势；推动中国—智利（四川）农业科技示范园建设。

（2）强化政府部门合作。为稳定并促进农产品出口，省农业农村厅同商务厅、成都海关等部门签署了《促进四川农产品出口合作备忘录》《关于服务乡村振兴战略推动农业高水平对外开放合作备忘录》等文件，在联合开展政策研究制定、共促农产品出口基地建设等方面加强合作。

（3）成立“四川农产品出口联盟”，形成规模效应。按照“政府引导、企业为主，自愿参加、合作互助，责权清晰、行业自律”原则，在川从事农产品生产、加工、物流及进出口贸易等相关经营活动的企业自愿组成非营利性产业发展联合体，合力推进四川农产品出口。

（二十四）贵州省

2020 年，贵州省农产品贸易额 5.5 亿美元，比上年下降 17.9%。其中，出口额 5.2 亿美元，比上年下降 21.6%；进口额 0.3 亿美元，增加 1.7 倍；贸易顺差 4.8 亿美元，缩小 25.4%。

贵州省农产品贸易额占全国农产品贸易总额的 0.2%。其中，出口额占全国农产品出口总额的 0.7%，进口额占全国农产品进口总额的 0.02%。

前五大出口农产品是饮品、蔬菜、水产

品、畜产品和花卉，出口额合计4.4亿美元，占全省农产品出口额的85%。与上年相比，饮品、水产品和花卉分别下降19.9%、52.6%和42.1%；蔬菜和畜产品出口额分别增长2.1倍和20.5%。

前五大进口农产品是水果、畜产品、蔬菜、饮品和植物油，进口额合计3 344.2万美元，占全省农产品进口额的96%。与上年相比，水果、蔬菜和饮品分别增长13.6倍、3.4%和7.8倍；畜产品和植物油出口额分别下降2%和19.8%（表122）。

表122 2020年贵州省主要农产品贸易

单位：亿美元、%

出口产品	出口额	比上年增长	占比	进口产品	进口额	比上年增长	占比
饮　品	4.3	−19.9	81.9	水　果	0.2	1 357.2	65.6
蔬　菜	0.1	209.6	2.1	畜产品	0.1	−2.0	23.2
水产品	0.02	−52.6	0.3	蔬　菜	0.02	3.4	4.6
畜产品	0.02	20.5	0.3	饮　品	0.006	781.6	1.7
花　卉	0.02	−42.1	0.3	植物油	0.003	−19.8	0.9

前五大出口市场是中国香港、缅甸、比利时、马来西亚和越南，合计占全省农产品出口额的45.3%。对中国香港、比利时和越南出口额分别下降35.2%、37%和0.2%，对缅甸和马来西亚出口额分别增加2.8倍和1.3倍。

前五大进口来源地是泰国、美国、印度、丹麦和澳大利亚，合计占全省农产品进口额的82.9%。自印度进口下降1.3%，自泰国、美国、丹麦和澳大利亚进口分别增加11.9倍、67.5倍、3.9倍和1.5倍（表123）。

表123 2020年贵州省农产品出口市场和进口来源地

单位：亿美元、%

出口市场	出口额	比上年增长	占比	进口来源地	进口额	比上年增长	占比
中国香港	1.1	−35.2	21.0	泰　国	0.2	1 171.7	62.9
缅　甸	0.6	277.1	10.6	美　国	0.04	6 754.7	11.7
比利时	0.3	−37.0	5.1	印　度	0.01	−1.3	2.9
马来西亚	0.2	131.6	4.5	丹　麦	0.01	394.9	2.9
越　南	0.2	−0.2	4.0	澳大利亚	0.009	150.2	2.5

贵州省促进农产品出口主要政策和措施：

搭建合作交流平台。创建多家国家级、省级出口茶叶质量安全示范区，认定茶叶外贸转型升级示范基地。组织与主要贸易伙伴国代表就疫情期间科技助推农业生产经验、农业合作、马铃薯种植、生态农业、畜牧业和农产品质量安全标准等领域线上线下交流活动。组织参加荷兰农业线上直播高层论坛，与以色列驻成都总领馆对接以色列农业合作项目。

（二十五）云南省

2020 年，云南省农产品贸易额 71.2 亿美元，比上年增长 10.7%。其中，出口额 52.2 亿美元，增长 9.1%；进口额 19 亿美元，增长 15.8%；贸易顺差 33.2 亿美元，扩大 5.5%。

云南省农产品贸易额占全国农产品贸易总额的 2.9%。其中，出口额占全国农产品出口总额的 6.9%，进口额占全国农产品进口总额的 1.1%。

前五大出口农产品是水果、蔬菜、饮品、花卉和精油，出口额合计 46.5 亿美元，占全省农产品出口总额的 89.1%。与上年相比，除精油出口额下降 29.6%之外，水果、蔬菜、饮品、花卉出口额分别增长 25.8%、6.6%、11%和 21.6%。

前五大进口农产品是油籽、水果、谷物、糖料及糖和花卉，进口额合计 17.1 亿美元，占全省农产品进口总额的 89.5%。与上年相比，水果和花卉进口额分别下降 17.8%和 21.6%，而油籽、谷物和糖料及糖的进口额分别增长 44.3%、29.1%和 55.3%（表 124）。

表 124 2020 年云南省主要农产品贸易

单位：亿美元、%

出口产品	出口额	比上年增长	占比	进口产品	进口额	比上年增长	占比
水　果	26.3	25.8	50.5	油　籽	7.7	44.3	40.4
蔬　菜	15.6	6.6	30.0	水　果	4.7	−17.8	24.7
饮　品	3.0	11.0	5.7	谷　物	2.7	29.1	14.0
花　卉	1.0	21.6	1.8	糖料及糖	1.4	55.3	7.1
精　油	0.5	−29.6	1.0	花　卉	0.7	−21.6	3.4

前五大出口市场是越南、中国香港、泰国、缅甸和印度尼西亚，合计占全省农产品出口总额的 85.9%。与上年相比，对泰国和印度尼西亚出口额分别下降 7.7%和 35.9%，对越南、中国香港和缅甸出口额分别增长 40.7%、1.1%和 24.5%。

前五大进口来源地是巴西、泰国、缅甸、乌拉圭和越南，合计占全省农产品进口总额的 84.1%。与上年相比，除自泰国进口额下降 18.5%之外，自巴西、缅甸和越南进口额分别增长 24%、23.5%和 79.3%，上年无自乌拉圭进口农产品（表 125）。

表 125　2020 年云南省农产品出口市场和进口来源地

单位：亿美元、%

出口市场	出口额	比上年增长	占比	进口来源地	进口额	比上年增长	占比
越　南	23.9	40.7	45.9	巴　西	6.5	24.0	34.2
中国香港	10.5	1.1	20.1	泰　国	4.8	−18.5	25.2
泰　国	5.6	−7.7	10.7	缅　甸	2.8	23.5	14.5
缅　甸	3.1	24.5	5.9	乌拉圭	1.1	—	5.9
印度尼西亚	1.7	−35.9	3.3	越　南	0.8	79.3	4.3

云南省促进农产品出口主要政策和措施：

（1）大力推进出口农产品基地建设。将监管重心前移，落实溯源管理制度，抓好出口农产品原料种植养殖基地建设，对原料基地植保、兽医人员进行专业培训，对种养基地和生产加工等环节进行摸底调查，开展疫情疫病、农兽药残留监测以确保出口食品原料安全。

（2）整合监管资源，优化通关流程。昆明海关全面推进“查检合一”，拓展“多查合一”，加快推进拓展国际贸易“单一窗口”功能，实现企业“一次登录、全网通办”；加快“互联网+海关”建设，实现通关证件资料一地备案、全国通用，一次提交、共享复用。全面推行“一品一策”和“一企一策”分类检验监管模式，采取降低抽批率、采信第三方检测结果、动态监控等优化措施。开启鲜活易腐农产品出口绿色通道，实行 24 小时全天候工作制，全力保障出口鲜活农产品快速通关。

（3）发挥专业优势，提供技术保障。成立由海关、出口企业和大专院校参与的出口食品农产品专家组，涵盖综合法规、植物源性食品、动物源性食品和加工食品等领域，实现信息共享。加强专业技术培训，帮助出口企业及时掌握国外贸易需求和法律法规。加快建设服务进出口企业的信息公共服务平台，收集梳理各国进口产品准入标准、海关监管政策措施等，为出口企业提供便捷查询和咨询服务。

（二十六）西藏自治区

2020 年，西藏自治区农产品贸易额 2 994.3 万美元，比上年增加 1.1 倍。其中，出口额 877.1 万美元，下降 31.6%；进口额 2 117.2 万美元，增加 17 倍；由上年贸易顺差转为逆差 1 240 万美元。贸易额、进口额、出口额、逆差占比均不足全国的0.1%。

前五大出口农产品是药材、畜产品、蔬菜、饮品和坚果，出口额合计840.7万美元，占全区农产品出口额的95.9%。与上年相比，药材出口额增长23.3%，蔬菜、畜产品和饮品出口额分别下降74.4%、27.2%和26%。

西藏主要进口农产品是植物油、水产品、饮品和棉麻丝，进口额合计2 107.7万美元，占全区农产品进口额的99.6%。与上年相比，棉麻丝、水产品和饮品进口额分别增长103.8%、31.3%和13.9%（表126）。

表126 2020年西藏主要农产品贸易

单位：万美元、%

出口产品	出口额	比上年增长	占比	进口产品	进口额	比上年增长	占比
药　材	364.3	23.3	41.5	植物油	1 976.0	—	93.3
畜产品	190.8	−27.2	21.8	水产品	71.3	31.3	3.4
蔬　菜	139.7	−74.4	15.9	饮　品	56.7	13.9	2.7
饮　品	109.0	−26.0	12.4	棉麻丝	3.6	103.8	0.2
坚　果	36.9	—	4.2	—			

前五大出口市场是中国香港、尼泊尔、印度、新加坡和西班牙，合计占全区农产品出口额的99.4%。对新加坡和中国香港出口额分别增长135.9%和5.2%，对尼泊尔和西班牙出口额下降，降幅为60.1%和0.9%。

前五大进口来源地是俄罗斯、美国、印度、越南和厄瓜多尔，合计占全区农产品进口额的99.7%，其中自美国进口额增长26.1%，自印度进口额下降42.3%（表127）。

表127 2020年西藏农产品出口市场和进口来源地

单位：万美元、%

出口市场	出口额	比上年增长	占比	进口来源地	进口额	比上年增长	占比
中国香港	454.2	5.2	51.8	俄罗斯	1 976.0	—	93.3
尼泊尔	334.6	−60.1	38.1	美　国	51.1	26.1	2.4
印　度	69.2	—	7.9	印　度	39.0	−42.3	1.8
新加坡	7.6	135.9	0.9	越　南	23.2	—	1.1
西班牙	6.3	−0.9	0.7	厄瓜多尔	22.2	—	1.1

西藏促进农产品出口的主要政策和措施：

（1）加大政策扶持力度，大力发展边境贸易。推动边境地区贸易口岸建设，建设相关园区、优化口岸功能，开展开放合作综合配套区规划建设。落实每年3 000万美元自用物资进口关税返还政策，切实提高企业积极性。

（2）积极推进农产品展销活动。通过农业展会、线上农产品销售活动等推介优质产品，展示发展成效，拓展销售市场，加大宣传推荐力度，提升高原特优产品知名度和美誉度，为西藏企业“走出去”搭建农产品贸易平台。

（二十七）陕西省

2020年，陕西省农产品贸易额12.1亿美元，比上年增长12.7%。其中，出口额5.6亿美元，增长13.6%；进口额6.5亿美元，增长11.8%；贸易逆差9 031万美元，扩大1.9%。

陕西省农产品贸易额占全国农产品贸易总额的0.5%，其中，出口额占全国农产品出口总额的0.7%，进口额占全国农产品进口总额的0.4%。

前五大出口农产品是水果、蔬菜、饮品、干豆和畜产品，出口额合计3亿美元，占全省农产品出口额的52.8%。与上年相比，饮品和畜产品出口额分别增加3.9倍和1.5倍，水果、蔬菜和干豆出口额分别下降12.8%、6.4%和15.9%。

前五大进口农产品是油籽、畜产品、植物油、水果和干豆，占全省农产品进口额的90%。与上年相比，油籽、畜产品和植物油进口额分别增长33.6%、85.3%和74.3%，水果和干豆进口额分别下降69.8%和34.2%（表128）。

表128　2020年陕西省主要农产品贸易

单位：亿美元、%

出口产品	出口额	比上年增长	占比	进口产品	进口额	比上年增长	占比
水　果	2.3	−12.8	35.2	油　籽	4.5	33.6	69.6
蔬　菜	0.3	−6.4	4.4	畜产品	0.6	85.3	9.6
饮　品	0.2	392.6	2.6	植物油	0.4	74.3	6.2
干　豆	0.1	−15.9	2.2	水　果	0.2	−69.8	2.6
畜产品	0.1	146.4	1.2	干　豆	0.1	−34.2	2.1

前五大出口市场是美国、日本、泰国、中国香港和俄罗斯，合计占全省农产品出口额的56.9%。对中国香港出口额增加1.7倍，对美国出口增长54.6%，对日本、泰国和俄罗斯出口额分别下降14%、10.4%和29.4%。

前五大进口来源地是巴西、美国、阿根廷、爱尔兰和澳大利亚，合计占全省农产品进口额的76.9%。自阿根廷进口额下降27.9%，自美国和爱尔兰进口额分别增加1.7倍和10 351倍，自巴西和澳大利亚进口额分别增长22.1%和6.1%（表129）。

表 129 2020 年陕西省农产品出口市场和进口来源地

单位：亿美元、%

出口市场	出口额	比上年增长	占比	进口来源地	进口额	比上年增长	占比
美　国	1.9	54.6	34.3	巴　西	3.2	22.1	49.8
日　本	0.4	−14.0	7.6	美　国	0.8	167.7	12.7
泰　国	0.4	−10.4	6.8	阿根廷	0.5	−27.9	7.9
中国香港	0.2	174.8	4.1	爱尔兰	0.2	1 035 062.5	3.2
俄罗斯	0.2	−29.3	4.0	澳大利亚	0.2	6.1	3.1

陕西省促进农产品出口主要政策和措施：

（1）通过自贸试验区建设实现农产品贸易高质量发展。建立杨凌农业高新技术产业示范区，设立全国唯一农业特色综合保税区——陕西杨凌综合保税区，在生物科技、大宗农产品贸易、农产品跨境电商、电子信息以及特殊物品供应链平台等方面储备近 20 个重大项目。

（2）支持企业扩大农产品贸易。在巩固农产品传统出口市场基础上，以果品、小杂粮、畜产品和茶叶为主积极开辟新的贸易渠道，重点拓展与“一带一路”沿线国家农产品贸易市场。优化贸易结构，扩大深加工优势农产品出口。支持企业培育出口农产品自主品牌，开展商标注册和产品质量认证。

（二十八）甘肃省

2020 年，甘肃省农产品贸易额 4 亿美元，比上年增长 5%。其中，出口额 2.9 亿美元，下降 6.7%；进口额 1.1 亿美元，增长 53.3%；贸易顺差 1.8 亿美元，缩小 25.6%。

甘肃省农产品贸易额占全国农产品贸易总额的 0.2%。其中，出口额占全国农产品出口总额的 0.4%，进口额占全国农产品进口总额的 0.1%。

前五大出口农产品是蔬菜、水果、油籽、干豆和坚果，出口额合计 2.4 亿美元，占全省农产品出口总额的 85.8%。与上年相比，蔬菜、油籽、干豆和坚果出口额分别增长 11.4%、56.8%、3.7%和 15.1%，水果出口额下降 30.9%。

前五大进口农产品是干豆、畜产品、植物油、水产品和油籽，进口额合计 9 183.5 万美元，占全省农产品进口总额的 81.7%。与上年相比，干豆进口额下降 17.1%，但占比仍居首位，达到 30.1%；其余四类农产品进口额均呈现不同幅度增长，其中植物油、水产品和畜产品进口额分别增加 760 倍、48.5 倍和 1.1 倍，油籽增长 32.7%（表 130）。

前五大出口市场是美国、荷兰、孟加拉国、尼泊尔和德国，合计占全省农产品出口总额的 44.5%。与上年相比，对美国和孟加拉国出口额分别增长18.7%和21.2%，对荷兰、尼泊尔和德国出口额分别下降1%、67%和10.5%。

前五大进口来源地是加拿大、厄瓜多尔、马来西亚、澳大利亚和美国，合计占全省农产品进口总额的59.1%。自马来西亚和澳大利亚进口额分别增加2 144.2倍和95.4%，自加拿大进口额下降9.3%（表131）。

表130 2020年甘肃省主要农产品贸易

单位：万美元、%

出口产品	出口额	比上年增长	占比	进口产品	进口额	比上年增长	占比
蔬　菜	10 071.9	11.4	35.3	干　豆	3 390.2	−17.1	30.1
水　果	8 609.5	−30.9	30.2	畜产品	2 101.3	106.8	18.7
油　籽	2 476.8	56.8	8.7	植物油	1 761.9	75 979.9	15.7
干　豆	1 670.4	3.7	5.9	水产品	974.9	4 848.3	8.7
坚　果	1 646.8	15.1	5.8	油　籽	955.2	32.7	8.5

表131 2020年甘肃省农产品出口市场和进口来源地

单位：万美元、%

出口市场	出口额	比上年增长	占比	进口来源地	进口额	比上年增长	占比
美　国	3 591.6	18.7	12.6	加拿大	3 403.2	−9.3	30.3
荷　兰	3 407.2	−1.0	11.9	厄瓜多尔	896.0	—	8.0
孟加拉国	2 271.3	21.2	8.0	马来西亚	840.1	214 423.8	7.5
尼泊尔	1 780.7	−67.0	6.2	澳大利亚	760.1	95.4	6.8
德　国	1 643.0	−10.5	5.8	美　国	752.9	59.5	6.7

甘肃省促进农产品出口主要政策和措施：

（1）加强政策支持，开展对外产业布局。把握“一带一路”枢纽制高点政策机遇，拓展中西亚、东亚、非洲、拉美等新兴市场，优先支持发展林果、蔬菜、制种、马铃薯、中药材等优势产业国际合作，加快构建农业国际合作产业布局。在“一带一路”沿线国家城市建设海外仓、特色商品展示展销中心等境外营销网点，完善营销和服务保障体系。依托南亚班列开拓南亚市场，提高苹果、洋葱等农产品市场占有率；依托陆海新通道班列开拓东盟市场，推动与东盟国家（地区）农产品进出口贸易。

（2）发展特色产业，创新出口促进方式。立足“独一份”“特别特”“好中优”

“错峰头”农业资源优势，加快培育和发展现代丝路寒旱农业，大力发展以“牛羊菜果薯药”六大特色产业为主导、众多地域品种为补充的特色农业，推动全省优质特色农产品出口，支持企业加快国际市场布局，组织企业通过视频连线、线上产品展示、数字展会、网展贸等方式，加大宣传促销力度，帮助企业拓展海外市场。鼓励企业通过欧盟、美国、日本有机产品认证和 HACCP 认证、生态原产地产品保护认证，打造出口示范区。

（3）强化服务意识，促进企业出口便利化。加强对农业对外合作人员培训，为农业对外合作领域人员出入境提供便利，为企业提供国内外市场信息、技术标准、法律规定等服务。兰州海关加快农产品出口审批流程，支持甘肃特色农产品扩大出口，提供便捷出证服务，对新鲜蔬菜、水果和中药材等农产品生产企业实施对口帮扶，采取措施保障活牛、羊安全稳定出口。举办区域全面经济伙伴关系协定（RCEP）线上培训班，帮助市州和企业学懂弄通 RECP 相关规则，把握好 RCEP 带来的贸易和投资机遇，大力拓展 RECP 区域市场。

（二十九）青海省

2020 年，青海省农产品贸易额 3 035.3 万美元，比上年增长 19.1%。其中，出口额 2 235.4 万美元，增长 8.9%；进口额 799.9 万美元，增长 51.1%。贸易额、出口额和进口额占全国比重均不足 0.1%。

前五大出口农产品是药材、畜产品、水产品、植物油和水果，出口额合计 1 814.2 万美元，占全省农产品出口总额的 81.2%。与上年相比，除药材出口额下降 3.5%之外，畜产品和植物油出口额分别增长 53.4%和 81%，水产品和水果出口额分别增加 3.4 倍和 7.5 倍。

主要进口农产品有畜产品、植物油、谷物和油籽四类，进口额合计 799.9 万美元，分别占全省农产品进口总额的 63.6%、25.9%、7.1%和 3.4%（表 132）。

表 132　2020 年青海省主要农产品贸易

单位：万美元、%

出口产品	出口额	比上年增长	占比	进口产品	进口额	比上年增长	占比
药　材	1 190.1	−3.5	53.2	畜产品	508.5	15.7	63.6
畜产品	327.8	53.4	14.7	植物油	207.2	135.6	25.9
水产品	209.6	—	9.4	谷　物	56.9	—	7.1
植物油	73.0	81.0	3.3	油　籽	27.4	—	3.4
水　果	13.7	753.4	0.6	—			

前五大出口市场是中国香港、日本、俄罗斯、加拿大和美国，合计占全省农产品出口总额的 68.6%。与上年相比，对中国香港和加拿大出口额分别下降 15.9%和 53.5%；

对日本和美国出口额分别增长 68.2% 和 32.5%；上年未对俄罗斯出口农产品。

前五大进口来源地是印度尼西亚、新西兰、阿根廷、巴西和乌拉圭，合计占全省农产品进口总额的 76.3%。上年未自阿根廷和巴西进口，自印度尼西亚和新西兰进口额分别增加 47.3 倍和 1.9 倍，自乌拉圭进口额增长 10.7%（表 133）。

表 133　2020 年青海省农产品出口市场和进口来源地

单位：亿美元、%

出口市场	出口额	比上年增长	占比	进口来源地	进口额	比上年增长	占比
中国香港	643.6	−15.9	28.7	印度尼西亚	207.2	4 728.5	25.9
日　本	309.6	68.2	13.9	新西兰	118.7	185.6	14.8
俄罗斯	209.6	—	9.4	阿根廷	107.7	—	13.5
加拿大	193.2	−53.5	8.6	巴　西	90.5	—	11.3
美　国	178.2	32.5	8.0	乌拉圭	85.8	92.3	10.7

青海省促进农产品出口主要政策和措施：

（1）加快推进有机枸杞生态产业发展。青海省委省政府先后发布实施了《关于加快有机枸杞发展的实施意见》和《关于促进枸杞加工产业发展的意见》，促进了枸杞产业持续高质量发展，提高枸杞产品国际竞争力。

（2）促进农产品贸易便利化。指导企业进行检验检疫和申报报关，使货物检验零等待、货物通关零延时。为帮助企业产品顺利出口，格尔木海关落实关检业务整合申报、一体化通关、“多查合一”和原产地证书自助打印等各项改革措施，聚焦企业需求，建立关企联络员制度，主动向企业宣传优惠政策，帮助进出口企业切实享受海关改革红利。

（3）开设“青海农畜产品精品窗口”。省委省政府出台《关于加快平台经济发展的若干意见》，助力青藏高原农副产品集散中心、青稞和牛羊肉交易中心等现有平台提质增效。举办中国（青海）贫困地区特色农产品品牌推介洽谈会及“阿里巴巴汇聚青海”线上专场活动，扩大枸杞、藜麦、牛羊肉、乳制品网销规模。举办 2020“青洽会”农牧业招商引资 8.9 亿元；中国农民丰收节暨青海（河湟）第五届农产品展交会，落实签约 23 个项目；携 11 大类 120 多种产品亮相第二十一届中国绿色食品博览会暨第十四届中国国际有机食品博览会；组织 65 家农牧企业和合作社的 300 余种青海名优特色农畜产品参展第十八届中国国际农产品交易会。

（三十）宁夏回族自治区

2020 年，宁夏回族自治区农产品贸易总额 1.7 亿美元，比上年增长 16.9%，其中，出口额 1.6 亿美元，增长 35.6%；进口额 1 709.5 万美元，下降 48.4%；贸易顺差 1.4 亿美元，扩大 69.1%。

宁夏农产品贸易额占全国农产品贸易总额的 0.1%，其中，出口额占全国农产品出口总额的 0.2%，进口额占全国农产品进口总额的 0.01%。

前五大出口农产品是药材、蔬菜、水果、畜产品和坚果，出口额合计 1.2 亿美元，占全区农产品出口总额的 75.3%。与上年相比，畜产品出口额下降 1.3%，药材、蔬菜、水果和坚果出口额分别增长 22.6%、96.5%、19.7%和 69.5%。

前五大进口农产品是蔬菜、油籽、畜产品、饮品和水产品，进口额合计 994 万美元，占全区农产品进口总额的 58.1%。与上年相比，水产品进口额下降 96.2%，蔬菜进口额增长 45.7%，畜产品和饮品进口额分别增加 1.4 倍和 3.9 倍（表 134）。

表 134　2020 年宁夏主要农产品贸易情况

单位：万美元、%

出口产品	出口额	比上年增长	占比	进口产品	进口额	比上年增长	占比
药　材	4 542.4	22.6	28.8	蔬　菜	543.0	45.7	31.8
蔬　菜	3 366.3	89.7	21.4	油　籽	231.0	—	13.5
水　果	2 891.9	19.7	18.4	畜产品	88.7	143.9	5.2
畜产品	732.5	−1.3	4.7	饮　品	81.1	392.7	4.7
坚　果	322.6	69.5	2.0	水产品	50.1	−96.2	2.9

前五大出口市场是美国、德国、中国台湾、马来西亚和荷兰，合计占全区农产品出口总额的 66.2%。对荷兰出口额下降 22%，对美国、德国、中国台湾和马来西亚出口额分别增长 17.1%、32%、52.4%和 2.6 倍。

前五大进口来源地是美国、阿根廷、哈萨克斯坦、俄罗斯和墨西哥，合计占全区农产品进口总额的 83.6%。自美国、阿根廷、哈萨克斯坦和墨西哥进口额分别增长 23.2%、84.7 倍、7.3 倍和 1 倍（表 135）。

表 135　2020 年宁夏农产品出口市场和进口来源地

单位：万美元、%

出口市场	出口额	比上年增长	占比	进口来源地	进口额	比上年增长	占比
美　国	4 008.0	17.1	25.5	美　国	930.1	23.2	54.4
德　国	1 920.1	32.0	12.2	阿根廷	216.8	8 467.8	12.7
中国台湾	1 889.9	52.4	12.0	哈萨克斯坦	135.2	732.4	7.9
马来西亚	1 656.4	255.8	10.5	俄罗斯	76.1	—	4.5
荷　兰	947.5	−22.0	6.0	墨西哥	71.0	101.2	4.2

宁夏回族自治区促进农产品出口主要政策和措施：

（1）开展认证认可，接轨国际标准。通过国际标准化组织（ISO）发布《中医药—枸杞子》推动枸杞国际标准化发展。蔬菜产业根据本区特色优质农产品类别、出口目标市场，应用中国良好农业规范等认证手段对农产品生产和初加工全过程进行规范，生产“同线同标同质”优质特色农产品，帮助企业获取国际市场通行证。

（2）加大品牌建设，提升贸易水平。依托基地强化品牌建设，培育以出口为导向的产品品牌。连续举办9届贺兰山东麓国际葡萄酒博览会，通过举办中法葡萄与葡萄酒设备展、国际葡萄酒酿酒师邀请赛和国际侍酒师大赛等活动组织产区酒庄人员赴葡萄酒主产国交流培训、参展参赛。

（3）加强平台建设，拓宽贸易渠道。依托中国—阿拉伯国家农业技术转移中心海外分中心，积极拓宽海外市场并在当地网站搭建跨境电商平台。利用南南合作、中非论坛、中阿博览会、葡萄酒博览会等平台扩大与“一带一路”沿线国家交流合作，重点推进落实签署协议。组织农业企业参加境外农产品展会和农业“走出去”培训。探索运用电子商务、海外仓、海外营销窗口等综合手段，扩大企业、市场交流合作。

（三十一）新疆维吾尔自治区

2020年，新疆维吾尔自治区农产品贸易总额16.4亿美元。其中，出口额9.2亿美元，下降21.2%；进口额7.2亿美元，下降2.8%；贸易顺差2亿美元，缩小53%。

新疆农产品贸易额占全国农产品贸易总额的0.7%。其中，出口额占全国农产品出口总额的1.2%，进口额占全国农产品进口总额的0.4%。

前五大出口农产品是蔬菜、水果、坚果、油籽和饮品，出口额合计7.5亿美元，占全区农产品出口总额的81.8%。与上年相比，除饮品出口保持较大增幅外，蔬菜、水果、坚果和油籽出口额分别下降18.6%、13.3%、38.1%和36.9%。

前五大进口农产品是植物油、油籽、饮品、水产品和棉麻丝，进口额合计4.4亿美元，占全区农产品进口总额的60.4%。与上年相比，植物油、油籽和饮品进口额分别增长79.6%、3.3%和236.1%，水产品和棉麻丝进口额分别下降3.3%和72.2%（表136）。

前五大出口市场是哈萨克斯坦、泰国、吉尔吉斯斯坦、意大利和俄罗斯，合计占全区农产品出口总额的46.2%。与上年相比，对泰国出口显著增长，增幅210.2%，对哈萨克斯坦、吉尔吉斯斯坦、意大利和俄罗斯分别下降30.4%、57.6%、4.5%和25.8%。

前五大进口来源地是哈萨克斯坦、印度尼西亚、俄罗斯、法国和乌兹别克斯坦，合计占全区农产品进口总额的74.6%。与上年相比，自乌兹别克斯坦进口额下降85.9%，自其他进口来源地进口额均增长，其中自法国进口额增加4.7倍（表137）。

表 136 2020 年新疆主要农产品贸易

单位：亿美元、%

出口产品	出口额	比上年增长	占比	进口产品	进口额	比上年增长	占比
蔬 菜	3.8	−18.6	41.7	植物油	1.2	79.6	17.3
水 果	1.8	−13.3	19.0	油 籽	1.1	3.3	14.6
坚 果	1.6	−38.1	17.2	饮 品	0.7	236.1	10.2
油 籽	0.2	−36.9	2.3	水产品	0.7	−3.3	9.9
饮 品	0.1	98.7	1.6	棉麻丝	0.6	−72.2	8.3

表 137 2020 年新疆农产品出口市场和进口来源地

单位：亿美元、%

出口市场	出口额	比上年增长	占比	进口来源地	进口额	比上年增长	占比
哈萨克斯坦	1.3	−30.4	14.4	哈萨克斯坦	2.8	6.8	38.2
泰 国	0.9	210.2	9.8	印度尼西亚	1.2	141.5	19.4
吉尔吉斯斯坦	0.8	−57.6	8.4	俄 罗 斯	0.6	202.3	8.5
意 大 利	0.6	−4.5	6.9	法 国	0.4	467.4	4.9
俄 罗 斯	0.5	−25.8	6.7	乌兹别克斯坦	0.3	−85.9	3.6

新疆促进农产品出口主要政策和措施：

（1）广泛开拓国际市场。在乌鲁木齐设立跨境电商综合试验区，探索农产品出口新模式；带领企业参加国际性展会和研讨会。在吉木乃县设立农业对外开放合作试验区，建立“冰川”系列有机农产品区域品牌，促进涉农企业与国外企业在科技经贸领域开展合作与交流。

（2）优化通关环境。启用安全便捷的“非接触式”业务办理模式，通过网络和电话远程指导企业办理进出口货物申报、企业注册备案、加工手册延期等业务；提供“优先接单、优先审单、优先查验”的通关便利化服务，通过集合“专用窗口、专用通道、专用标志”等举措进一步缩短通关手续办理时间；开通农副产品快速通关绿色通道，协调海关、边检等职能部门，解决企业装卸劳动力不足、运输物流不畅等问题，优先保证农副产品等物资快速验放；持续关注境外国家相关动态，及时通过公告栏、关企联络群及实地走访等方式，协助出口企业扩大宣传，精准施策，支持出口。

（3）提高出口农产品质量安全水平。指导企业对标各国农产品检疫要求提高产品质量；完善农产品有害生物监测体系，织密监管网，降低产品出口风险。

（4）助力农业出口企业复工复产。针对输入国农产品技术性贸易措施，提供“点对点”通关咨询，“一企一策”帮助出口企业及时调整经营策略，“送标上门”指导企业建立符合输入国检疫要求的自检自控体系，减少经济损失。

主要贸易伙伴

东 盟

（一）生产

稻谷是东盟最主要农产品。2020 年，主要产稻国印度尼西亚、越南、泰国、缅甸和菲律宾稻谷产量分别为 3 550 万吨、2 710 万吨、1 860 万吨、1 290 万吨和 1 220 万吨，分别占世界稻谷总产量的 7%、5.4%、3.7%、2.6%和 2.4%（表 138）。

表 138　2020 年东盟主要国家稻谷产量及贸易量

单位：万吨、%

国　家	产量	占世界产量比重	进口量	占世界进口量比重	出口量	占世界出口量比重
印度尼西亚	3 550.0	7.0	50.0	1.1	—	—
越　南	2 710.0	5.4	50.0	1.1	640.0	13.8
泰　国	1 860.0	3.7	20.0	0.5	650.0	14.1
缅　甸	1 290.0	2.6	1.0	—	240.0	5.2
菲律宾	1 220.0	2.4	220.0	5.0	—	—

数据来源：美国农业部。

东盟是世界主要的棕榈油生产地，其中印度尼西亚和马来西亚是最大的棕榈油生产国和出口国，两国产量合计占世界产量的比重一直保持在 85%左右，出口量合计占世界出口量的比重约为 90%。近年来，印度尼西亚棕榈油产量增长较快，由 2010 年的 2 360 万吨增至 2020 年的 4 350 万吨，占世界产量的比重由 47.9%增至 57.6%，比上年提高 0.2 个百分点。马来西亚棕榈油产量波动增长，由 2010 年的

1 821万吨增至2020年的1 990万吨，占世界产量的比重由37%降至26.4%，比上年减少0.4个百分点。中国是全球仅次于印度的第二大棕榈油进口国，也是印度尼西亚和马来西亚棕榈油的主要出口国。与上年相比，2020年印度尼西亚对华棕榈油出口量减少、马来西亚对华棕榈油出口量增加（表139）。

表139 2020年东盟主要国家棕榈油产量及出口量

单位：万吨、%

国　家	产量	占世界产量的比重	出口量	占世界出口量的比重	对中国出口量	对中国出口量占产量比重	对中国出口量占总出口量比重
印度尼西亚	4 350.0	57.6	2 885.0	56.2	374.7	8.6	13.0
马来西亚	1 990.0	26.4	1 727.5	33.6	269.9	13.6	15.6
合　计	6 340.0	84.0	4 612.5	89.8	644.5	—	—

数据来源：产量和出口量来自美国农业部，对中国出口量来自中国海关统计。

（二）贸易

泰国和越南是主要的稻谷出口国。2020年，泰国大米出口650万吨，占世界大米出口量的14.1%，是全球仅次于印度的第二大大米出口国；越南大米出口640万吨，占世界的13.8%，近年来稳居全球第三。2020年，菲律宾和马来西亚是东盟最主要的大米进口国，进口量分别为220万吨和110万吨，占世界大米进口量的5%和2.5%。

2020年，中国与东盟农产品贸易额435.3亿美元，比上年增长8.5%。东盟是中国第一大农产品出口市场，出口额199.3亿美元，增长6.9%，主要品种有水果、蔬菜、水产品、饮品和糖料及糖，五类产品合计145.2亿美元，占中国对东盟农产品出口总额的72.8%；东盟是中国第三大农产品进口来源地，次于巴西和美国，中国自东盟进口236亿美元，增长9.8%，主要包括水果、植物油、水产品、粮食制品和谷物，五类产品合计170.4亿美元，占中国自东盟进口农产品的72.1%（表140）。其中中国自东盟水果进口快速增长，进口额占中国自东盟进口农产品的比重比上年增加1.8个百分点。

表140 2020年中国与东盟主要农产品贸易

单位：亿美元、%

出口产品	出口额	占比	进口产品	进口额	占比
水　果	49.7	24.9	水　果	61.7	26.1
蔬　菜	45.1	22.6	植物油	48.5	20.5

（续）

出口产品	出口额	占比	进口产品	进口额	占比
水 产 品	34.7	17.4	水 产 品	30.9	13.1
饮　　品	8.7	4.4	粮食制品	15.3	6.5
糖料及糖	7.0	3.5	谷　　物	14.0	5.9
合　　计	145.2	72.8	合　　计	170.4	72.1

数据来源：中国海关。

（三）贸易政策

出口限制措施。越南2020年3月25日决定停签新的大米出口合同；4月10日起，大米出口禁令被每月出口配额取代，4月出口配额为40万吨；5月1日恢复对外出口。柬埔寨4月5日—5月20日对大米和稻谷实施出口禁令。泰国3月26日—4月30日对蛋类实施出口禁令。印度尼西亚12月将毛棕榈油出口关税由每吨3美元调至33美元。

区域与双边政策。9月20日，东盟原产地自主认证机制正式启动实施。在东盟国家开展经营活动的“经认证的出口商”可选择在商业发票等出口文件上作出“原产地声明”作为向其他东盟国家出口的原产地凭证，享受东盟自贸区关税优惠而无须向原产地签证机构申领东盟原产地证书。此项措施将有利于减少企业进出口所需时间，降低贸易成本。11月，由东盟发起的《区域全面经济伙伴关系协定》（RCEP）签署，这是世界上人口最多、经济规模最大的自贸区，将在更大范围内、更高水平上把中国与东盟各国的资源和市场优势与其他RCEP成员的资本和技术优势紧密结合。

对华相关政策。5月，柬埔寨为应对疫情造成的自中国进口纺织原料短缺问题，各级海关按特事特办原则为相关物资运输开辟绿色通道，加快纺织原料进口和清关手续办理，提供多项便利措施。如满足条件的公司可在货物运抵前提前办理相关手续，无需按原流程申报；若手续办理中出现失误或材料欠缺，在15天内补充完整即可等。

巴　西

（一）生产

巴西是世界大豆、咖啡、柑橘、食糖和牛肉的主要生产国。2020年，大豆、咖啡、柑橘和食糖产量均居世界首位，牛肉产量居世界第二，玉米、豆油、豆粕、鸡肉、棉籽油和棉籽粕产量均居世界第三。

2020年巴西主要农产品产量为大豆1.3亿吨，比上年增长5.6%；玉米1.1亿吨，增长6.9%；食糖2 992.5万吨，增长1.4%；柑橘1 693.2万吨，增长13.6%；鸡肉1 388万吨，增长1.4%；牛肉1 010万吨，下降1%；咖啡363万吨，下降9%（表141）。

表 141　2020 年巴西主要农产品产量

单位：万吨、%

农产品	产　量	占世界总产量比重
大　豆	13 300.0	36.8
玉　米	10 900.0	9.6
豆　粕	3 527.5	13.9
食　糖	2 992.5	18.1
柑　橘	1 693.2	34.3
鸡　肉	1 388.0	13.8
牛　肉	1 010.0	16.8
豆　油	875.0	14.5
猪　肉	412.5	4.2
棉　籽	398.4	9.5
咖　啡	363.0	35.9
棉　花	261.3	10.5
棉籽粕	190.0	12.7
葡　萄	159.2	6.2
柑橘汁	115.7	63.9
乳　酪	75.0	3.5
棉籽油	64.0	13.1
奶　粉	57.0	11.8

数据来源：美国农业部。

（二）贸易

2020 年，巴西是世界最大的大豆、食糖、鸡肉、牛肉和柑橘汁出口国，第二大玉米、棉花、咖啡和豆粕出口国，第三大豆油和花生油出口国。

大豆出口 8 500 万吨，比上年下降 7.7%，占世界大豆出口量的 50.1%；其中对中国出口 6 427.8 万吨，增长 11.4%，占其出口量的 75.6%。

玉米出口 3 900 万吨，增长 9.9%，占世界玉米出口量的 21%。

食糖出口 1 928 万吨，下降 1.6%，占世界食糖出口量的 36.2%；其中对中国出口 393.4 万吨，增加 1.8 倍，占其出口量的 20.4%。

咖啡出口 241.4 万吨，下降 2.9%，占世界咖啡出口量的 29.8%；其中对中国出口 0.9 万吨，增长 6.6%，占其出口量的 0.4%。

棉花出口 217.7 万吨，增长 11.9%，占世界棉花出口量的 22.8%；其中对中国出口

64 万吨，增长 25%，占其出口量的 29.4%。

豆油出口 115 万吨，下降 0.5%，占世界豆油出口量的 9.5%；其中对中国出口 20.7 万吨，下降 10%，占其出口量的 18%。

柑橘汁出口 108 万吨，与上年持平，占世界柑橘汁出口量的 75%；其中对中国出口 4.3 万吨，下降 15.8%，占其出口量的 4%。

鸡肉出口 376 万吨，下降 1.3%，占世界鸡肉出口量的 31.6%；其中对中国出口 68.7 万吨，增长 27.8%，占其出口量的 18.3%。

牛肉出口 253.9 万吨，增长 9.7%，占世界牛肉出口量的 24.2%；其中对中国出口 84.8 万吨，增长 112.4%，占其出口量的 33.4%。

猪肉出口量居世界第四，出口量 117.8 万吨，增长 36.8%，占世界猪肉出口量的 10.4%；其中对中国出口 48.1 万吨，增长 116.4%，占其出口量的 40.8%（表 142）。

表 142　2020 年巴西主要农产品出口量

单位：万吨、%

农产品	出口量	占世界出口量比重	对中国出口量	对中国出口量占其产量比重	对中国出口量占其出口量比重
大　豆	8 500	50.1	6 427.8	48.3	75.6
玉　米	3 900	21	—	—	—
食　糖	1 928	36.2	393.4	13.1	20.4
豆　粕	1 680	25.3	—	—	—
鸡　肉	376	31.6	68.7	5	18.3
牛　肉	253.9	24.2	84.8	8.4	33.4
咖　啡	241.4	29.8	0.9	0.3	0.4
棉　花	217.7	22.8	64	24.5	29.4
猪　肉	117.8	10.4	48.1	11.7	40.8
豆　油	115	9.5	20.7	2.4	18
柑橘汁	108	75	4.3	3.7	4
棉　籽	4	6.3	—	—	—

数据来源：出口量和产量来自美国农业部，对中国出口量来自中国海关统计。

2020 年，巴西是中国农产品第一大进口来源地，进口额 353 亿美元，比上年增长 19.6%，占中国农产品进口总额的 20.5%；逆差 348.5 亿美元，扩大 19.8%。主要进口产品为大豆、牛肉、鸡肉、猪肉、食糖、棉花和豆油，合计占中国自巴西农产品进口总额的 98.6%，其中大豆占 70.6%。

中国自巴西大豆进口额 249.1 亿美元，增长 8.3%；牛肉 41.8 亿美元，增长 99.5%；鸡肉 16.5 亿美元，增长 24.8%；猪肉 15.6 亿美元，增加 1.6 倍；食糖 12.7 亿美元，增加 1.9 倍；棉花 10.5 亿美元，增长 12.3%；豆油 1.5 亿美元，下降 7.3%；花生油进口额 0.9 亿美元，增长 97.9%。

中国对巴西出口农产品以蔬菜、水产品和畜产品为主。全年蔬菜出口量 14.2 万吨，比上年增长 66.9%；出口额 1.9 亿美元，增长 43.3%。其中，大蒜出口额 1.3 亿美元，增长 40.6%，占对巴西蔬菜出口额的 70.5%。水产品出口额 6 271.7 万美元，下降 46%。其中，鳕鱼出口额 2 678.7 万美元，下降 55.5%，占对巴西水产品出口额的 42.7%。畜产品出口额 5 376.8 万美元，下降 1.9%。其中，肠衣出口额 5 045.8 万美元，下降 2.1%，占对巴西畜产品出口额的 93.8%（表 143）。

表 143　2020 年中国自巴西进口主要农产品情况

单位：亿美元、%

农产品	进口额	比上年增长	占自巴西农产品进口额比重
大豆	249.1	8.3	70.6
牛肉	41.8	99.5	11.8
鸡肉	16.5	24.8	4.7
猪肉	15.6	157.9	4.4
食糖	12.7	189.9	3.6
棉花	10.5	12.3	3.0
豆油	1.5	−7.3	0.4
合计	347.7	21.8	98.6

数据来源：中国海关。

（三）贸易政策

区域与双边政策。5 月 6 日，巴西对进口鱼类及其产品的检疫实施新规，要求产品须随附由出口国官方签发的葡萄牙语健康证书并注明该产品原料动物来自可进行疾病监测的人工养殖、原产国动物卫生法规完善、原料动物未显示疾病或寄生虫临床体征等信息。9 月，临时取消特定数量稻米的进口关税以应对国内稻米价格上涨。10 月至年底，临时取消从南方共同市场成员国外进口稻米、玉米和大豆的关税。

对华相关政策。1 月，中国海关总署和巴西海关就中国鲜梨向巴西出口和巴西鲜食甜瓜对华出口达成植物检疫协议，为双方各自优势农产品出口提供了便利。

欧　盟

（一）生产

欧盟主要农产品包括谷物、油籽、畜产

品、水果和食糖。2020 年谷物收获面积和单产均下降，尤其是单产下降较快。全年谷物收获面积 5 223.5 万公顷，比上年下降 1.9%；产量 28 279.6 万吨，下降 10.6%。其中，小麦收获面积下降 5.8%，单产下降 4%，产量 12 532.4 万吨，下降 10.2%。玉米收获面积增长 0.6%，单产下降 7.8%，产量 6 525.8 万吨，下降 7.3%。油菜籽产量 1 614.8 万吨，增长 5%。牛肉产量 681.9 万吨，下降 1.3%（表 144）。

表 144 2020 年欧盟主要农产品产量和贸易量

单位：万吨、%

产　品	产　量	进口量	出口量	出口量占欧盟产量比重
小　麦	12 532.4	446.4	3 776.6	30.1
玉　米	6 525.8	1 913.6	546.6	8.4
油菜籽	1 614.8	2 235.5	89.1	5.5
食　糖	1 700*	71.9	94.4	5.6
牛　肉	681.9	30.2	118.8	17.4

数据来源：欧盟农业委员会、食糖数据来源于美国农业部。

（二）贸易

欧盟是中国农产品第四大进口来源地和第四大出口市场。2020 年，中欧农产品贸易逆差 148.4 亿美元，比上年扩大 61.1%，延续了 2012 年以来的逆差态势。中国自欧盟进口 225 亿美元，比上年增长 26.8%，主要进口生猪产品、乳品、酒类、小麦和麻类，五类产品进口额合计 171.5 亿美元，占自欧盟进口农产品的 76.3%。其中，生猪产品和乳品进口超过自欧盟进口额的六成（表 145）。

表 145 2020 年中国与欧盟主要农产品贸易

单位：亿美元、%

出口产品	出口额	占比	进口产品	进口额	占比
鱼　类	13.3	17.3	生猪产品	84.7	37.7
蔬　菜	11.4	14.8	乳　品	51.7	23.0
食用油籽	1.9	2.5	酒　类	23.6	10.5
贝类及软体动物	1.7	2.3	小　麦	7.2	3.2
松子仁	1.3	1.7	麻　类	4.3	1.9
合　计	29.6	38.6	合　计	171.5	76.3

数据来源：中国海关。

2020年，中国农产品对欧盟出口76.6亿美元，比上年下降6.4%。主要出口产品包括鱼类、蔬菜、食用油籽、贝类及软体动物和松子仁，五类产品出口额合计29.6亿美元，占对欧盟出口农产品的38.6%。其中，鱼类和蔬菜出口额合计占对欧盟出口额近1/3。

（三）贸易政策

区域与双边政策。2月12日，欧洲议会通过《欧盟—越南自由贸易协定》。4月3日，修改进口第三国动物产品等随附健康证书的要求。4月28日，与墨西哥完成“升级版”自贸协定谈判。6月12日，修订复合食品进入欧盟的适用规则。7月9日，明确经特定方式处理的禽肉类产品进口条件。8月24日，改革优惠原产地规则助推“泛欧—地中海”邻国经济复苏。12月2日，修订对来自第三国的传统食品管理要求。

对华相关政策。2月20日，对原产于中国的味精进行反规避调查。3月25日，阿里巴巴集团“世界电子贸易平台”（eWTP）比利时公共服务平台紧急上线。3—12月，中欧举行第27～35轮投资协定谈判。4月30日，中欧和其他17个成员正式向WTO通报多方临时上诉仲裁安排。9月14日，中欧正式签署《中欧地理标志保护协定》。10月13日，对华味精做出反规避终裁。

美　国

（一）生产

美国是世界小麦、玉米、大豆等重要农产品的主产国。2020年，玉米、大豆、猪肉和鸡肉产量比上年均有所增长。其中，玉米产量36 025.2万吨，增长4.1%；大豆产量11 254.9万吨，增长16.4%；猪肉和鸡肉产量分别为1 284.1万吨和2 023.9万吨，分别增长2.4%和1.5%。牛肉产量与上年基本持平，为1 238.1万吨。小麦和棉花产量下降，其中，小麦4 969.1万吨，下降5.5%；棉花325.6万吨，下降24.9%（表146）。

表146　2020年美国主要农产品产量及出口量

单位：万吨、%

产品	产量	世界产量	占世界产量比重	出口量	占本国产量比重
玉米	36 025.2	113 405.0	31.8	6 604.3	18.3
大豆	11 254.9	36 107.9	31.2	6 123.5	54.4
小麦	4 969.1	77 343.5	6.4	2 680.7	53.9
鸡肉	2 023.9	10 041.3	20.2	339.1	16.8
猪肉	1 284.1	9 775.7	13.1	331.8	25.8
牛肉	1 238.1	6 028.2	20.5	133.1	10.8
棉花	325.6	2 485.1	13.1	337.5	103.7

数据来源：美国农业部。

注：棉花出口量含上年库存。

(二) 贸易

美国是农产品出口大国，多数农产品在世界出口市场占有较大比重。2020 年，小麦、大豆、玉米、猪肉和鸡肉出口量比上年增加；棉花和牛肉略减。小麦出口 2 680.7 万吨，比上年增长 2%；大豆出口 6 123.5 万吨，增长 33.8%；玉米 6 604.3 万吨，增长 46.2%；猪肉 331.8 万吨，增长 15.7%；鸡肉 339.1 万吨，增长 4.1%。棉花出口 337.5 万吨，下降 0.2%；牛肉出口 133.1 万吨，下降 3.1%。

美国是中国农产品贸易第二大进口来源国和第三大出口市场。2020 年，中美农产品贸易额为 302.8 亿美元，比上年增长 96.4 亿美元。其中，中国出口 65.1 亿美元，增长 0.1%；进口 237.7 亿美元，增长 67.9%。前五大出口农产品是水产品、蔬菜、水果、畜产品和粮食制品，五类产品出口额合计 42.3 亿美元，占对美国农产品出口额的 65%，其中水产品占 32.7%；前五大进口农产品是油籽、畜产品、谷物、棉麻丝和水产品，五类产品进口额合计 202.4 亿美元，占自美进口农产品额的 85.2%，其中油籽占 45.6%（表 147）。

表 147 2020 年中国与美国主要农产品贸易

单位：亿美元、%

出口产品	出口额	占比	进口产品	进口额	占比
水产品	21.3	32.7	油　籽	108.5	45.6
蔬　菜	9.6	14.8	畜产品	43.6	18.4
水　果	6.8	10.5	谷　物	24.5	10.3
畜产品	2.4	3.6	棉麻丝	16.1	6.8
粮食制品	2.2	3.3	水产品	9.8	4.1
合　计	42.3	65.0	合　计	202.4	85.2

数据来源：中国海关。

(三) 贸易政策

区域与双边政策。4 月 17 日，美国农业部为向受新冠肺炎疫情影响的农民、农场主和农产品分销商提供帮助并保障国内食品供应链安全稳定，宣布推出总额为 190 亿美元的农产品采购与食品援助计划，其中 160 亿美元用于向受损农业生产者直接发放补贴，30 亿美元用于向受损农产品分销商采购乳品、肉制品等农产品。7 月 1 日，旨在更新和替代北美自由贸易协定的《美墨加协定》正式生效，并确定该协定继续生效的前提条件是需由三国每 6 年进行一次阶段性审议。8 月 1 日起，美国与欧盟首个跨大西洋市场准入关税协议生效，5 年内，双方部分产品关税在 WTO 最惠国税率基础上实行减免，其中欧盟取消活龙虾和冷冻龙虾自美进口关税，美国对晶体玻璃器皿、火药、打火机等自欧盟进口产品关税税率减半。10 月 30 日，美国鉴于泰国未能给予美国商品同等且合理的市场准入待遇，宣布 12 月 30 日起暂停在普惠制之下给予部分泰国商品出口美国的免关税待遇。

对华相关政策。8 月 11 日，美国海关及边境保卫局发布新规，要求自 11 月 10 日起中国香港输美产品不得使用“香港制造”标签，须把原产地标记为“中国”，否则将征收 10%的惩罚性关税。

日 本

（一）生产

日本国土面积狭小，耕地资源稀缺，农业生产经营规模小、生产成本高，农业占国内生产总值比重不足 5%，农产品供给对外依存度高。水稻是日本唯一能自给自足的农产品，2020 年种植面积 146.2 万公顷，比上年减少 0.5%，产量 776.3 万吨，与上年基本持平（表 148）。

表 148　2020 年日本主要农作物产量

单位：万吨、%

农产品	产量	同比
水　稻	776.3	0.01
小　麦	117.1	−7.1
豆　类	21.9	0.5
蔬　菜	413.3	−3.0

数据来源：日本农林水产省。

（二）贸易

日本是世界主要农产品进口国，主要进口畜产品、水产品、谷物、饮品和油籽，出口饮品、水产品、糕点、畜产品和谷物。2020 年，日本农林水产品贸易总额 862 亿美元，比上年下降 8.2%。其中，进口 779 亿美元，下降 9.1%，出口 83 亿美元，增长 1.1%，贸易逆差 696 亿美元，缩小 10.2%。

近年来，日本稳居中国农产品第一大出口目的地，中国是日本农产品第二大进口来源国。2020 年中日农产品贸易总额 109.2 亿美元，较上年减少 6.8%。其中，中国对日本出口农产品 96.4 亿美元，下降 6.9%，主要出口产品包括水产品、蔬菜、畜产品、水果和饼粕（表 149）；中国自日本进口农产品 12.8 亿美元，下降 0.5%，主要进口产品包括饮品、水产品、粮食、花卉和蔬菜（表 150）；中国对日本农产品贸易顺差 83.6 亿美元，缩减 7.7%。

表 149　2020 年中国对日本农产品出口情况

单位：亿美元、%

出口产品	出口额	同比	占对日农产品出口总额比重
水产品	34.7	−11.8	36.0
蔬　菜	20.7	−5.8	21.4
畜产品	12.1	−13.8	12.6
水　果	5.0	−8.5	5.2
饼　粕	3.1	47.6	3.2
合　计	75.6	−9.2	78.4

数据来源：中国海关。

表 150　2020 年中国自日本农产品进口情况

单位：亿美元、%

进口产品	进口额	同比	占对日本农产品进口额比重
饮　品	2.6	40.5	20.4
水产品	2.6	−32.8	20.2
粮食制品	1.6	24.9	12.5
花　卉	0.7	22.0	5.8
蔬　菜	0.6	−2.9	4.5
合　计	8.1	−3.1	63.4

数据来源：中国海关。

（三）贸易政策

区域与双边政策。2 月 14 日，日本经济产业省延长进出口证书期限以应对新冠肺炎疫情导致的进出口延误。4 月，日本出台《农林水产品及食品出口促进法》，成立农林水产品和食品出口总部，统一开展农业对外谈判，与各主要出口市场就食品安全、放宽或取消放射性物质进口限制等议题展开磋商。4 月 23 日，日本厚生劳动省发布生食发［0423］第 1 号通知，修改或新设了烯禾啶、二嗪磷、氟氯菊酯、噻嗪酮、氟啶虫酰胺及氯氟吡啶酯 6 种农兽药在食品中的残留限量标准。7 月 14 日，日本厚生劳动省发布生食发［0714］第 2 号通知，对《食品、添加剂等的规格标准》进行部分修订，修改艾氏剂和狄氏剂、琥珀酸脱氢酶抑制剂、甲萘威、丁硫克百威、克百威、棉隆、威百亩、异硫氰酸甲酯以及丙硫克百威等农兽药在食品中的残留限量标准。9 月 11 日，日本停止自德国进口活猪、猪肉及其副产品以防止非洲猪瘟传入。10 月 23 日，日本与英国签署全面经济伙伴关系协定（EPA），日本自英进口的约 94%的产品和对英出口的约 99%的产品关税将予取消，协定将于 2021 年 1 月 1 日生效。10 月 30 日，日本停止自荷兰进口禽蛋及禽肉制品以防止 H5N8 型高致病性禽流感病毒传入。

对华相关政策。11 月 15 日，区域全面经济伙伴关系协定（RCEP）正式签署，日本首次与中国达成双边关税减让安排。

澳大利亚

（一）生产

2020 年，澳大利亚大麦和牛肉产量小幅增长，大麦 900.1 万吨，比上年增长 2.1%；牛肉 237.2 万吨，增长 0.8%。小麦和食糖产量小幅下降，小麦 1 516.5 万吨，下降 13.8%；食糖 428.3 万吨，下降 9.6%。棉花和高粱产量大幅下降，皮棉 13.4 万吨，下降 72.4%；高粱 29.8 万吨，下降 74.3%（表 151）。

表 151　2020 年澳大利亚主要农作物产量及出口量

单位：万吨，%

农产品	产量	占世界产量比重	出口量	占产量比重
小麦	1 516.5	2.0	938.3	61.9
大麦	900.1	0.6	378.4	42.0
食糖	428.3	5.2	380	88.7
牛肉	237.2	3.8	186.1	78.5
棉花	13.4	0.5	33.6	177.8
高粱	29.8	0.5	7.2	24.2

注：澳大利亚棉花实际产量低于出口量。

数据来源：澳大利亚农业部。

（二）贸易

2020 年，澳大利亚小麦出口 2 000 万吨，比上年增加 1.2 倍；高粱出口 50 万吨，增加 1.5 倍；大麦出口 500 万吨，增长 50.4%；棉花出口 32.7 万吨，增长 10.3%。食糖和牛肉出口量小幅下降，食糖出口 360 万吨，下降 3.6%；牛肉出口 145.5 万吨，下降 16.3%。

2020 年，中国对澳农产品出口 10.3 亿美元，比上年下降 0.6%，与上年基本持平；自澳进口农产品 94.7 亿美元，下降 15%。前五大进口农产品是畜产品、谷物、饮品、水产品和水果，合计占自澳农产品进口总额的 77.7%，占自全球农产品进口额的 2.9%（表 152）。

表 152 2020 年中国自澳大利亚进口主要农产品情况

单位：亿美元、%

产　品	进口额	比上年增长	占自澳农产品进口比重	占自全球进口比重
畜产品	48.8	—16.0	51.5	10.3
谷　物	8.2	1.5	8.7	8.6
饮　品	7.6	—17.5	8.0	11.5
水产品	5.5	—29.2	5.8	3.6
水　果	3.4	—11.0	3.6	3.1
合　计	73.5	—15.5	77.7	2.9

数据来源：中国海关。

（三）贸易政策

区域与双边政策。2 月 11 日，澳大利亚—秘鲁自由贸易协定生效，秘鲁减免牛肉、羊肉、猪肉、园艺产品、水产品和葡萄酒等农产品自澳进口关税，增加自澳食糖、乳品和谷物进口国别配额。2 月 28 日，澳大利亚政府发布新鲜农产品进口行业建议通知，涉及进口许可、强制性植物检疫措施、植物检疫声明。3 月 20 日，发布多项澳新食品标准法典汇编，涉及食品添加剂使用范围和限量标准、葡萄酒标准和最大残留限量标准。4 月 9 日，发布新冠肺炎疫情期间对进口动物产品健康证书的临时要求，允许进口商先行提交证书的电子副本供官方检查。4 月 25 日，修订保鲜大蒜进口要求，规定进口保鲜大蒜需申请进口许可证。4 月 30 日，更新供人类食用的鱼子和鱼子酱的进口条件，要求所有未经罐装、未经蒸煮的鲑鱼须经过充分加热处理，同时修订了制造商蒸煮或罐装鲑鱼子的申报要求。4 月，设立总额为 1.1 亿美元的国际货运援助临时措施以帮助恢复受新冠肺炎疫情严重影响的全球供应链。5 月 14 日，发布未煮熟虾及虾产品的临时进口条件，进口未加工虾需要管控与迪澳虾肝肠胞虫（EHP）有关的生物安全风险。5 月 27 日，新增或修订部分食品中苯草醚、敌草胺等农药的最大残留限量。6 月 12 日，发布含虾干的复合深加工产品的进口条件，每批进口货物须提供入境编号、发票、运单或进口商的清单和货物的其他信息等。7 月 5 日，澳大利亚—印度尼西亚全面经济伙伴关系协定生效，印度尼西亚对澳 99%的进口商品给予关税减免。7 月 28 日，修订《食品标准法典》中孕妇警告标签相关内容并随即生效，过渡期 36 个月。8 月 7 日，完成对部分监督食品检测方法审核并于 9 月 7 日生效。8 月 13 日，针对进口稻谷、绿豆、鹰嘴豆、花生、辣椒、蚕豆等产品中存在的卡普拉甲虫检疫风险采取紧急措施，要求进口产品植物检疫证书加注不含该种甲虫有害生物的证明，对进口高风险植物产品实行强制性离岸处理。8 月，澳大利亚与新加坡签署“澳大利亚—新加坡数字经济协议”，促进农产品电子认证等七大领域数字贸易。

对华相关政策。1 月 17 日，澳大利亚—中国香港自由贸易协定生效，中国香港取消对澳关税。11 月 15 日，包括中国和澳大利亚在内的 15 国签署区域全面经济伙伴关系协定（RCEP）。

加拿大

（一）生产

加拿大主要农产品是小麦、油菜籽、玉米、大麦、菜籽粕、燕麦和菜籽油。2020 年，加拿大小麦产量 3 518.3 万吨，比上年增长 7.7%；油菜籽产量 1 872 万吨，下降 4.5%，居世界首位；玉米产量 1 356.3 万吨，增长 1.4%；大麦产量 1 074.1 万吨，增长 3.4%；菜籽粕产量 560 万吨，下降 2%；燕麦产量 457.6 万吨，增长 8.2%；菜籽油产量 432 万吨，增长 2.2%（表 153）。

表 153　2020 年加拿大主要农产品产量

单位：万吨

产　品	产量
小　麦	3 518.3
油菜籽	1 872.0
玉　米	1 356.3
大　麦	1 074.1
菜籽粕	560.0
燕　麦	457.6
菜籽油	432.0

数据来源：加拿大农业部。

（二）贸易

加拿大是世界油菜籽及相关产品重要出口国。2020 年，油菜籽出口 1 070 万吨，比上年增长 12.6%；菜籽粕出口 483 万吨，下降 1.5%；菜籽油出口 335 万吨，下降 2.9%；燕麦出口 200 万吨，增长 11.6%；生猪出口 531.1 万头，增长 3.9%，均居世界首位；小麦出口 2 750 万吨，增长 11.7%；猪肉出口 154.3 万吨，增长 20.2%（表 154）。

表 154 2020 年加拿大主要农产品出口量

单位：万吨、万头、%

产　品	出口量	占产量比重	占世界出口量比重
小　麦	2 750.0	78.2	13.8
油菜籽	1 070.0	56.3	65.9
菜籽粕	483.0	86.3	66.8
菜籽油	335.0	77.5	59.8
燕　麦	200.0	41.5	73.2
生　猪	531.1	18.0	82.6
猪　肉	154.3	72.4	13.3

数据来源：美国农业部。

2020 年，中加农产品贸易额 83.8 亿美元，比上年下降 8.2%，占中国农产品贸易额的 3.4%。其中，中国对加农产品出口额 11.5 亿美元，下降 3.1%，占中国农产品出口额的 1.5%；自加进口农产品 72.2 亿美元，下降 0.2%，占中国农产品进口额的 4.2%。

中国对加出口主要品种为水产品、蔬菜、水果、粮食制品和糖料及糖，出口额合计 8.2 亿美元，占对加农产品出口额的 71.3%。自加进口主要品种为畜产品、油籽、谷物、植物油和水产品，进口额合计 53.9 亿美元，占自加进口农产品总额的 74.7%。其中，畜产品进口额超过油籽，占自加农产品进口额的 19%，油籽占进口额的 16.4%（表 155）。

表 155 2020 年中国与加拿大主要农产品贸易

单位：亿美元、%

出口产品	出口额	占农产品出口额比重	进口产品	进口额	占农产品进口额比重
水产品	4.1	35.4	畜产品	13.7	19.0
蔬　菜	1.7	14.6	油　籽	11.8	16.4
水　果	1.3	10.9	谷　物	11.5	15.9
粮食制品	0.8	6.7	植物油	8.5	11.7
糖料及糖	0.4	3.7	水产品	8.4	11.6
合　计	8.2	71.3	合　计	53.9	74.7

数据来源：中国海关。

（三）贸易政策

区域与双边政策。加拿大议会于 2020 年 3 月 13 日批准《美墨加协定》，协定于 2020 年 7 月 1 日生效。

新西兰

（一）生产

新西兰是乳品生产强国。2020 年，牛奶产量 2 200 万吨，比上年增长 0.7%；全脂奶粉产量 150 万吨，增长 2.7%；脱脂奶粉产量 40 万吨，增长 3.9%；黄油产量 52.5 万吨，下降 0.9%；乳酪产量 35 万吨，下降 4.1%；绵羊 2 602.9 万只，下降 3%；奶牛 620 万头，下降 1%；肉牛 388.3 万头，下降 0.2%（表 156）。

表 156　2020 年新西兰主要畜产品产量

单位：万吨、万头、%

产　品	产量	占世界产量比重
牛　奶	2 200.0	3.4
全脂奶粉	150.0	31.1
黄　油	52.5	4.7
脱脂奶粉	40.0	8.1
乳　酪	35.0	1.6
绵　羊	2 602.9	—
奶　牛	620.0	—
肉　牛	388.3	—

数据来源：美国农业部。

（二）贸易

2020 年，全脂奶粉出口 152 万吨，比上年下降 1.9%，居世界首位；脱脂奶粉出口 35.5 万吨，下降 4.1%；黄油出口 47 万吨，下降 5.1%；乳酪出口 31.6 万吨，下降 7.1%；鲜奶出口 24.5 万吨，下降 15.5%；牛肉出口 63.8 万吨，下降 10.5%（表 157）。

2020 年，中国与新西兰农产品贸易额 92 亿美元，比上年增长 1%。其中，中国对新农产品出口额 2.3 亿美元，增长 2.9%，占中国农产品出口总额的 0.3%。前五大出口产品是水产品、蔬菜、粮食制品、水果和糖料及糖，出口额合计 1.3 亿美元，占对新农产品出口总额的 57.9%。自新农产品进口额 89.8 亿美元，增长 0.9%，占中国农产品进口总额的 5.3%。前五大进口农产品是畜产品、水果、水产品、饮品和蔬菜，进口额合计 83.7 亿美元，占自新进口农产品总额的93.3%。其中，畜产品进口额73.5亿美元，增长0.6%，占自新农产品进口额的81.9%；乳品进口额48.7亿美元，占自新畜产品进口额的66.3%（表158）。

表157 2020年新西兰主要畜产品出口量

单位：万吨、%

产　　品	出口量	占产量比重	占世界出口量比重
全脂奶粉	152.0	101.3	70.7
黄　　油	47.0	89.5	51.1
脱脂奶粉	35.5	88.8	14.8
乳　　酪	31.6	90.3	14.6
鲜　　奶	24.5	1.1	12.6
牛　　肉	63.8	87.8	5.9

数据来源：美国农业部。

表158 2020年中国与新西兰主要农产品贸易

单位：亿美元、%

出口产品	出口额	占比	进口产品	进口额	占比
水 产 品	0.6	26.0	畜 产 品	73.5	81.9
蔬　　菜	0.2	10.6	水　　果	5.1	5.7
粮食制品	0.2	8.1	水 产 品	4.5	5.0
水　　果	0.1	6.8	饮　　品	0.3	0.4
糖料及糖	0.1	6.3	蔬　　菜	0.2	0.3
合　　计	1.3	57.9	合　　计	83.7	93.3

数据来源：中国海关。

（三）贸易政策

区域与双边政策。新西兰发布《2020版动物产品公告：出口验证要求》，新增新冠肺炎疫情封锁期间对出口动物产品验证的临时要求，官方主管机构可推迟出口动物产品验证或延长两次验证间隔；若预定验证无法实施须在疫情封锁结束后补验或进行额外验证。新西兰初级产业部发布《2020年有机产品法案》草案以促进有机产品强制性国家标准制定和国际贸易，法案内容主要包括所有有机产品企业须符合法规，标准要求，制定国家有机标准法规，就特定产品生产标准制定合规要求，规定了第三方检查机构设置要求。

阿根廷

（一）生产

2020 年阿根廷种植面积最大的作物是大豆，产量 4 750 万吨，占世界总产量的 13.1%，居世界第三位，较上年的 5 530 万吨下降 14.1%。种植面积居第二和第三位的是玉米和小麦，产量分别为 4 700 万吨和 1 763 万吨（表 159）。

表 159 阿根廷主要农产品产量

单位：万吨、%

产　品	产量	占世界总产量比重
大　豆	4 750	13.1
玉　米	4 700	4.1
豆　粕	3 122	12.3
小　麦	1 763	2.3
牛　奶	1 135	1.8
豆　油	795	13.1
大　麦	450	2.8
牛　肉	323	5.3
高　粱	320	5.2
鸡　肉	219	2.2

数据来源：美国农业部。

（二）贸易

阿根廷主要出口农产品是油籽、谷物及畜产品，其中大豆出口在油籽中占 85.7%。2020 年，阿根廷大豆、豆油和豆粕出口量分别为 685 万吨、615 万吨和 2 750 万吨，仍是全球大豆第三大出口国，豆油和豆粕第一出口国。

阿根廷是中国重要的农产品进口来源国。2020 年，中阿农产品贸易额 63.1 亿美元，比上年下降 2.9%。其中，中国进口 62.6 亿美元，出口 5 234.6 万美元，主要进口油籽、畜产品、植物油、水产品和谷物，进口额合计占中国自阿农产品进口总额的 98%，其中谷物进口额增加 2.9 倍，高粱和大麦进口增幅较大。中国是阿根廷大豆及制品最大出口市场，2020 年中国自阿进口大豆 745.6 万吨（表 160）。

中国对阿主要出口农产品为蔬菜、饮品、水果、糖料及糖、水产品和畜产品，出口额合计占对阿农产品出口额的 49.3%，其中蔬菜出口额 1 532.8 万美元，占对阿农产品出口额的 31.3%（表 161）。

表 160　2020 年中国自阿根廷进口主要农产品

单位：亿美元、%

产　品	进口额	占自阿根廷进口农产品总额比重	比上年增长
油　籽	29.1	46.4	−18.8
畜产品	24.5	39.1	17.6
植物油	3.0	4.8	−10.1
水产品	2.8	4.5	−23.2
谷　物	2.0	3.1	290.3
合　计	61.3	98.0	255.8

数据来源：中国海关。

表 161　2020 年中国对阿根廷出口主要农产品

单位：万美元、%

产　品	出口额	占向阿根廷出口农产品总额比重	比上年增长
蔬　菜	1 532.8	31.3	0.003
饮品类	390.4	8.0	−0.005
水　果	260.5	5.3	0.053
糖料及糖	160.6	3.3	−0.003
水产品	117.5	2.4	−0.001
畜产品	117.4	2.4	0.003
合　计	2 579.2	52.7	0.05

数据来源：中国海关。

（三）贸易政策

对华相关政策。1 月 8 日，中国海关总署发布公告，根据相关法律法规和《中华人民共和国海关总署与阿根廷共和国农牧渔业部关于阿根廷鲜食柑橘输华植物检疫要求的议定书》规定，允许符合相关要求的阿根廷鲜食柑橘进口。6 月和 11 月，阿根廷柠檬和樱桃获批首次进入中国市场。

韩　国

（一）生产

韩国最重要的粮食作物是稻谷。据韩国统计局数据，2020 年，受雨季和台风持续时间长、日照时数减少和降水增加影响，韩国稻谷产量由上年的 374.4 万吨降至 350.7

万吨，下降6.4%。

韩国猪肉、鸡肉和牛肉均产不足需依赖进口。2020年猪肉产量140万吨，比上年增长2.6%；鸡肉96.5万吨，增长1.4%；牛肉29万吨，增长1.4%。

韩国蔬菜种植品种主要有白菜、萝卜和辣椒等。2020年白菜种植面积比上年增加26.3%、单产增长0.1%，产量由上年的106万吨增至134万吨，增长26.4%；萝卜种植面积减少3.7%、单产增长1.7%，产量由上年的40.5万吨降至39.7万吨，下降2%；辣椒种植面积下降1.6%、单产下降22.2%，产量由7.8万吨降至6万吨，下降23.4%。水果生产中，苹果产量42.2万吨，下降21.1%；梨产量13.3万吨，下降34%。

韩国主要养殖水产品是牡蛎、海藻和海参等，主要捕捞水产品包括鲭鱼、带鱼、凤尾鱼、金枪鱼和虾蟹等。2019年韩国水产品产量383万吨，较上年增长1.6%。其中，养殖水产品产量237.2万吨，增长5.4%，占水产品总产量的61.9%；捕捞水产品产量91.5万吨，下降9.6%，占水产品总产量的23.9%（表162）。

表162　2020年韩国主要农产品产量

单位：万吨、%

产　品	产量	比上年增长
水产品*	383.0	1.6
稻　谷	350.7	−6.4
猪　肉	140.0	2.6
白　菜	134.0	26.4
鸡　肉	96.5	1.4
苹　果	42.2	−21.1
萝　卜	39.7	−2.0
春土豆	37.6	−19.2
牛　肉	29.0	1.4
梨	13.3	−34.0
辣　椒	6.0	−23.4

数据来源：韩国统计局。

注：*水产品为2019年数据。

（二）贸易

2020年韩国自全球进口农产品主要是畜产品、谷物和水产品，出口农产品主要是水产品和水果。韩国在中国农产品进口来源地排名中列第24位，在中国农产品出口市场排名中列第5位。

2020年，中韩农产品贸易额60.8亿美元，比上年下降1%。中国对韩农产品出口额48.8亿美元，下降1.9%，占中国农产品出口总额的6.4%；进口额12亿美元，增长2.4%；顺差36.8亿美元。对韩出口以水产品和蔬菜为主，分别占对韩农产品出口总额的34.5%和21.4%，其中水产品主要为贝类及软体动物和虾蟹类，蔬菜主要为蘑菇、胡萝卜、萝卜和辣椒。此外，油籽、饮品和粮食制品也是对韩出口较多的农产品（表163）。自韩进口农产品主要为水产品、粮食制品、饮品、糖料及糖和畜产品，分别占进口额的20.9%、17.6%、16.2%、9%和7.5%（表164）。

表163 2020年中国对韩国主要出口农产品

单位：亿美元、%

出口类别	出口额	比上年增长	占对韩农产品出口额比重
农 产 品	48.8	−1.9	—
水 产 品	16.8	−3.5	34.5
蔬　　菜	10.4	−11.1	21.4
油　　籽	2.6	2.9	5.3
饮　　品	2.1	9.2	4.3
粮食制品	1.7	−15.8	3.6
谷　　物	1.7	38.9	3.4
合　　计	35.3		72.4

数据来源：中国海关。

表164 2020年中国自韩国主要进口农产品

单位：亿美元、%

进口类别	进口额	比上年增长	占自韩农产品进口额比重
农 产 品	11.9	2.5	—
水 产 品	2.5	−12.0	20.9
粮食制品	2.1	26.8	17.6
饮　　品	1.9	−15.5	16.2
糖料及糖	1.1	14.9	9.0
畜 产 品	0.9	−5.4	7.5
合　　计	35.3		71.2

数据来源：中国海关。

（三）贸易政策

区域与双边政策。5月，韩国政府发布《泡菜产业振兴法》《酪农振兴法》《食品产业振兴法》《家畜融合业务法》《家畜及畜产品追溯管理法》等法规修订通知。11月15日，《区域全面经济伙伴关系协定》（RCEP）正式签署。

对华相关政策。1月，韩国环境部和关税厅宣布，新冠肺炎疫情期间暂停中国部分野生动物进口许可审批。

俄罗斯

（一）生产

俄罗斯主要农产品为粮食产品、畜产品和油料。俄农业部数据显示，2020年，粮食产品产量1.3亿吨，较上年增长9.7%。其中，小麦8 590万吨，增长3.9%，创历史次高；大麦2 093.6万吨，增长2.1%；黑麦237.4万吨，增长66.2%；稻谷114.1万吨，增长3.8%；玉米1 347.5万吨，下降5.7%；大豆产量428.3万吨，下降3.2%（表165）；油菜籽产量257.3万吨，增长24.9%。畜禽产品产量1 564万吨，增长3.1%。其中，猪肉产量550万吨，增长9.0%，俄超过巴西成为世界第五大猪肉生产国。渔业捕捞产量497万吨。

表165　2020年俄罗斯主要农产品产量

单位：万吨、%

产　品	产量	占世界比重	同比
小　麦	8 590.0	11.1	3.9
大　麦	2 093.6	13.1	2.1
玉　米	1 347.5	1.2	−5.7
油菜籽	257.3	3.4	24.9
大　豆	428.3	1.2	−3.2
猪　肉	550.0	5.7	9.0

数据来源：俄罗斯联邦农业部。

（二）贸易

据俄罗斯联邦农业部统计，2020年，俄农产品贸易额604亿美元，进口297亿美元，出口307亿美元创历史最高记录。其中，粮食出口97.9亿美元，增长27%；油料出口46.4亿美元，增长19%；肉类和乳品出口11.3亿美元，增长36%；食品及加工农产品出口41.3亿美元，增长13%；水产品出口52亿美元，下降13%。中国是俄第一大出口市场，出口额40亿美元，增长26%。

据中国海关统计，2020年中俄农产品

贸易额55.7亿美元。其中，中国对俄农产品出口14.9亿美元，下降22.5%；自俄农产品进口40.9亿美元，增长13.7%；中方贸易逆差26亿美元。

自俄进口农产品主要是水产品、植物油、油籽、畜产品和饮品，进口额分别为19.7亿美元、10.1亿美元、4.4亿美元、3.7亿美元和1.1亿美元，合计占自俄农产品进口额的95.4%。其中，水产品和饮品分别下降14.1%和10.7%，植物油、油籽和畜产品分别增长104.6%、9.5%和195.6%。对俄出口农产品主要是蔬菜、水产品、水果、饮品和坚果，出口额分别为5亿美元、3.2亿美元、1.8亿美元、0.7亿美元和0.4亿美元，合计占对俄农产品出口额的74.8%。除坚果较上年增长95%外，其他产品都呈下降态势，水果降幅最大，为56.7%（表166）。

表166 2020年中国与俄罗斯主要农产品贸易

单位：亿美元、%

进口产品	进口额	比上年增长	占自俄农产品进口额比重	出口产品	出口额	比上年增长	占对俄农产品出口额比重
水产品	19.7	−14.1	48.1	蔬　菜	5.0	−13.3	33.6
植物油	10.1	104.6	24.7	水产品	3.2	−25.7	21.7
油　籽	4.4	9.7	10.9	水　果	1.8	−56.7	12.3
畜产品	3.7	195.6	9.0	饮　品	0.7	−3.0	4.6
饮　品	1.1	−10.7	2.7	坚　果	0.4	9.5	2.6

数据来源：中国海关。

（三）贸易政策

区域与双边政策。2020年，俄罗斯政府为应对新冠肺炎疫情带来的粮食安全风险，出台一系列限制农产品出口和增加进口储备的政策措施。3月27日起，采取商品干预措施设定2020—2021年农产品价格上限。4月3日，俄农业部对出口到欧亚经济联盟成员国以外国家的小麦、黑麦、大麦和玉米设定700万吨配额以保证本国市场谷物供应，避免面粉、大米、面包、肉类和乳品等生活必需品价格大幅波动。4月26日，俄农业部完成700万吨非关税谷物出口配额发放。5月21日，俄政府批准法令，凡签订《提高农产品竞争力协议书》的出口企业均可继续享受优惠贷款。作为欧亚经济联盟成员国，俄罗斯与白俄罗斯、吉尔吉斯斯坦、亚美尼亚、哈萨克斯坦共同出台了系列措施，4月12日至6月30日，禁止出口洋葱、大蒜、萝卜、黑麦、大米、荞麦、小米、谷物类食品、粗磨面粉及麦片、去皮荞麦、荞麦食品、大豆和葵花籽；6月13日起，将大豆排除在上述禁止出口产品清单目录之外；7 月 1 日至 8 月 31 日，对联盟境外出口葵花籽时需向海关提交特殊许可文件。

印 度

（一）生产

印度是传统的农业大国，耕地面积约为 160 万平方千米，居全球第二位，仅次于美国。主要粮食作物是稻谷和小麦，主要经济作物是油料和棉花。2020 年，印度棉花、棉籽、棉籽油、棉籽粕、小米、牛奶和黄油生产均居世界首位，食糖、稻谷、花生、花生粕、花生油产量居世界第二，小麦、椰干、可可油、椰子粉和脱脂奶粉产量居世界第三，油菜籽、菜籽油和菜籽粕产量居世界第四，大豆和牛肉产量居世界第五。

2020 年，印度牛奶产量 19 500 万吨，增长 2.1%；棉籽产量 1 273.7 万吨，增长 1.7%；棉籽油产量 140.5 万吨，增长 1.1%；小米产量 1 150 万吨，下降 7.4%；棉籽粕产量 456 万吨，增长 1.1%；黄油产量 610 万吨，增长 4.3%；棉花产量 632.2 万吨，增长 1.7%；食糖产量 2 890 万吨，下降 15.7%；稻谷产量 12 000 万吨，下降 1.3%；花生产量 670 万吨，增长 7.1%；花生粕产量 159.6 万吨，增长 4.3%；花生油产量 125 万吨，增长 3.7%；小麦产量 10 759 万吨，增长 3.9%；椰子粉和可可油产量与上年持平，分别为 26.4 万吨和 47.4 万吨；油菜籽产量 765 万吨，下降 0.7%；菜籽油产量 258.4 万吨，下降 2.9%；菜籽粕产量 405 万吨，下降 2.9%（表 167）。

表 167 2020 年印度主要农产品产量及出口量

单位：万吨、%

农产品	产量	占世界产量比重	出口量	占本国产量比重
牛 奶	19 500	30.3	1	0.0
稻 谷	12 000	24.0	1 250	10.4
小 麦	10 759	13.9	100	0.9
棉 花	632.2	25.8	109.0	17.2
食 糖	2 890	17.5	580	20.1
花 生	670	14.1	85	12.7
黄 油	610	54.8	2	0.3
棉籽粕	456	30.2	2.8	0.6
菜籽粕	405	10.5	80	19.8

数据来源：美国农业部。

（二）贸易

2020 年，印度稻谷出口量居世界首位，菜籽粕和花生出口量居世界第二位，棉花和食糖出口量居世界第三位，牛肉和花生油出口量居世界第四位。

2020 年，印度稻谷出口 1 250 万吨，比上年增长 1.6%；菜籽粕出口 80 万吨，下降 3%；花生出口 85 万吨，下降 8.1%；棉花出口 109 万吨，增长 56.3%；食糖出口 580 万吨，增长 23.4%；牛肉出口 105 万吨，下降 29.7%；花生油出口 4 万吨，下降 28.6%。

2020 年，中国与印度农产品贸易额 31.9 亿美元。其中，中国向印度出口 4 亿美元，比上年下降 18.8%，占中国农产品出口总额的 0.5%。前五大出口产品是干豆、棉麻丝、水果、蔬菜和精油，出口额合计 1.5 亿美元，占对印农产品出口额的 37.8%；进口 27.9 亿美元，比上年下降 2.2%，占中国农产品进口总额的 1.6%。前五大进口农产品是水产品、植物油、棉麻丝、蔬菜和调味香料，进口额合计 24 亿美元，占自印农产品进口额的 86.1%，其中三成是水产品（表 168）。

表 168　2020 年中国与印度主要农产品贸易

单位：亿美元、%

出口产品	出口额	占比	进口产品	进口额	占比
干　豆	0.5	11.4	水 产 品	8.4	30.3
棉 麻 丝	0.4	10.9	植 物 油	5.4	19.5
水　果	0.3	8.1	棉 麻 丝	4.1	17.2
蔬　菜	0.2	3.9	蔬　菜	3.7	13.4
精　油	0.1	3.6	调味香料	1.6	5.7

数据来源：中国海关。

（三）贸易政策

区域与双边政策。2020 年，印度政府致力于食品安全标准的规范化和严格化，食品安全标准局（FSSAI）发布一系列规定和要求以提高印度农产品国际竞争力。11 月，发布《食品安全标准（进口）》（2020 年）修订草案，对境外食品生产企业的注册和检查要求予以修订。

智　利

（一）生产

智利地处南半球，海岸线狭长、地形和气候多样，具有丰富的渔业资源和生物多样性，是全球重要的水产品、水果及葡萄酒生产国。2020 年，智利苹果产量 110.5 万吨，比上年下降 1.7%，占世界总产量的 1.5%；

鲜食葡萄产量62万吨，下降21%，占世界总产量的3.1%；樱桃产量28.7万吨，增长12.1%，占世界总产量的7.3%（表169）。

表169 2020年智利主要农产品产量

单位：万吨、%

产品	产量	比上年增长	占世界总产量比重
苹果	110.5	−1.7	1.5
鲜食葡萄	62.0	−21.0	3.1
樱桃	28.7	12.1	7.3

数据来源：美国农业部。

（二）贸易

智利农产品贸易长期处于顺差状态，主要出口水产品、水果和葡萄酒，进口畜产品、谷物、饼粕和糖料及糖等。主要贸易伙伴为美国、中国、巴西、日本和阿根廷。

中国是智利第二大农产品贸易伙伴、第二大出口市场和第六大进口来源国。2020年，中智农产品贸易额42.8亿美元，其中中国对智利出口3.5亿美元，增长27.5%；进口39.3亿美元，增长8.6%。中国主要出口产品为水产品1.7亿美元，增长44.2%；蔬菜0.4亿美元，增长46.5%；水果0.3亿美元，增加1.3倍；粮食制品0.1亿美元，下降25.6%。中国主要进口产品为水果21.6亿美元，增长10.2%；畜产品8.1亿美元，增长79.6%；水产品6.6亿美元，下降15.4%；饮品2.2亿美元，下降36.2%（表170）。

表170 2020年中国与智利主要农产品贸易

单位：亿美元、%

出口产品	出口额	比上年增长	进口产品	进口额	比上年增长
水产品	1.7	44.2	水果	21.6	10.2
蔬菜	0.4	46.5	畜产品	8.1	79.6
水果	0.3	134.5	水产品	6.6	−15.4
粮食制品	0.1	−25.6	饮品	2.2	−36.2

数据来源：中国海关。

（三）贸易政策

区域与双边政策。2020年智利与厄瓜多尔对2010年生效的经济互补协定进行升级，签署《贸易一体化协定》，协定生效后，智利向厄瓜多尔出口的所有商品将享受零关税待遇。

对华相关政策。根据《中国—智利自由贸易协定》，2020年两国对自对方进口的相关农产品进一步降税。中国允许进口符合检疫要求的智利鲜食柑橘；智利允许进口符合植物检疫要求的中国猕猴桃。

非 洲

（一）生产

2020年，非洲农业生产平稳向好，多种农作物实现增产。

谷物。玉米产量8 730万吨，增长6.1%；高粱产量2 995万吨，增长5.4%；小米产量1 472万吨，增长6.6%。

油脂油料。花生产量1 490万吨，增长3.1%；花生油产量125万吨，增长0.4%；花生粕产量142万吨，增长0.4%；橄榄油产量47万吨，下降28.4%。

水果。柑橘产量0.62万吨，增长9.5%。

饮品。咖啡产量104.2万吨，增长9.5%（表171）。

表171 2020年非洲主要农产品产量

单位：万吨、%

产 品	产量	比上年增长	占世界产量比重
玉 米	8 730.5	6.1	7.7
高 粱	2 994.7	5.4	48.6
花 生	1 490	3.1	31.5
小 米	1 472.3	6.6	48.8
花生粕	141.8	0.4	18.8
花生油	124.6	0.4	20.3
咖 啡	104.2	−3.2	10.3
橄榄油	47.1	−28.4	14.7
柑 橘	0.6	9.5	12.7

数据来源：美国农业部。

（二）贸易

2020年，中非农产品贸易额76.7亿美元，比上年下降1.2%。其中，中国对非洲出口农产品33.4亿美元，下降7.7%，占中国农产品出口总额的4.4%；中国自非洲进口农产品43.3亿美元，增长4.4%，占中国农产品进口总额的2.5%。

2020年，中国自非洲前十大进口来源国分别为南非、苏丹、津巴布韦、埃塞俄比亚、塞内加尔、尼日尔、坦桑尼亚、多哥、埃及和毛里塔尼亚。其中，从南非、苏丹、津巴布韦三国进口合计占比48.6%。中国对非洲出口前十大出口市场分别为南非、加纳、埃及、摩洛哥、尼日利亚、科特迪瓦、阿尔及利亚、多哥、塞内加尔和喀麦隆。其中，对南非、加纳和埃及三国出口合计占比28.6%（表172）。

表172 2020年中国与非洲主要国家农产品贸易

单位：亿美元、%

进口来源地	中国进口额	占比	出口市场	中国出口额	占比
南　　非	7.7	17.8	南　　非	3.4	10.1
苏　　丹	7.1	16.4	加　　纳	3.1	9.4
津巴布韦	6.2	14.3	埃　　及	3.0	9.1
埃塞俄比亚	3.1	7.2	摩 洛 哥	2.7	8.2
塞内加尔	2.7	6.3	尼日利亚	2.7	8.1
尼 日 尔	2.2	5.1	科特迪瓦	2.1	6.2
坦桑尼亚	2.1	4.9	阿尔及利亚	1.4	4.3
多　　哥	1.6	3.8	多　　哥	1.4	4.1
埃　　及	1.6	3.7	塞内加尔	1.1	3.4
毛里塔尼亚	1.5	3.4	喀 麦 隆	1.0	2.9
合　　计	35.9	83.0	合　　计	22.0	65.7

数据来源：中国海关。

前五大进口农产品是油籽、水果、水产品、畜产品和棉麻丝，合计占比69.7%。前五大出口农产品是饮品、水产品、蔬菜、谷物和糖料及糖，合计占比72.6%（表173）。

表173 中国与非洲主要农产品贸易

单位：亿美元、%

出口产品	出口额	占比	进口产品	进口额	占比
农 产 品	33.3	100.0	农 产 品	43.3	100.0
饮　　品	7.0	21.1	油　　籽	18.1	41.8
水 产 品	7.0	21.0	水　　果	3.4	7.9
蔬　　菜	4.9	14.6	水 产 品	3.1	7.2
谷　　物	3.9	11.8	畜 产 品	2.9	6.7
糖料及糖	1.4	4.2	棉 麻 丝	2.6	6.1
合　　计	24.3	72.6	合　　计	30.2	69.7

数据来源：中国海关。

（三）贸易政策

区域与双边政策。3 月 20 日，南非农林渔业部发布通告，在《农产品标准法》中新制定蛋类分级、包装和标识标准。10 月 30 日，发布咖啡、菊苣及其相关产品标识规范要求，要求在每个集装箱上注明原产地。2019 年 7 月，历时 4 年谈判的非洲自贸协议正式宣告完成，至 2020 年 12 月，非盟 55 个成员中已有 54 个成员签署协议，协议将于 2021 年 1 月 1 日生效。该协议是非盟《2063 年议程》战略框架的重要内容，旨在成员间进一步降低关税、消除贸易壁垒，实现区域内商品、服务、资金自由流动，形成覆盖超 12 亿人口、GDP 合计超 2.5 万亿美元的非洲单一大市场。

中国香港

（一）贸易

2020 年，中国香港主要进口农产品为牛肉、小麦、猪肉、大米、鸡肉、柑橘、葡萄、食糖和苹果。其中牛肉进口 54.5 万吨，比上年增长 53.1%；小麦进口 53.5 万吨，增长 16.7%；猪肉进口 38 万吨，增长 14.8%；大米进口 33 万吨，与上年持平；鸡肉进口 30.5 万吨，下降 8.9%。柑橘进口 27.5 万吨，增长 1.8%；葡萄进口 23.5 万吨，下降 0.1%；食糖进口 23.2 万吨，增长 12.1%；苹果进口 17 万吨，下降 3.7%（表 174）。

表 174　2020 年中国香港主要农产品进口情况

单位：万吨、%

农产品	进口量	比上年增长	自内地进口量	自内地进口量占进口总量比重
牛　肉	54.5	53.1	0.02	—
小　麦	52.5	16.7	6.3	12.0
猪　肉	38.0	14.8	7.7	20.3
大　米	33.0	—	1.4	4.2
鸡　肉	30.5	4.0	14.3	46.9
柑　橘	27.5	1.8	5.9	21.5
葡　萄	23.5	−0.1	2.5	10.6
食　糖	23.2	12.1	1.1	4.7
苹　果	17.0	−3.7	5.4	31.8

数据来源：进口量来自美国农业部，自内地进口量来自中国海关。

2020 年，香港是内地第二大出口市场，与内地农产品贸易总额 93.4 亿美元；其中，内地对港出口额 88.4 亿美元，比上年下降 8%；进口额 5 亿美元，增长 5.1%。

内地对港前五大出口农产品是蔬菜、畜产品、水产品、饮品和水果，五大类产品出口额合计72.1亿美元，下降10%，占内地对港农产品出口总额的81.6%。蔬菜出口额19.5亿美元，下降7.3%，主要出口类别为蘑菇、番茄和莴苣，出口额分别为4.2亿美元、1.9亿美元和1.7亿美元。其中，蘑菇出口比上年下降33%，番茄和莴苣分别增长94.4%和62.3%。畜产品出口额18.2亿美元，下降13.2%。饮品出口额14.7亿美元，下降13.6%，其中无醇饮料、茶、酒精及酒类产品出口额14亿美元。水产品出口额15.6亿美元，增长1.2%。水果出口额4.1亿美元，增长12.2%（表175和表176）。

表175 2020年内地对香港主要农产品贸易

单位：亿美元、%

出口产品	出口额	比上年增长	占比	进口产品	进口额	比上年增长	占比
蔬菜	19.5	−7.3	20.8	粮食制品	2.5	8.4	49.9
畜产品	18.2	−13.2	20.8	饮品	0.3	−27.3	6.1
水产品	15.6	1.2	17.6	水产品	0.3	78.3	5.1
饮品	14.7	−13.6	16.6	水果	0.05	25.3	1.1
水果	4.1	12.2	4.7			—	
合计	72.1	—	80.5	合计	3.1	—	62.3

数据来源：中国海关。

表176 2020年内地对香港主要出口农产品

单位：亿美元、%

排名	出口产品	出口额	比上年增长
1	鲜冷冻蔬菜	13.2	18.9
2	无醇饮料	6.9	−6.9
3	生猪产品	6.7	8.9
4	家禽产品	5.6	−4.8
5	茶	4.9	−9.7
6	贝类及软体动物	3.9	−10.0
7	鲜冷冻水果	3.6	18.0
8	加工保藏蔬菜	3.4	−26.8

（续）

排名	出口产品	出口额	比上年增长
9	鲜冷冻鱼类	3.1	−11.6
10	干蔬菜	2.8	−46.0
11	活鱼	2.7	29.5
12	加工鱼类	2.5	7.7
13	酒精及酒类	2.2	−30.8
14	虾类	2.1	13.3
15	乳品	2.0	−50.5
16	药材	1.9	39.3
17	面食	1.8	2.7
18	蛋产品	1.3	−6.4
19	牛产品	0.8	−3.5
20	面包及糕点	0.8	−16.6
	合　计	72.4	—

数据来源：中国海关。

（二）贸易政策

区域与双边贸易政策。1月17日，中国香港与澳大利亚自由贸易协定和投资协定生效。中国香港与东盟自由贸易协定和投资协定中涉及菲律宾、印度尼西亚和文莱的部分分别于5月12日、7月4日、10月20日生效，至此东盟十国中有九国的相关协定均告生效。10月30日，中国香港就美国海关及边境保卫局8月11日发布新规要求自11月10日起香港输美产品不得使用“香港制造”标签而须把原产地标记为“中国”否则将征收10%惩罚性关税事向WTO提出争端磋商请求，11月9日美方接受磋商要求。11月，香港宣布，鉴于日本香川县和荷兰海德兰暴发禽流感，暂停从上述地区进口禽类产品。

中国澳门

2020年，内地与澳门农产品贸易额3.9亿美元，比上年下降21.7%；其中，内地对澳门出口农产品3.8亿美元，下降19.8%；自澳门进口农产品0.1亿美元，下降57.8%。

内地对澳门前五大出口农产品是活猪、无醇饮料、鸡产品、白酒和鲜蛋，合计占对澳农产品出口总额的44.8%。内地自澳门前三大进口农产品是卷烟、糕点和蔓越橘及越橘。其中卷烟进口额769.4万美元，下降59.4%，占内地自澳进口总额的74.4%；糕点进口额149万美元，下降61.2%，占内地自澳进口总额的14.4%（表177）。

表 177　2020 年内地自澳主要进出口农产品

单位：万美元、%

产品	出口额	比上年增长	占比	产品	进口额	比上年增长	占比
活　猪	4 996.3	44.8	13.3	卷　烟	769.4	−59.4	74.4
无醇饮料	4 407.4	−17.2	11.7	糕　点	149.0	−61.2	14.4
鸡产品	4 403.4	−6.6	10.7	蔓越橘及越橘	13.3	35.4	1.3
白　酒	2 127.1	−52.2	5.7	饼　干	11.7	−79.8	1.1
鲜　蛋	1 268.2	−16.8	3.4	咖　啡	6.7	−54.5	0.6
合　计	16 802.0	—	44.8	合　计	950.2	—	91.8

数据来源：中国海关。

中国台湾

（一）生产

根据中国台湾统计数据，2020 年，中国台湾水稻产量 122.5 万吨，比上年增长 7.8%；鲜梨产量 9.1 万吨，下降 22.9%；鲜桃产量 1.9 万吨，增长 11.8%；鲜苹果产量 1 400 吨，下降 6.7%；豆粕产量 189 万吨，增长 2.2%。

（二）贸易

根据中国台湾统计数据，2020 年中国台湾农产品贸易额 202.4 亿美元，比上年下降 4.9%。其中，出口额 49.1 亿美元，下降 12%；进口额 153.3 亿美元，下降 2.3%。主要出口农产品是水产品、谷物制品和水果类。主要进口农产品是谷物、肉类和油籽。

大陆是台湾第一大农产品出口市场和第二大农产品进口来源地。2020 年，两岸农产品贸易额 30 亿美元，其中大陆对台出口 21 亿美元，比上年下降 3.8%；自台进口农产品 9 亿美元，下降 19.7%；大陆对台贸易顺差 12 亿美元。

大陆对台湾主要出口农产品是水产品，主要进口农产品是饮品、水产品和水果（表 178 和表 179）。

表 178　2020 年大陆对台湾主要农产品出口

单位：亿美元、%

产　品	出口额	比上年增长	占比
水产品	13.5	−3.1	64.6
蔬　菜	1.1	−3.0	5.3
药　材	0.9	−13.4	4.5

（续）

产　品	出口额	比上年增长	占比
饮　品	0.9	25.4	4.4
畜产品	0.6	－27.1	2.9
合　计	17.5	—	81.7

数据来源：中国海关。

表 179　2020 年大陆自台湾主要农产品进口

单位：亿美元、%

产　　品	进口额	比上年增长	占比
饮　　品	2.0	－19.1	22.5
水 产 品	1.4	－26.8	15.6
水　　果	1.4	－24.0	15.5
粮食制品	0.8	－26.7	8.8
畜 产 品	0.5	－53.6	5.8
合　　计	6.1	—	68.2

数据来源：中国海关。

（三）贸易政策

5 月 15 日，国家发改委等十部门联合印发《关于应对疫情统筹做好支持台资企业发展和推进台资项目有关工作的通知》，在持续推动“31 条措施”“26 条措施”落实落细基础上，又出台强化金融支持台资企业疫情防控和复工复产的“11 条措施”，助力台商台企取得更好发展。8 月 28 日，中国台湾宣布开放含瘦肉精的美国猪肉和牛肉进口，2021 年 1 月正式实施。

专论

2021 中国农产品贸易发展报告

农业贸易谈判

WTO农业谈判

2020年，新冠肺炎疫情在全球持续蔓延。为防控疫情，部分成员采取物资流动和农产品出口限制措施，给粮食安全和全球农产品供应链带来巨大挑战，亟需WTO发挥协调作用。美国持续阻挠WTO上诉机构的遴选，导致争端解决机制难以正常运转，严重损害多边贸易体制的权威性和有效性。2020年8月底，总干事阿泽维多提前离任，成员间难就新总干事人选达成一致，致该职位空缺数月。在多重不利因素影响下，WTO农业谈判进展缓慢。

尽管如此，成员仍将WTO视为全球贸易治理的重要平台，力图在谈判中抢占有利地位，纷纷提交提案建议，为第12届部长会（MC12）取得成果贡献力量。新任农业特会主席2020年9月上任后，任命了国内支持、市场准入、粮食安全公共储备（PSH）、特殊保障机制（SSM）、棉花、出口竞争和出口限制7个议题的技术磋商工作小组协调人，希望通过推动各具体农业议题密集的技术磋商，为MC12收获农业成果做准备。2020年WTO农业谈判总体呈现如下特点。

（一）新冠肺炎疫情改变了农业谈判模式，增大了谈判议题的复杂性

农业谈判在重大会议安排、谈判形式、谈判议题等方面均受到疫情影响，谈判不仅需克服疫情导致的交流困难，讨论议题也更为复杂。

原计划于2020年6月8—11日在哈萨克斯坦首都努尔苏丹召开的MC12因疫情被迫推迟。在谈判形式上，农业特会和例会不得不以视频会议形式进行。在应对疫情过程中，成员更加关注出口限制、强化国内支持和粮食安全公共储备等议题。疫情不仅未使成员改变原有谈判立场，反而使其将疫情作为阐明自身立场的重要依据，一定程度上强

化了自身态度，会议讨论更加热烈，但利益更难调和。具体而言，美国、欧盟、加拿大等23个成员提交了“以开放和可预测的农产品和食品贸易应对新冠肺炎疫情大流行”的联合声明（G/AG/30），新加坡、欧盟和日本等成员提交了关于对世界粮食计划署（WFP）用于人道主义援助的粮食采购进行出口限制豁免的提案（WT/GC/W/810）。以印度为代表的成员以国内粮食安全为由在多次磋商中明确反对取消出口限制措施。G33成员和非洲集团认为疫情暴发凸显了粮食安全公共储备（PSH）在应对重大危机中的作用，要求落实部长会议决定，推动解决粮食安全公共储备永久方案。凯恩斯集团则认为疫情凸显了农产品自由贸易的重要性，主张更关注成员为应对疫情采取的农业补贴措施，希望削减国内支持解决农业领域的扭曲。这种激烈争论表明完善以规则为基础的透明开放的多边贸易体制具有重大价值和迫切性。

（二）国内支持仍是关注热点，成员在主要议题上利益分歧严重

2020年农业谈判中，国内支持仍是各方讨论最多的议题，也是各方立场分歧最大的领域。虽然大多数成员都提出优先解决国内支持的主张，纷纷提交了相关技术性文件，但提出的解决方案分歧较大，总体立场较以往未发生明显改变，短期内难以调和。以澳大利亚、巴西、加拿大、阿根廷和哥斯达黎加等成员为代表的凯恩斯集团要求《农业协定》第6条下包括黄箱、蓝箱和发展箱在内的所有扭曲贸易的补贴都需削减。凯恩斯集团提案忽视了综合支持量（AMS）特权和微量允许的性质差别，要求对扭曲性支持进行总量封顶，所有主要补贴成员均应按现有支持空间的比例作出相应削减，到2030年按成员现有补贴量比例削减一半，矛头直指中、印等发展中大国。中国、印度等存在众多生计型小农的发展中成员则要求首先取消《农业协定》中最不公平、不平衡的综合支持量（AMS）特权，指出综合支持量（AMS）与微量允许在补贴性质和对贸易扭曲程度上的差异，提出不能对所有国内支持措施采取“一刀切”的改革方案，并公布了人均补贴水平技术分析报告，要求新的国内支持应建立在人均补贴水平基础之上。

在出口限制方面，针对部分成员因新冠肺炎疫情蔓延而对粮食出口采取限制措施的情况，新加坡联合53个成员发表了对世界粮食计划署购买用于人道主义援助的粮食不采取出口限制措施的联合宣言，议题协调人和部分净进口成员希望在MC12上就此问题取得成果。这一主张受到以印度和坦桑尼亚为代表的发展中成员反对。印度认为，暂时、有针对性、按比例和透明的出口限制措施对防止国内食物短缺十分重要，优先保证本国粮食安全是成员的权力，并要求粮食安全公共储备应与出口限制一并解决。坦桑尼亚则表示，在欧盟等发达成员对新冠疫苗实施出口限制背景下，要求发展中成员在国内粮食安全存在严重问题

情况下免除对世界粮食计划署采购的出口限制是不公平的。

粮食安全公共储备方面，新冠肺炎疫情引发各成员对粮食安全的普遍担忧，以中国、印度等G33成员，非洲集团和非洲加勒比海太平洋集团（ACP）为代表的许多发展中成员认为粮食安全公共储备对于防范重大危机具有重要意义，须优先解决并尽早达成永久解决方案。美国、阿根廷、巴西、加拿大和澳大利亚等成员担心不受约束的粮食安全公共储备将会扭曲粮食贸易，强调对其进行限制。其他几个议题讨论热度相对较低，部分成员主要就透明度问题进行了讨论。在市场准入方面，澳大利亚和俄罗斯提出了加强在途货物关税透明度方面的提案。在棉花议题上，棉花四国（C4）继续要求主要的棉花补贴成员削减对棉花的国内支持、提高相关领域的透明度。在出口竞争方面，各成员在专门讨论中审议了提高透明度的意向和备选方案，加拿大提出了加强出口竞争透明度方面的提案。

（三）发达成员不愿放弃现有特权，发展中成员面临的谈判压力较大

相较于拥有综合支持量（AMS）特权的发达成员，发展中成员普遍缺少综合支持量（AMS）支持空间，在应对疫情冲击农业供应链的情况下面临更大压力。在谈判中，发达成员和主要出口成员不愿改变农业谈判领域存在的不公平局面。部分出口成员提出进一步压缩发展中成员政策支持空间，并通过多种技术分析持续营造对其有利的舆论环境，特别是凯恩斯集团纷纷提交相关技术文件要求以国内支持总量为基础按政策空间比例进行削减，在国内支持议题上持续向中、印等农业体量较大的发展中成员施压。

自由贸易区谈判

（一）谈判概述

2020年，受新冠肺炎疫情影响，中国与相关国家自由贸易协定谈判进程相对放缓，但各方面工作总体有序推进，谈判形式转为以线上磋商为主，几个重要自贸协定谈判取得重大突破。全年谈判主要围绕《区域全面经济伙伴关系协定》（RCEP）、中国—柬埔寨自由贸易协定、中国—挪威自由贸易协定等自贸区开展。其中，2020年11月15日，东盟10国及中国、韩国、日本、澳大利亚和新西兰等15个RCEP成员方历经8年谈判正式签署协议，印度最终退出。RCEP的签署标志着当前世界规模最大、人口数量最多、发展潜力最大的自贸区落地。RCEP签署后，按2020年贸易额计算，中国与自贸伙伴间农产品贸易额占全球农产品贸易额的比重将由35.8%提升至40.3%，其中农产品出口将由50.3%提升至63%。中国与日本通过RCEP首次建立了自贸关系，协定实施后，中国部分果蔬和水产品等输日农产品将逐步享受零关税待遇。除RCEP外，中国—柬埔寨自由贸易协定谈判

于2020年年初启动并于7个月内完成谈判，同年10月双方正式签署协议，这是中国与最不发达国家签署的首个自贸协定。中国—挪威自由贸易协定谈判年内进入实质性阶段并取得诸多共识。2020年12月，中国—新加坡自由贸易协定升级后续谈判启动，双方基于负面清单模式开展自贸协定项下服务和投资相关后续谈判，不涉及货物贸易。中国—以色列自由贸易协定谈判开展了线上磋商。2020年1月1日，于2019年达成的中国与巴基斯坦自由贸易协定第二阶段降税安排正式生效。

截至2020年年底，中国大陆已与东盟、智利、巴基斯坦、新西兰、新加坡、秘鲁、哥斯达黎加、冰岛、瑞士、韩国、澳大利亚、格鲁吉亚、马尔代夫、毛里求斯、柬埔寨和日本等23国签署了双边或区域自由贸易协定，其中12个协定已生效；与中国香港、中国澳门分别签署了内地与香港、澳门《关于建立更紧密经贸关系的安排》(CEPA) 均已生效；大陆与台湾签署《海峡两岸经济合作框架协议》(ECFA) 已生效。2020年，中国与已生效自贸伙伴（含内地与港澳、大陆与台湾）间农产品贸易额合计884.1亿美元，占当年农产品贸易总额的35.8%。

1. 正在谈判的自贸区

中国与挪威自贸协定谈判2008年9月启动，至2019年9月已开展16轮谈判，双方磋商进入实质性阶段；2020年召开了两轮首席谈判代表视频会议，并进行了多次工作组视频磋商。

中国与以色列自贸协定谈判2016年3月启动，至2019年共开展了7轮正式谈判，2020年举行了数次工作组视频会议。

2. 处于谈判停滞状态的自贸区

中日韩自贸协定谈判2012年11月启动，至2019年共开展了16轮正式谈判。

中国与巴拿马自贸协定谈判2018年6月启动，至2019年共开展了5轮正式谈判。

中国与巴勒斯坦自贸协定谈判2018年10月启动，至2019年仅开展了一次正式谈判。

中国与摩尔多瓦自贸协定谈判2017年12月启动，至2018年共开展了3轮谈判。

中国与斯里兰卡自贸协定谈判2014年9月启动，至2017年共开展了5轮谈判。

中国与海湾合作委员会（简称“海合会”，正式成员为阿拉伯联合酋长国、阿曼、巴林、卡塔尔、科威特和沙特阿拉伯）自贸协定谈判2004年7月启动，至2016年共开展了9轮谈判。

3. 处于可行性研究的自贸区

中国正在与哥伦比亚、斐济、尼泊尔、巴布亚新几内亚、加拿大、孟加拉国、蒙古国和瑞士等8个国家就建立或升级双边自贸协定开展联合可行性研究。

（二）中国与自贸区伙伴农产品贸易情况

1. 中国与东盟

2003年中国和东盟完成“早期收获计划”谈判，于2004—2006年生效；2004年双方签署《中国—东盟货物贸易协定》，2005年7月全面实施，2018年货物降税安排执行完毕。东盟成员国近90%的农产品对华取消进口关税，包括鲜苹果、鲜葡萄、鲜梨、蘑菇、洋葱、胡萝卜、包菜和鱿鱼等产品。

中国—东盟自贸区为双方经贸合作提供了优越的政策环境，在新冠肺炎疫情影响下贸易仍逆势增长。2020年双边农产品贸易总额430亿美元，比上年增长7.2%。其中，中国对东盟出口199.2亿美元，增长6.9%；自东盟进口236亿美元，增长9.8%；贸易逆差36.8亿美元，扩大28.7%。东盟是中国农产品第一大出口市场和第三大进口来源地。

中国对东盟主要出口产品是温带水果（葡萄、苹果、梨等）、蔬菜（蘑菇、大蒜、萝卜等）、水产品（墨鱼及鱿鱼、金枪鱼、小虾及对虾等）、饮品（茶、咖啡及制品）和糖料及糖，2020年出口额分别为49.7亿美元、45.1亿美元、34.7亿美元、8.7亿美元和7亿美元，比上年分别增长26.8%、下降7.4%、增长18.4%、增长10%和下降10.1%。东盟是中国最大的水果和蔬菜出口市场，分别占中国对全球出口的59.5%和30.2%，较上年分别增长6.9个百分点和下降1.2个百分点。

中国自东盟主要进口产品是热带水果（榴莲、香蕉、山竹等）、植物油（棕榈油）、水产品（小虾及对虾、鲶鱼等）、粮食制品（淀粉、饼干等）和谷物（大米），进口额分别为61.7亿美元、48.5亿美元、30.9亿美元、15.3亿美元和14亿美元，比上年分别增长18%、下降1.4%、增长1.1%、增长6.3%和增长21%。

2. 中国与智利

中国与智利自贸协定2006年生效，2015年双方货物降税安排执行完毕，智利98%的农产品对华取消进口关税，包括谷物和糖料及糖之外的绝大多数农产品。2020年，双边农产品贸易保持较好增势，贸易额42.8亿美元，比上年增长10%。其中，中国对智利出口3.5亿美元，增长27.6%；自智利进口39.3亿美元，增长8.6%；贸易逆差35.8亿美元，扩大6.7%。

中国对智利主要出口产品是水产品（虾、鲭鱼等）、蔬菜（大蒜、番茄等）、水果（桃、柑橘等）、粮食制品（面食、糕点等）和饮品（白酒、茶等），2020年出口额分别为1.7亿美元、4 176.7万美元、2 796.1万美元、1 258.5万美元和1 190万美元，比上年分别增长44.2%、增长46.5%、增加1.3倍、下降25.6%和下降31.9%。

中国自智利主要进口农产品是水果、畜产品（猪肉、鸡产品、牛肉等）、水产品（鲑鱼、碘、饲料用鱼粉等）、饮品（葡萄酒）和蔬菜（蔬菜种子），其中近六成是水果，2020年进口额为21.6亿美元，增长10.2%。智利是中国樱桃和葡萄的第一大进口来源地，进口额分别为15亿美元和2.6亿美元，分别占中国自全球进口的91.5%

和 40.6%。畜产品、水产品、饮品和蔬菜进口额分别为 8.1 亿美元、6.6 亿美元、2.2 亿美元和 3 174.6 万美元，分别增长 79.6%、下降 15.4%、下降 36.2% 和增长 4.8%。

3. 中国与巴基斯坦

中国与巴基斯坦自贸区第二阶段协定于 2019 年 4 月达成，双方在第一阶段协定基础上进一步降低两国间关税水平。中巴最终实现零关税的农产品税目数比例将分别为 57%和 92%。2020 年 1 月 1 日，相关降税安排生效，其中巴基斯坦立即取消关税的农产品包括马铃薯、番茄、豌豆、扁桃仁、榛子和未去壳核桃等。

2020 年，中巴农产品贸易额 7.7 亿美元，比上年略降 0.1%。其中，中国对巴出口 3.6 亿美元，增长 1.9%；自巴进口 4.1 亿美元，下降 14%；贸易逆差 4 861.1 万美元，缩小 0.6%，2018 年后中巴农产品贸易逆差连续三年缩窄。

中国对巴主要出口农产品是蔬菜（以生姜和大蒜为主）、谷物（种用稻谷）、坚果（核桃）、调味香料（肉桂）和饮品（茶），2020 年出口额分别为 1.6 亿美元、3 207.5 万美元、2 629.1 万美元、1 943.6 万美元和 1 430.9 万美元，比上年分别增长 23.3%、下降 15.5%、下降 39.3%、增长 12.2%和增长 31.9%。

中国自巴主要进口农产品是谷物（以大米为主）、水产品（鱼、贝类及软体动物、饲料用鱼粉等）、畜产品（羽毛、动物毛）、油籽和坚果，进口额分别为 1.9 亿美元、1.7 亿美元、1 505.1 万美元、1 218.6 万美元和 842.5 万美元，比上年分别下降 20.2%、增长 1.3%、增长 56.6%、增加 1.6 倍和增长 43.1%。2020 年巴基斯坦受疫情影响对全球大米出口总体下滑，中国自巴大米进口显著下降。

4. 中国与新西兰

中国与新西兰自贸协定 2008 年生效，其中新西兰农产品降税安排在 2012 年执行完毕，取消了全部农产品自华进口关税。2020 年双边农产品贸易额 92 亿美元，与上年基本持平，小幅增长 0.01%。其中，中国对新出口 2.3 亿美元，增长 2.9%；自新进口 89.8 亿美元，增长 0.9%；贸易逆差 87.5 亿美元，与上年基本持平。

中国对新主要出口农产品是水产品、蔬菜、粮食制品、水果和糖料及糖等，2020 年出口额分别为 5 870.7 万美元、2 406.5 万美元、1 833.4 万美元、1 531.3 万美元和 1 418.7 万美元，除水产品比上年下降 0.7%外，其他产品分别增长 10.3%、7.2%、2.5%和 4.9%。

自新西兰进口农产品中超过八成是畜产品，2020 年进口额 73.5 亿美元，比上年增长 0.6%，主要产品包括奶粉、羊肉、牛肉、鲜奶和乳酪等，进口额分别为 35.6 亿美元、10 亿美元、8.4 亿美元、5.4 亿美元和 3.1 亿美元，比上年分别增长 2.5%、下降 3.7%、下降 20.7%、增长 16.7%和增长 10.3%。按进口量统计，新西兰是中国最大的奶粉进口来源地，2020年进口量76.8万吨，下降6.9%，占中国自全球进口总量的57.4%。其他进口农产品包括水果（猕猴桃、苹果、樱桃）、水产品（虾、贝类及软体动物）、饮品（葡萄酒、无醇饮料）和蔬菜等，2020年进口均呈下滑势头，进口额分别为5.1亿美元、4.5亿美元、3 467.4万美元和2 466万美元，比上年下降3.7%、11%、39.9%和11.2%。

5. 中国与秘鲁

中国与秘鲁自贸协定2010年3月实施，到2020年双方已完成11次降税，秘鲁95%的农产品对华实现了进口零关税，包括水产品、坚果、咖啡、香肠、鸡肉、羊肉、豆油、花生油、苹果、梨和红茶等。2020年奶粉开始降税，将于2026年实现零关税。2020年，双边农产品贸易额15.6亿美元，比上年下降0.2%。其中，中国出口1亿美元，下降4.8%；进口14.6亿美元，下降20.9%；贸易逆差13.6亿美元，缩小0.2%。

中国对秘鲁主要出口农产品是水产品（加工罗非鱼、金枪鱼）、糖料及糖、蔬菜（蘑菇罐头、干豆等）、饮品和水果，2020年出口额分别为3 138万美元、949万美元、317万美元、297.6万美元和204万美元，比上年分别增长4.1%、下降7.8%、下降23.9%、增长10.3%和增长13.2%。

自秘鲁进口近八成是水产品，2020年进口额为11.3亿美元，比上年下降25.8%，主要包括饲料用鱼粉、墨鱼及鱿鱼等。其余进口农产品以水果为主，进口额3.1亿美元，增长0.5%，包括葡萄、蔓越橘及越橘等。

6. 中国与哥斯达黎加

中国与哥斯达黎加自贸协定2011年8月生效，至2020年已完成10次降税，哥斯达黎加74%的农产品对华取消进口关税，包括冻牛肉、鲜冷羊肉、薯类、苹果、梨、酒类等；2020年新增取消关税的农产品有鲜冷牛肉、带骨及去骨的冻羊肉、鸡肉、蔬菜、菠萝、柑橘、西瓜和绿茶等。2020年，双边农产品贸易额1.4亿美元，与上年总体持平。其中，中国对哥出口5 135.4万美元，下降10.8%；自哥进口9 293.7万美元，增长14.7%；贸易逆差4 158.3万美元，扩大0.8%。

中国对哥主要出口农产品是水产品（以罗非鱼为主）、蔬菜（大蒜、蘑菇、甜玉米等）、干芸豆、糖料及糖和水果（桃罐头、加工葡萄等），2020年出口额分别为2 056万美元、1 467.7万美元、322.9万美元、223.5万美元和222.9万美元，分别下降12.4%、增长0.4%、下降51.4%、下降15.5%和增长30.5%。干芸豆出口大幅下滑主要是疫情导致国际货运不畅，哥方增加了自尼加拉瓜、美国和阿根廷等美洲国家进口，其中自美进口大幅增长。

中国自哥主要进口农产品是畜产品（以冻牛肉为主）和水果（菠萝汁、橙汁、香蕉），2020年进口额分别为7 583万美元和1 081.4万美元，比上年分别增长34.6%和下降48.9%。其中，水果进口额下降主要由香蕉进口大幅减少所致。

7. 中国与冰岛

中国与冰岛自贸协定 2014 年 7 月生效，冰岛随即完成其货物降税承诺，未设置降税过渡期，农产品对华取消进口关税比例为 85.8%，产品包括水产品、花卉、马铃薯、洋葱、黄瓜、豌豆、菠菜、甜玉米和部分粮食制品等。2020 年，双边农产品贸易额 8 246.3 万美元，比上年下降 0.4%。其中，中国对冰出口 221.8 万美元，下降 70.4%；自冰进口 8 024.4 万美元，下降 34.6%；贸易逆差 7 802.6 万美元，缩小 32.2%。

从贸易结构看，双方农产品贸易高度集中在水产品，新冠肺炎疫情导致双方水产品贸易大幅缩减。2020 年，中国对冰岛水产品出口集中在墨鱼及鱿鱼，出口额 161.8 万美元，比上年下降 76.7%；自冰岛进口水产品金额 7 932.2 万美元，下降 35.1%，包括庸鲽鱼、鲭鱼、鳕鱼、鲑鱼和海参等品类。

8. 中国与瑞士

中国与瑞士自贸协定 2014 年 7 月正式生效，瑞士随即完成其货物降税承诺，未设置降税过渡期，农产品对华取消进口关税比例为 54%，产品包括大部分水产品、动物杂碎、花卉、大部分蔬菜、柑橘、咖啡和部分谷物等。2020 年，双边农产品贸易额 2.7 亿美元，比上年增长 2.4%。其中，中国对瑞士出口 3 505.4 万美元，下降 1.1%；自瑞士进口 2.4 亿美元，增长 3%；贸易逆差 2 亿美元，扩大 3.7%。

中国对瑞士主要出口农产品是饮品（以白酒、咖啡为主）、蔬菜（蘑菇、芦笋、竹笋等）、畜产品（肠衣、鸭产品）、粮食制品（面食、膨化食品）和水产品（墨鱼及鱿鱼、鳕鱼、鲟鱼、罗非鱼、紫菜），2020 年出口额分别为 738.5 万美元、623.9 万美元、454.6 万美元、215.3 万美元和 166.2 万美元，比上年分别下降 14.1%、下降 16.1%、下降 1.4%、增长 34.9%和增长 19.8%。

中国自瑞士主要进口农产品是畜产品（以奶粉、乳酪、鲜奶为主）和饮品（可可制品、咖啡及制品），2020 年进口额分别为 1.1 亿美元和 5 627 万美元，比上年分别下降 6.8%和增长 18.4%。

9. 中国与澳大利亚

中国与澳大利亚自贸协定 2015 年 12 月生效，2017 年澳大利亚货物降税承诺履行完毕，对华取消全部货物进口关税。2020 年，双边农产品贸易额 105 亿美元，比上年下降 13.7%。其中，中国对澳出口 10.3 亿美元，下降 0.6%；自澳进口 94.7 亿美元，下降 15%；贸易逆差 84.4 亿美元，缩小 16.5%。

中国对澳主要出口农产品是水产品（墨鱼及鱿鱼、对虾等）、蔬菜（大蒜、番茄等）、粮食制品（面食、膨化食品等）、水果（苹果汁等）和饮品（可可制品、酒等），2020 年出口额分别为 2.4 亿美元、1.3 亿美元、8 934.1 万美元、8 079.6 万美元和

7 403.8 万美元，比上年分别下降 15.4%、增长 11.8%、增长 9%、增长 3.3% 和下降 6.5%。

中国自澳主要进口农产品是畜产品（羊毛、牛羊肉、奶粉）、谷物（小麦、大麦）、饮品、水产品和水果，2020 年进口额分别为 48.8 亿美元、8.2 亿美元、7.6 亿美元、5.5 亿美元和 3.4 亿美元，除谷物比上年增长 1.5% 外，其他产品分别下降 16%、17.5%、29.2% 和 11%。其中，牛羊肉进口减少明显，因澳部分肉类企业多批次输华牛肉产品存在违反双方主管部门共同确定的检验检疫要求，中国暂停了多家澳企产品输华。同时，中国自澳小麦进口激增超过 5 倍，国内生猪产业复苏带来的饲料需求加大，低价进口小麦的饲料替代性较高，同时因自澳进口大麦产品被多次检测出有害生物，中国宣布将对澳小麦加强检查，可能导致进口商囤积。

10. 中国与韩国

中国与韩国自贸协定 2015 年 12 月生效，至 2020 年双方已完成 6 次降税，其中韩国农产品对华已实现进口零关税的农产品比例为 24%，产品包括多数鱼苗、冻鱼、谷子、葵花籽、棕榈果、西瓜子、面食和矿泉水等。2020 年，双边农产品贸易额 60.8 亿美元，比上年下降 1%。其中，中国对韩出口 48.8 亿美元，下降 1.9%；自韩进口 12 亿美元，增长 2.4%；贸易顺差 36.8 亿美元，缩小 3.4%。

中国对韩主要出口农产品是水产品（墨鱼及鱿鱼、贝类等）、蔬菜（胡萝卜、洋葱、玉米等）、油籽（花生、芝麻等）、饮品（矿泉水、啤酒等）和粮食制品（面食等），2020 年出口额分别为 16.8 亿美元、10.4 亿美元、2.6 亿美元、2.1 亿美元和 1.7 亿美元，比上年分别下降 3.5%、下降 11.1%、增长 2.9%、增长 9.2%和下降 15.8%。

中国自韩主要进口农产品是水产品（冻鱼、紫菜等）、粮食制品（方便面）、饮品（无酒精饮料、酒等）、糖料及糖和畜产品（奶粉），2020 年进口额分别为 2.5 亿美元、2.1 亿美元、1.9 亿美元、1.1 亿美元和 9 003.7 万美元，比上年分别下降 12%、增长 26.8%、下降 15.5%、增长 14.9%和下降 5.4%。

11. 中国与格鲁吉亚

中国与格鲁吉亚自贸协定 2018 年 1 月生效，格鲁吉亚随即完成其货物降税承诺，未设置降税过渡期，农产品对华取消进口关税比例为 85%，产品包括牛肉、猪肉、禽肉、水产品、乳品、包菜、豌豆、甜玉米、葡萄、梨、糖料及糖和酒类等。2020 年，双边农产品贸易额 5 551.9 万美元，比上年下降 6.5%。其中，中国对格出口 2 583.8 万美元，下降 21%；自格进口 2 968.1 万美元，增长 11.3%；贸易平衡由上年的顺差 604.6 万美元转为逆差 384.3 万美元。

中国对格主要出口农产品是蔬菜（以大蒜、加工蘑菇、干辣椒为主）、饮品（白酒、绿茶）、畜产品（鸡产品）、油籽（花生）和水产品（鲭鱼、鳗鱼等），2020 年出口额分别为 568.1 万美元、442.3 万美元、339.2 万美元、270.2 万美元和 244.2 万美元，除蔬菜比上年增长 55%外，其他产品分别下降 14.9%、49.2%、12.3%和 44.6%。

自格鲁吉亚进口品类较往年增多，包括饮品（葡萄酒、啤酒等）和调味香料等，2020 年进口额分别为 1 722.5 万美元和 724.9 万美元，比上年分别下降 15.8%和增加 1.4 倍。其中，葡萄酒占比从 74%降至不足 50%。

农业贸易救济

进口调查

1. 中国对原产于澳大利亚的进口大麦征收反倾销税和反补贴税

2018年11月19日，商务部发布公告决定对原产于澳大利亚的进口大麦进行反倾销立案调查，12月21日公告进行反补贴立案调查。2020年5月18日，商务部发布第14号和15号公告，裁定原产于澳大利亚的进口大麦存在倾销和补贴，国内大麦产业受到实质损害，且倾销、补贴与实质损害之间存在因果关系。国务院关税税则委员会根据商务部建议作出决定，自2020年5月19日起，对原产于澳大利亚的进口大麦征收反倾销税和反补贴税，税率分别为73.6%和6.9%。涉案产品的中国税号是10031000和10039000。

2. 中国初步裁定原产于澳大利亚的进口相关葡萄酒存在倾销和补贴

2020年8月18日和31日，商务部分别发布第34号和第35号公告，对原产于澳大利亚的进口相关葡萄酒进行反倾销和反补贴立案调查。12月10日，商务部发布第58号公告，初步认定原产于澳大利亚的进口相关葡萄酒存在补贴，国内相关葡萄酒产业受到实质损害，且补贴与实质损害之间存在因果关系。国务院关税税则委员会根据商务部建议作出决定，自2020年12月11日起，采取征收临时反补贴税保证金的形式对原产于澳大利亚的进口相关葡萄酒实施临时反补贴措施。11月27日，商务部发布第59号公告，初步认定原产于澳大利亚的进口相关葡萄酒存在倾销，国内相关葡萄酒产业受到实质损害，且倾销与实质损害之间存在因果关系，决定自2020年11月28日起，采用保证金的形式实施临时反倾销措施。涉案葡萄酒指装入2升及以下容器的葡萄酒，中国税号为22042100。

出口应诉

1. 约旦终止对进口薯片和马铃薯保障措施调查

2020年5月18日，WTO保障措施委员会发布约旦代表团于5月14日向其提交的保障措施通报。约旦工业、贸易和供应部决定终止对进口非冷冻、非醋或醋酸方法制作和保藏的薯片和马铃薯的保障措施调查。涉案产品的约旦税号为20052090和210690992。

2. 乌克兰对进口鲜切玫瑰启动保障措施立案调查

2020年5月28日，乌克兰跨部门国际贸易委员会发布公告，依据2020年5月22日第SP-449/2020/4411-03号决议，对进口鲜切玫瑰启动保障措施立案调查。涉案产品的乌克兰税号为06031100。

3. 越南对涉华高果糖玉米糖浆启动反倾销立案调查

2020年6月29日，越南工贸部发布第1715/QD-BCT号决议，应越南精炼糖产业代表于2020年5月21日提交的申请，对原产于中国和韩国的高果糖玉米糖浆（HFCS，又称果葡糖浆）启动反倾销立案调查。涉案产品的越南税号为17026010和17026020。

4. 印度尼西亚对进口果糖糖浆实施保障措施

2020年9月9日，印度尼西亚财政部在官方公报发布第126/PMK.010/2020号条例，对进口果糖糖浆自2020年9月17日起征收为期三年的保障措施税，具体税率如下：2020年9月17日—2021年9月16日为24%，2021年9月17日至2022年9月16日为22%，2022年9月17日—2023年9月16日为20%。涉案产品的印度尼西亚税号为17026020。进口自中国香港和中国澳门的涉案产品不适用于上述保障措施。

5. 马达加斯加对进口食用植物油和人造黄油实施保障措施

2020年9月18日，WTO保障措施委员会发布马达加斯加代表团于9月17日向其提交的保障措施通报。马达加斯加对进口食用植物油和人造黄油以到岸价（CIF）征收附加税的形式实施保障措施，措施预计自2021年1月起生效，有效期为4年。具体税率如下：第一年为21%，第二年为20%，第三年为19%，第四年为18%。涉案产品的马达加斯加税号为15079000、15071010、15089000、15091010、15099000、15100000、15111011、15111091、15119000、15121110、15121900、15122110、15122900、15141100、15141110、15141900、15149110、15149900、15171000、15179010、15179090和15180000。

6. 美国对进口新鲜、冷藏或冷冻蓝莓启动保障措施立案调查

2020年10月6日，美国国际贸易委员会（ITC）对进口新鲜、冷藏或冷冻蓝莓启动保障措施立案调查。10月8日，WTO保障措施委员会发布美国代表团于10月7日向其提交的保障措施通报。本案产品的美国税号为0810400024、0810400026、0810400029、

0811902010、0811902024 和 0811902030。

7. 越南对涉华山梨糖醇启动反倾销立案调查

2020 年 12 月 11 日，越南工贸部发布第 3298/QD－BCT 号决议，对进口自中国、印度和印度尼西亚的山梨糖醇（Sorbitol）启动反倾销立案调查。涉案产品的越南税号是 29054400 和 38246000。根据 WTO《农业协定》，290544 项下的山梨糖醇属于农产品。

农业产业安全

农产品技术性贸易措施

技术性贸易措施主要涉及WTO《技术性贸易壁垒协定》（TBT协定）中的技术法规、标准、合格评定程序（TBT措施）与《关于实施卫生与植物卫生措施协定》（SPS协定）中的动物卫生、植物卫生与食品安全措施（SPS措施）。技术性贸易措施的制定以保护国家安全、保护人类和动植物生命和健康、保护环境及法制欺诈行为等为目标，具有合理性，同时一旦措施被滥用则构成贸易壁垒，成为变相限制进口、进行贸易保护的工具。

技术性贸易措施具有灵活性高、针对性强且敏感性弱等特点，对农产品贸易的影响较为直接。2008年金融危机暴发后，各国启动技术性贸易措施数量持续上升。2010—2020年，在WTO统计的各类非关税贸易措施，包括技术性贸易措施、贸易救济措施（反倾销、反补贴、保障措施）、特殊保障措施、关税配额、出口补贴、数量限制中，WTO成员发起技术性贸易措施的数量占全部非关税贸易措施数量的88%以上且呈增长态势，其中，农产品及食品TBT措施数量年均增幅5%，SPS措施年均增幅3.7%（图19）。

分产品看，针对食品饮料的TBT措施数量最多，十年占比超过农产品及食品TBT措施总数的四成，其次是针对植物产品的TBT措施，占比三成左右。SPS措施中，针对动物产品和植物产品的SPS措施数量最多，占比分别超过三成，针对食品饮料的SPS数量相对较少。

TBT措施广泛使用于农产品和工业品，SPS措施则主要针对农产品。农产品出口遭遇技术性贸易措施影响的主要形式包括订单取消、货物扣留等造成的直接损失以及检验检疫环节增加和成本提高等造成的间接损失。联合国贸发组织和世界银行研究显示，

TBT 和 SPS 措施分别影响 65%和近 20%的世界进口。据《中国技术性贸易措施年度报告（2020）》数据，2010—2019 年，技术性贸易措施每年给中国农产品出口造成的直接损失平均高达 45.7 亿美元。

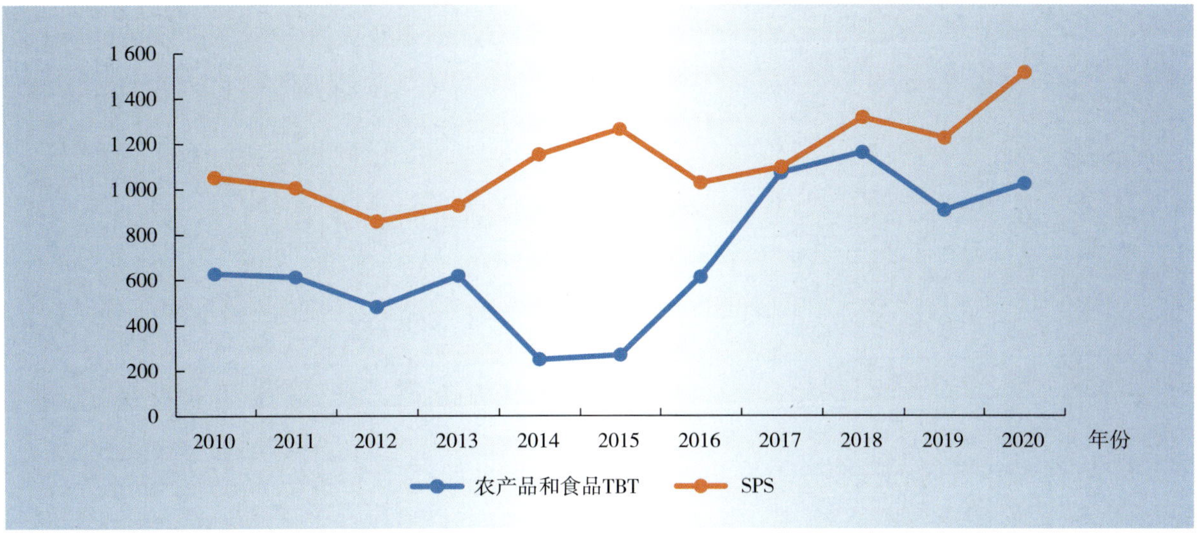

图 19　2010—2020 年 WTO 成员发起农产品及食品 TBT 和 SPS 措施数量

来源：WTO。

附录

农产品分类和统计口径说明

本报告所指农产品是根据乌拉圭回合农业协议界定的农产品范围（HS 产品口径）加上水产品。包括谷物、棉麻丝、油籽、植物油、饮品类、蔬菜、水果、畜产品、水产品等 20 大类，各大类产品涉及的 HS 编码如下。

各大类产品涉及的 4 位数 HS 编码

产品类别	产　品　税　号
1. 谷物	1001—1008，1101—1104，1904
小麦产品	1001，1008，1101，1103，1904
稻谷产品	1006，1102，1103
玉米产品	1005，1102—1104
大麦产品	1003，1104
2. 棉麻丝	0511，1404，5001—5003，5201—5203，5301—5305
棉花	1404，5201—5203
麻类	5301—5305
蚕茧及丝	0511，5001—5003
其他植物纤维	5305
3. 油籽	1201，1202，1204—1208，2008
食用油籽	1201，1202，1204—1208，2008
非食用油籽	1207，1208

（续）

产品类别	产 品 税 号
4. 植物油	1507—1515
食用植物油	1507—1512，1514，1515
其他植物油	1513，1515
5. 糖料及糖类	1209，1212，1701—1704
食糖	1701
6. 饮品类	0901—0903，1801—1806，2101，2201—2206，2208，2209
茶	0902，0903，2101
醋	2209
咖啡及制品	0901，2101
可可及制品	1801—1806
酒精及酒类	2203—2206，2207，2208
无醇饮料	2201，2202
7. 蔬菜	0701—0712，0714，0904，0910，1207，1209，1212，2001—2005，2008，2009，2103
8. 水果	0801，0803—0814，1203，2006—2009，2106，2204
9. 坚果	0801，0802，0811，1207，1212，2008
10. 花卉	0601—0604
11. 饼粕	2304—2306
12. 干豆（不含大豆）	0713，1106
13. 水产品	0106，0208，0210，0301—0308，0508，0511，1212，1504，1603—1605，2008，2301，2801，3913，7101
14. 畜产品	0101—0106，0201—0210，0401—0410，0502—0507，0510，0511，1501—1503，1505，1506，1601，1602，1901，2301，4101—4103，4301，5101—5103
15. 调味香料	0905—0910
16. 精油	3301
17. 粮食制品	1107—1109，1902—1905
18. 粮食（薯类）	0714，1105
19. 药材	1211
20. 其他农产品	0501，0509，0602，1106，1108，1209—1214，1301，1302，1401—1404，1516—1522，1901，2008，2101—2106，2207，2302，2303，2307—2309，2401—2403，2905，3501—3505，3809，3823，3913

附 表

附表 1 1995—2020 年中国农产品贸易变化情况

单位：亿美元、%

年 份	贸易额				比上年增长		
	进出口总额	出口额	进口额	贸易差额*	进出口	出 口	进 口
1995	268.7	146.9	121.8	25.0			
1996	251.4	143.0	108.3	34.7	−6.4	−2.6	−11.1
1997	250.5	150.5	100.1	50.4	−0.3	5.2	−7.6
1998	222.9	139.3	83.7	55.6	−11.0	−7.4	−16.4
1999	218.2	135.9	82.4	53.5	−2.1	−2.4	−1.5
2000	269.4	156.8	112.6	44.2	23.4	15.4	36.7
2001	279.0	160.5	118.5	42.0	3.6	2.4	5.2
2002	306.1	181.3	124.7	56.6	9.7	13.0	5.3
2003	403.8	214.1	189.7	24.4	31.9	18.1	52.0
2004	514.5	233.6	280.9	−47.2	27.4	9.1	48.1
2005	563.4	275.5	287.9	−12.4	9.5	17.9	2.5
2006	635.5	313.8	321.7	−7.8	12.8	13.9	11.7
2007	781.8	369.9	412.0	−42.1	23.0	17.9	28.1
2008	992.4	404.7	587.7	−183.0	26.9	9.4	42.7
2009	922.4	395.4	527.0	−131.6	−7.1	−2.3	−10.3
2010	1 219.3	493.7	725.5	−231.8	32.2	24.9	37.7
2011	1 555.9	607.2	948.7	−341.5	27.6	23.0	30.8
2012	1 757.3	632.5	1 124.8	−492.3	12.9	4.2	18.6
2013	1 866.9	678.3	1 188.7	−510.4	6.2	7.2	5.7
2014	1 945.0	719.6	1 225.4	−505.8	4.2	6.1	3.1
2015	1 875.6	706.8	1 168.8	−462.0	−3.6	−1.8	−4.6
2016	1 845.6	729.9	1 115.7	−385.8	−1.6	3.3	−4.5
2017	2 013.9	755.3	1 258.6	−503.2	9.1	3.5	12.8
2018	2 177.1	804.5	1 372.6	−568.1	8.1	6.5	9.1
2019	2 300.7	791.0	1 509.7	−718.7	5.7	−1.7	10.0
2020	2 484.5	765.0	1 719.4	−954.4	8.0	−3.3	13.9

注：* 正数为顺差，负数为逆差。下同。

附表 2 1995—2020 年中国谷物贸易量变化情况

单位：万吨

年份	出口量					进口量				
	谷物	其中				谷物	其中			
		小麦产品	玉米产品	稻谷产品	大麦产品		小麦产品	玉米产品	稻谷产品	大麦产品
1995	64.9	22.5	11.5	5.7	0.2	2 040.4	1 162.7	526.4	164.5	127.4
1996	124.3	56.6	23.8	27.7	0.2	1 084.0	829.9	44.7	77.4	130.9
1997	834.8	45.8	667.1	95.2	0.7	417.0	192.2	0.3	35.9	187.4
1998	889.2	27.5	469.2	375.6	0.9	388.5	154.8	25.2	26.0	151.9
1999	738.4	16.4	433.3	271.7	0.6	340.1	50.5	7.9	19.1	226.9
2000	1 379.8	18.8	1 047.9	296.2	0.1	314.8	91.9	0.3	24.9	197.4
2001	876.9	71.3	600.0	187.0	0.1	344.4	73.9	3.9	29.3	236.8
2002	1 483.7	97.7	1 167.5	199.0	0.1	285.1	63.2	0.8	23.8	190.7
2003	2 200.4	251.4	1 639.1	261.7	0.5	208.7	44.7	0.1	25.9	136.3
2004	479.5	108.9	232.4	90.9	0.3	975.3	725.8	0.2	76.6	170.7
2005	1 017.5	60.5	864.2	68.6	0.4	627.2	353.9	0.4	52.2	217.9
2006	609.9	151.0	309.9	125.3	0.6	359.5	61.3	6.5	73.0	214.1
2007	991.2	307.3	491.8	134.3	11.8	155.7	10.1	3.5	48.7	91.3
2008	186.1	31.0	27.3	97.2	1.5	154.1	4.3	5.0	33.0	107.6
2009	137.1	24.5	13.0	78.6	1.4	315.1	90.4	8.4	35.7	173.8
2010	124.3	27.7	12.7	62.2	1.3	570.8	123.1	157.3	38.8	236.7
2011	121.5	32.8	13.6	51.6	0.6	544.7	125.8	175.4	59.8	177.6
2012	101.6	28.6	25.7	27.9	0.5	1 398.3	370.1	520.8	236.9	252.8
2013	100.1	27.8	7.8	47.8	0.1	1 458.5	553.5	326.6	227.1	233.5
2014	76.9	19.0	2.0	41.9	0.0	1 951.6	300.4	259.9	257.9	541.3
2015	53.3	12.2	1.1	28.7	0.0	3 271.5	300.7	473.0	337.7	1 073.2
2016	63.6	11.3	0.4	39.5	0.0	2 199.7	341.2	316.8	356.2	500.5
2017	161.6	18.3	8.6	119.7	0.0	2 560.1	442.2	282.7	402.6	886.3
2018	255.3	28.6	1.2	209.1	0.7	2 050.2	309.9	352.4	307.7	681.5
2019	323.6	31.3	2.6	274.8	0.0	1 791.8	348.8	479.3	254.6	592.9
2020	259.3	18.1	0.3	230.5	0.0	3 579.1	837.6	1 129.6	294.3	807.9

附表 3 1995—2020 年中国油籽贸易量变化情况

单位：万吨

年份	出口量						进口量					
	油 籽	其中					油 籽	其中				
		食用油籽	其中					食用油籽	其中			
			花 生	大 豆	葵花籽	芝 麻			大 豆	油菜籽	芝 麻	棉 籽
1995	106.9	102.4	49.0	37.6	1.1	13.0	41.7	41.6	29.8	9.2	0.4	0.0
1996	84.0	80.2	45.6	19.3	1.9	11.9	112.3	112.2	111.4	0.0	0.5	0.0
1997	56.0	53.1	28.2	18.8	1.6	4.1	297.0	296.9	288.6	5.5	1.4	0.0
1998	57.7	55.2	32.1	17.2	0.9	4.4	461.5	461.4	320.1	138.6	1.1	0.0
1999	85.1	81.8	47.9	20.7	2.3	9.7	694.2	694.1	432.0	259.5	0.1	0.0
2000	96.4	92.7	56.0	21.5	3.7	10.3	1 340.5	1 340.4	1 041.9	296.9	0.2	0.0
2001	115.3	108.4	70.7	26.2	3.9	6.8	1 570.8	1 567.6	1 394.0	172.4	0.7	0.0
2002	127.0	122.8	77.0	30.5	2.9	9.8	1 195.5	1 194.5	1 131.5	61.8	0.4	0.0
2003	130.7	126.3	76.2	29.5	7.0	10.4	2 099.6	2 098.4	2 074.1	16.7	6.6	0.0
2004	121.8	117.3	68.9	34.9	7.6	4.2	2 078.4	2 076.8	2 023.0	42.4	9.8	0.0
2005	142.1	136.7	77.4	41.3	11.5	5.1	2 705.8	2 704.2	2 659.1	29.6	15.4	0.0
2006	127.4	122.4	66.1	39.5	11.1	4.6	2 933.4	2 931.7	2 827.0	73.8	26.4	0.0
2007	134.5	129.0	63.8	47.5	11.6	4.7	3 193.6	3 191.5	3 082.1	83.3	19.4	0.0
2008	124.0	119.2	51.4	48.4	13.3	4.6	3 902.5	3 900.5	3 743.6	130.3	21.4	0.1
2009	114.9	109.5	56.6	35.6	12.2	3.8	4 636.1	4 633.1	4 255.2	328.6	31.1	0.0
2010	92.9	87.7	51.6	17.3	14.6	3.5	5 706.4	5 704.6	5 479.7	160.0	39.1	1.6
2011	96.9	91.2	48.8	21.4	17.0	3.6	5 484.1	5 481.8	5 264.0	126.2	38.9	37.7
2012	106.5	100.6	45.1	32.1	18.4	4.0	6 230.4	6 228.0	5 838.5	293.0	39.6	39.4
2013	93.4	87.0	42.5	20.9	19.0	3.7	6 786.6	6 783.5	6 337.5	366.2	44.1	14.3
2014	94.3	87.2	44.2	20.7	17.6	3.8	7 755.0	7 751.8	7 139.9	508.1	56.9	7.4
2015	90.4	84.2	41.2	13.4	25.2	3.5	8 760.3	8 757.1	8 169.4	447.1	80.6	0.8
2016	93.8	87.4	41.2	12.8	29.6	3.0	8 955.9	8 952.9	8 391.3	356.6	93.2	7.6
2017	116.9	110.0	52.5	11.4	41.0	4.1	10 204.2	10 200.5	9 552.6	474.8	71.2	26.4
2018	125.6	119.5	54.0	13.6	46.3	4.7	9 450.8	9 448.9	8 803.1	475.6	82.8	11.7
2019	122.9	116.0	50.4	11.7	48.0	5.6	9 334.0	9 330.8	8 851.1	273.7	81.3	0.6
2020	110.8	104.3	39.9	8.1	50.8	4.9	10 616.7	10 614.2	10 032.7	311.4	101.6	0.5

附表 4 1995—2020 年中国植物油贸易量变化情况

单位：万吨

年份	出口量						进口量					
	植物油	其中					植物油	其中				
		食用植物油	其中					食用植物油	其中			
			豆油	花生油	玉米油	菜籽油			豆油	花生油	棕榈油	菜籽油
1995	55.0	51.7	6.6	1.1	0.3	17.1	373.6	362.7	148.2	1.4	139.7	63.1
1996	50.3	48.2	12.7	0.6	0.0	17.4	276.1	267.4	129.5	0.5	100.9	31.6
1997	86.1	82.4	55.6	0.9	0.0	14.1	285.8	279.9	122.5	1.1	115.6	35.1
1998	34.0	30.9	18.6	1.0	0.0	7.3	218.5	206.7	82.9	0.9	93.0	28.5
1999	12.6	10.0	5.3	1.3	0.0	2.6	223.1	214.0	80.4	1.0	119.4	6.9
2000	13.9	11.2	3.5	1.5	0.2	5.4	202.2	187.1	30.8	1.0	139.1	7.5
2001	15.9	13.4	5.9	1.4	0.2	5.4	200.7	167.5	7.0	0.9	151.7	4.9
2002	12.4	9.8	4.7	1.1	0.4	1.8	344.0	321.2	87.0	0.4	222.1	7.8
2003	8.1	6.0	1.1	2.5	1.3	0.5	574.4	541.8	188.4	0.7	332.5	15.2
2004	8.8	6.6	1.9	1.4	2.0	0.5	709.4	676.4	251.7	0.0	385.7	35.3
2005	24.8	22.8	6.3	2.0	10.2	3.1	663.4	621.3	169.4	0.0	433.0	17.8
2006	41.9	40.0	11.8	1.3	11.5	14.5	725.7	671.5	154.3	0.0	508.2	4.4
2007	18.4	16.8	6.6	1.0	5.9	2.2	897.9	839.7	282.3	1.1	509.5	37.5
2008	26.4	24.9	13.4	1.1	8.4	0.7	874.4	817.1	258.6	0.6	528.2	27.0
2009	12.7	11.6	6.9	1.0	1.7	0.9	1 028.7	950.2	239.1	2.1	644.1	46.8
2010	11.0	9.6	5.9	0.8	1.3	0.4	922.2	826.2	134.1	6.8	569.6	98.5
2011	13.7	12.4	5.1	0.9	5.0	0.3	850.4	779.8	114.3	6.1	591.2	55.1
2012	11.3	10.1	6.5	0.8	1.2	0.7	1 052.3	959.9	182.6	6.3	634.1	117.6
2013	12.7	11.7	9.0	0.7	0.5	0.6	1 020.1	922.1	115.8	6.1	597.9	152.7
2014	14.6	13.5	10.0	1.0	0.4	0.7	868.5	787.3	113.5	9.4	532.4	81.0
2015	15.1	13.7	10.4	0.9	0.4	0.5	938.2	839.1	81.8	12.8	590.9	81.5
2016	12.7	11.5	8.1	0.9	0.5	0.5	783.1	688.4	56.0	10.7	447.8	70.0
2017	21.4	20.2	13.3	0.8	1.0	2.1	845.2	742.8	65.3	10.8	507.9	75.7
2018	31.1	29.6	21.8	1.0	1.0	1.5	926.4	808.7	54.9	12.8	532.7	129.6
2019	28.1	26.8	19.7	1.0	0.4	1.1	1 288.7	1 152.7	82.6	19.4	755.2	161.5
2020	18.7	17.2	10.8	1.2	0.9	0.3	1 290.7	1 169.5	96.3	26.9	646.1	193.2

附表 5 1995—2020 年中国棉花和食糖贸易变化情况

单位：万吨、亿美元

年份	棉花				食糖			
	出口量	出口额	进口量	进口额	出口量	出口额	进口量	进口额
1995	3.0	0.5	100.3	14.9	48.0	1.9	295.4	9.0
1996	1.2	0.1	75.1	12.8	66.5	2.5	125.5	3.9
1997	0.7	0.1	84.9	14.1	37.9	1.3	78.3	2.3
1998	5.2	0.6	31.0	3.8	43.6	1.2	50.8	1.5
1999	24.4	2.9	16.4	1.0	36.7	0.8	41.7	0.9
2000	29.9	3.1	25.1	1.4	41.5	0.8	64.1	1.2
2001	6.0	0.8	19.7	1.2	19.6	0.6	119.9	3.1
2002	15.9	1.7	24.5	2.0	32.6	0.8	118.3	2.4
2003	11.7	1.3	107.5	12.2	10.3	0.3	77.5	1.7
2004	1.2	0.2	211.4	32.4	8.5	0.3	121.4	2.8
2005	0.8	0.1	274.5	32.5	35.8	1.1	139.0	3.8
2006	1.6	0.3	398.0	49.8	15.4	0.6	136.5	5.5
2007	2.5	0.4	274.1	35.8	11.1	0.5	119.3	3.8
2008	2.4	0.4	226.4	35.6	6.2	0.3	78.0	3.2
2009	1.0	0.2	175.9	22.1	6.4	0.3	106.4	3.8
2010	0.7	0.1	312.8	58.5	9.4	0.6	176.6	9.1
2011	2.8	0.8	356.6	96.8	5.9	0.5	291.9	19.4
2012	2.3	0.4	541.3	120.0	4.7	0.4	374.7	22.4
2013	0.8	0.2	450.0	87.2	4.8	0.4	454.6	20.7
2014	1.4	0.3	266.9	51.6	4.6	0.4	348.6	14.9
2015	3.0	0.5	175.9	27.2	7.5	0.5	484.6	17.7
2016	0.8	0.2	124.0	17.8	14.9	0.8	306.2	11.7
2017	2.1	0.4	136.3	23.6	15.8	0.9	229.0	10.8
2018	5.1	1.0	162.7	32.0	19.6	1.0	279.6	10.3
2019	5.5	0.9	193.7	36.0	18.6	0.9	339.0	11.2
2020	0.6	0.8	223.2	35.9	14.7	0.7	527.3	18.0

附表 6 1995—2020 年中国主要蔬菜产品贸易量变化情况

单位：万吨

年份	出口量										进口量	
	大蒜	干香菇	干木耳	洋葱	生姜	干辣椒	番茄酱罐头	马铃薯	胡萝卜及萝卜	甘蓝	干辣椒	蔬菜种子
1995	14.1	—	—	—	10.0	4.1	5.8	3.1	3.7	0.4	0.2	0.4
1996	14.5	—	—	—	4.3	3.4	5.3	3.5	2.8	0.5	0.2	0.3
1997	16.4	—	—	—	4.4	5.3	10.2	3.8	1.7	0.8	0.0	0.4
1998	15.9	—	—	—	5.3	5.9	8.9	4.0	4.1	0.6	0.0	0.5
1999	29.2	—	—	—	8.2	5.1	10.3	7.3	4.8	0.8	0.0	1.1
2000	38.7	—	—	—	15.4	6.4	15.3	4.4	6.2	0.9	0.1	0.5
2001	54.9	—	—	—	17.4	8.5	29.6	8.4	8.8	1.4	0.1	0.4
2002	105.2	—	—	22.9	19.8	9.2	37.3	12.5	13.8	1.9	0.1	0.5
2003	114.6	1.8	0.7	43.5	22.4	12.0	40.4	16.4	20.3	3.0	0.0	0.5
2004	113.6	2.5	0.8	38.8	18.8	9.9	43.7	18.5	28.6	3.1	0.1	0.6
2005	116.1	2.4	0.8	53.5	24.0	9.4	60.1	24.7	39.0	2.4	0.1	0.7
2006	123.1	1.8	0.7	53.1	28.0	9.4	63.0	35.7	43.1	2.5	0.0	0.5
2007	144.6	2.0	0.8	61.7	27.3	7.8	84.5	36.9	41.9	11.2	0.3	0.5
2008	154.2	1.4	0.8	52.4	26.6	14.2	81.5	34.8	41.6	15.0	0.1	0.7
2009	160.2	2.3	0.8	50.3	34.0	15.3	80.4	38.7	42.9	15.0	0.1	0.7
2010	137.2	4.6	1.2	61.7	30.0	10.7	102.6	26.2	49.7	18.7	0.7	0.8
2011	167.1	7.3	1.3	71.9	40.9	14.4	112.4	38.2	57.1	26.1	0.7	0.8
2012	141.9	3.6	1.0	60.2	44.8	12.5	106.7	36.7	59.5	25.2	1.9	1.1
2013	163.2	7.6	2.1	72.8	38.0	12.1	98.1	30.8	59.1	27.4	0.4	1.2
2014	175.9	6.8	3.3	71.7	26.0	11.2	86.8	54.9	61.5	31.6	0.3	1.6
2015	176.0	7.7	3.8	85.5	42.2	11.7	98.7	41.0	65.3	35.6	0.3	2.1
2016	153.6	9.2	3.8	69.4	53.8	18.0	92.4	42.2	70.6	31.5	0.2	1.8
2017	171.9	12.8	4.6	90.4	45.5	17.8	84.9	52.6	71.9	45.2	0.8	1.7
2018	188.8	13.5	5.9	88.8	49.0	21.1	88.5	46.4	73.5	44.5	8.2	1.4
2019	176.8	9.4	3.9	95.9	53.8	20.8	92.6	51.9	78.0	50.4	16.9	1.3
2020	226.2	5.9	1.9	85.9	51.1	21.7	85.6	46.0	75.0	44.9	16.8	1.8

附表 7 2001—2020 年中国主要新鲜水果贸易量变化情况

单位：万吨

年份	出口量					进口量				
	柑桔	苹果	葡萄	梨	桃	榴莲	樱桃	香蕉	山竹	葡萄
2001	17.1	30.4	0.1	18.2	0.4	5.7	0.0	41.4	0.8	4.9
2002	21.7	43.9	0.6	24.3	1.2	5.6	0.1	34.8	0.9	5.5
2003	29.2	60.9	1.3	29.7	1.9	6.8	0.1	42.1	1.7	5.3
2004	36.1	77.4	1.8	31.8	1.6	8.5	0.1	38.1	3.1	5.9
2005	46.6	82.4	2.1	36.8	1.7	7.5	0.0	35.6	3.5	5.7
2006	43.5	80.4	3.4	37.5	2.0	8.5	0.0	38.8	1.7	4.6
2007	56.4	101.9	5.5	40.5	2.4	10.6	0.1	33.2	4.0	4.3
2008	86.2	115.3	6.3	44.7	2.6	13.9	0.3	36.2	4.1	5.2
2009	111.2	117.2	10.0	46.3	4.0	19.6	0.6	49.1	9.2	9.0
2010	93.3	112.3	8.9	43.8	2.8	17.2	1.1	66.5	9.1	8.2
2011	90.2	103.5	10.6	40.3	3.9	21.1	2.4	81.9	8.4	12.3
2012	108.2	97.6	12.2	41.0	4.7	28.7	4.2	62.6	10.1	14.6
2013	104.1	99.5	10.5	38.1	3.7	32.2	3.8	51.5	11.3	18.5
2014	98.0	86.5	12.6	29.7	6.5	31.6	6.5	112.7	8.3	21.1
2015	92.1	83.3	20.8	37.3	8.3	29.9	9.2	107.4	10.4	21.6
2016	93.4	132.2	25.4	45.2	7.3	29.2	10.9	88.7	6.6	25.2
2017	77.5	133.5	28.0	51.9	9.6	22.4	10.2	103.9	7.1	23.4
2018	98.4	111.8	27.7	49.1	6.3	43.2	18.6	154.5	15.9	23.2
2019	101.4	97.1	36.6	47.0	12.1	60.5	19.4	194.0	36.5	25.2
2020	104.5	105.8	42.5	53.9	7.8	57.6	21.0	174.7	29.4	25.0

附表 8 1995—2020 年中国茶叶贸易变化情况

单位：千吨、万美元

年份	出口						进口					
	出口量			出口额			进口量			进口额		
	茶	其中		茶	其中		茶	其中		茶	其中	
		绿茶	红茶		绿茶	红茶		红茶	绿茶		红茶	绿茶
1995	167.5	66.9	68.0	27 907.4	11 052.0	8 933.4	2.3	1.9	0.3	192.0	111.6	46.1
1996	171.3	55.9	81.0	28 749.9	8 962.3	11 257.4	1.7	1.1	0.4	149.2	76.1	44.3
1997	204.3	78.8	87.1	33 914.3	12 441.7	12 314.9	1.0	0.6	0.2	135.2	52.1	42.3
1998	219.6	111.7	69.6	37 823.9	18 065.2	10 263.3	1.3	0.7	0.3	297.4	62.9	160.6
1999	200.9	121.6	33.6	34 489.3	18 942.9	4 657.8	2.0	0.6	1.0	414.0	50.1	247.6
2000	232.0	155.3	29.4	35 696.7	21 786.8	3 608.6	2.6	0.8	1.4	461.8	73.4	282.0
2001	255.1	163.2	40.9	35 242.9	19 952.5	4 127.5	1.8	0.6	0.9	359.3	46.8	205.8
2002	256.0	170.4	40.8	33 998.5	20 292.5	3 880.7	1.8	0.7	0.8	303.2	56.4	164.1
2003	261.9	181.7	37.8	37 601.5	24 112.3	3 631.2	3.0	1.6	0.9	477.5	84.9	252.3
2004	284.3	196.2	39.4	45 186.4	29 438.7	4 118.0	2.5	0.3	1.6	687.0	50.5	411.4
2005	291.1	206.2	35.8	50 104.7	33 078.7	3 994.4	3.1	0.7	1.8	920.6	99.3	518.7
2006	304.3	218.7	31.5	57 445.7	39 020.2	4 245.1	3.8	1.0	1.9	1 124.8	137.1	504.3
2007	295.4	223.7	30.3	63 822.4	43 139.9	4 319.5	6.0	1.5	3.5	1 878.2	185.4	875.7
2008	303.9	223.3	40.3	71 591.8	48 692.5	6 234.4	6.2	0.9	4.0	2 653.3	197.7	1 292.5
2009	308.9	229.3	40.1	73 981.4	52 453.2	6 437.6	4.7	0.7	3.1	2 442.8	224.0	1 198.4
2010	308.8	234.3	36.6	82 523.4	56 678.7	7 984.6	13.5	1.1	11.2	5 722.6	360.7	3 786.6
2011	329.5	257.4	35.6	101 756.8	70 638.4	10 872.4	14.9	1.6	11.9	6 648.1	390.4	4 690.9
2012	323.3	248.7	35.8	112 100.3	75 566.6	11 883.3	19.5	4.7	13.2	7 733.9	859.0	5 426.8
2013	335.4	264.5	32.9	134 117.9	93 249.3	12 836.5	20.7	6.2	12.7	8 267.8	1 107.9	5 328.3
2014	312.8	249.2	27.8	137 864.7	95 260.1	14 500.8	23.7	4.5	17.1	9 990.4	865.0	6 900.4
2015	336.5	272.1	28.1	148 834.8	100 535.2	20 634.2	24.3	2.4	18.8	12 006.5	842.6	7 705.9
2016	340.9	270.9	33.1	160 207.2	106 480.7	25 625.6	24.2	1.6	19.3	12 383.3	815.6	8 176.4
2017	367.0	294.6	35.6	172 910.4	113 396.4	27 769.1	32.0	25.5	2.2	16 857.7	10 664.3	1 180.0
2018	377.4	302.9	33.0	190 716.4	122 260.9	28 054.3	38.3	29.5	3.2	20 298.5	11 831.4	1 808.4
2019	380.1	303.9	35.2	217 437.6	132 795.2	34 925.0	45.8	36.4	4.1	20 631.9	12 606.5	1 764.2
2020	361.1	293.4	28.8	216 885.3	130 524.3	34 434.7	45.9	35.4	4.3	19 928.4	12 907.1	1 828.3

附表9 1995—2020年中国主要畜产品贸易量变化情况

单位：万吨

年份	出口量					进口量						
	鸡肉	加工猪肉	加工牛肉	肠衣	羽毛	猪肉	牛肉	羊肉	鸡肉	羊毛	奶粉	乳清粉
1995	40.9	7.9	5.9	4.0	2.7	0.3	0.3	0.2	30.8	22.6	2.6	3.4
1996	37.8	5.6	3.6	4.1	2.6	0.2	0.3	0.3	20.5	17.9	2.0	4.8
1997	36.7	5.2	3.2	4.3	2.9	0.3	0.3	0.4	19.2	15.7	2.8	7.4
1998	41.3	5.3	1.7	4.1	3.4	1.6	0.4	0.9	75.9	13.5	3.1	6.9
1999	50.6	5.6	1.6	4.8	3.3	5.8	0.5	1.0	80.1	15.4	5.8	8.3
2000	17.0	5.8	1.6	5.0	3.8	13.6	0.6	1.8	0.0	23.9	7.3	12.3
2001	56.3	6.8	1.7	5.0	3.7	9.4	0.4	2.5	65.6	25.0	6.0	12.0
2002	47.7	7.4	1.5	5.2	4.3	14.5	1.1	3.5	50.8	19.3	11.2	13.8
2003	40.1	9.2	1.7	6.2	3.8	14.9	0.8	3.4	57.4	16.7	13.5	16.1
2004	22.7	12.3	2.2	6.1	3.8	7.0	0.3	3.3	18.3	22.3	14.6	17.8
2005	35.5	13.6	3.5	6.2	3.7	3.1	0.1	4.1	37.8	24.9	10.8	18.7
2006	33.6	15.0	3.3	6.8	3.2	2.4	0.1	3.7	57.9	27.8	13.6	18.5
2007	32.7	13.5	3.0	6.8	3.1	8.6	0.4	4.7	78.6	31.1	9.9	16.7
2008	29.4	9.0	1.9	6.7	3.0	37.3	0.4	5.5	80.0	28.5	10.2	21.1
2009	31.8	9.1	1.4	6.9	2.7	13.5	1.4	6.6	73.2	30.8	24.9	28.8
2010	38.6	10.3	1.4	7.5	3.2	20.1	2.4	5.7	51.8	31.8	41.7	26.3
2011	42.9	10.7	1.7	8.6	3.3	46.8	2.0	8.3	38.6	32.2	45.4	34.2
2012	41.6	11.4	1.8	8.3	4.0	52.2	6.1	12.4	47.4	30.9	57.8	37.6
2013	42.3	11.5	1.6	7.9	4.0	58.4	29.4	25.9	54.8	35.0	86.4	43.1
2014	42.5	12.2	1.5	9.1	4.2	56.4	29.8	28.3	44.3	33.2	105.4	40.2
2015	41.0	10.6	1.2	9.4	4.0	77.8	47.4	22.3	39.5	35.3	73.4	43.3
2016	39.7	9.8	1.2	9.7	4.4	162.0	58.0	22.0	56.9	31.9	84.6	49.5
2017	44.1	10.9	1.1	10.6	5.4	121.7	69.5	24.9	45.1	34.6	104.0	52.7
2018	44.6	11.4	1.2	10.3	5.0	119.3	103.9	31.9	50.3	37.0	115.3	55.5
2019	36.6	7.8	1.1	9.6	4.6	199.4	165.9	39.2	78.1	27.5	139.5	45.1
2020	38.8	6.6	0.9	8.8	4.0	430.4	211.8	36.5	153.6	22.2	133.9	62.2

附表 10 1995—2020 年中国水产品贸易变化情况

单位：亿美元

年份	出口额						进口额			
	水产品	其中					水产品	其中		
		贝类及软体动物	罗非鱼	对虾	螃蟹	鳗鱼		饲料用鱼粉	鳕鱼	墨鱼及鱿鱼
1995	32.9	5.7		1.5	1.4	0.8	9.6	3.3	0.9	0.4
1996	30.3	5.1		0.5	1.2	0.5	12.1	5.7	1.0	0.5
1997	31.5	4.5		0.6	1.0	7.9	12.1	6.3	1.2	0.3
1998	28.4	3.8		0.5	0.9	6.8	10.3	3.1	2.6	0.3
1999	31.3	4.2		0.5	1.0	6.9	13.0	3.6	2.8	0.6
2000	38.2	4.5		0.9	1.3	7.7	18.5	5.7	3.4	1.4
2001	41.7	4.8		1.1	1.6	6.6	18.7	4.8	4.3	1.2
2002	46.8	5.8	0.5	1.5	2.1	6.2	22.8	6.3	5.5	1.2
2003	54.7	5.5	1.0	2.4	2.7	5.3	24.9	5.2	6.1	0.9
2004	69.5	6.7	1.6	2.7	3.8	8.6	32.4	7.6	7.6	1.7
2005	79.0	6.3	2.3	2.1	3.4	7.5	41.2	10.8	10.2	1.7
2006	93.6	6.8	3.7	1.1	3.9	7.4	43.0	9.4	10.1	2.3
2007	97.5	6.8	4.9	0.5	3.8	6.8	47.2	10.1	10.6	2.7
2008	106.7	7.2	7.3	0.5	4.8	5.6	54.1	14.0	8.8	3.5
2009	108.0	10.8	7.1	5.3	4.3	5.4	52.6	13.0	4.7	2.8
2010	138.3	16.6	10.1	6.8	5.2	8.0	65.4	16.6	5.4	3.3
2011	177.9	21.6	11.1	7.9	8.8	10.9	80.2	17.5	7.6	5.0
2012	189.8	36.1	11.6	14.3	10.8	12.0	80.0	16.9	15.7	5.3
2013	202.6	42.2	14.5	17.1	10.8	10.5	86.4	16.7	15.8	5.6
2014	217.0	49.3	15.2	17.4	12.0	10.0	91.9	15.6	16.9	6.2
2015	203.3	49.5	13.0	12.1	12.1	9.9	89.8	17.9	14.8	4.5
2016	207.4	51.0	12.2	14.3	10.9	9.1	93.7	16.1	14.8	3.2
2017	211.5	51.5	7.1	15.3	11.1	0.1	113.5	22.2	16.4	6.0
2018	224.4	52.6	13.8	13.8	10.3	11.7	148.9	22.2	17.4	6.5
2019	206.6	48.4	12.8	10.1	6.3	10.5	187.0	19.7	19.5	9.8
2020	190.4	46.9	12.2	9.2	5.6	9.9	155.6	19.5	17.0	7.5

注：2001 年以前罗非鱼没有单独税号。

附表 11 2020年中国农产品贸易情况

单位：亿美元、%

产　品	出口额	比上年增长	出口额占比重	产　品	进口额	比上年增长	进口额占比重
农产品	765.0	−3.3	100.0	农产品	1 719.4	13.9	100.0
水产品	190.4	−7.8	24.9	畜产品	475.7	31.3	27.7
蔬菜	149.3	−3.6	19.5	油籽	433.0	12.6	25.2
水果	83.5	12.1	10.9	水产品	155.6	−16.8	9.0
畜产品	54.3	−16.5	7.1	水果	110.4	6.5	6.4
饮品类	46.6	−4.3	6.1	植物油	99.3	14.0	5.8
粮食制品	22.3	−4.1	2.9	粮食（谷物）	95.2	80.9	5.5
油籽	17.5	−4.6	2.3	饮品类	66.1	−9.3	3.8
糖料及糖	17.0	−8.6	2.2	棉麻丝	43.0	−5.4	2.5
坚果	15.0	−4.7	2.0	糖料及糖	27.5	60.5	1.6
粮食（谷物）	10.8	−15.6	1.4	粮食制品	26.3	7.4	1.5
药材	9.2	4.0	1.2	坚果	20.9	−16.7	1.2
调味香料	5.7	65.1	0.7	饼粕	13.6	29.9	0.8
干豆（不含大豆）	4.7	−7.8	0.6	干豆（不含大豆）	10.7	33.4	0.6
饼粕	4.3	−11.3	0.6	蔬菜	10.4	8.2	0.6
花卉	3.9	8.2	0.5	粮食（薯类）	8.1	24.4	0.5
精油	3.1	−12.8	0.4	调味香料	2.9	103.3	0.2
植物油	3.0	−18.7	0.4	精油	2.7	3.4	0.2
棉麻丝	1.6	−55.7	0.2	花卉	2.4	−10.1	0.1
粮食（薯类）	0.2	−56.0	0.0	药材	1.2	−8.6	0.1
其他农产品	122.9	6.2	16.1	其他农产品	114.5	8.8	6.7

附表 12 2020 年各省（自治区、直辖市）农产品贸易情况

单位：亿美元、%

省份	出口额	比上年增长	进口额	比上年增长	贸易额	排序		
						出口额	进口额	贸易额
全国合计	765.0	−3.3	1 719.4	13.9	2 484.4			
山东	183.3	1.6	171.1	9.7	354.5	1	4	1
福建	93.0	1.7	107.7	26.9	200.7	2	7	5
广东	92.7	−6.1	245.8	13.4	338.5	3	2	2
云南	52.2	9.1	19.1	15.9	71.3	4	14	10
浙江	49.7	−8.2	92.2	13.3	141.9	5	8	7
辽宁	43.3	−15.8	56.4	7.1	99.7	6	9	9
江苏	35.1	−5.7	163.8	11.6	198.9	7	5	6
湖北	21.9	11.8	6.6	26.4	28.5	8	22	16
河南	17.4	−35.2	12.2	4.5	29.7	9	17	15
广西	17.3	−8.1	52.6	17.3	69.9	10	10	11
上海	17.1	−10.5	265.0	12.9	282.1	11	1	3
湖南	16.9	27.7	36.3	64.2	53.2	12	13	14
河北	16.5	2.8	43.0	32.2	59.5	13	12	13
北京	14.7	−4.3	204.4	−8.9	219.1	14	3	4
安徽	13.2	−1.3	46.7	36.6	59.9	15	11	12
天津	10.3	16.6	114.5	59.9	124.8	16	6	8
内蒙古	9.7	−6.2	10.0	11.0	19.7	17	18	18
吉林	9.5	−12.0	8.2	32.5	17.7	18	20	19
新疆	9.2	−21.2	7.2	−2.8	16.4	19	21	20
黑龙江	7.8	−12.6	17.1	−2.9	25.0	20	15	17
四川	6.5	−10.5	8.6	1.4	15.1	21	19	22
陕西	5.6	13.6	6.5	11.8	12.1	22	23	23
贵州	5.2	−21.6	0.3	169.7	5.5	23	28	26
海南	5.0	−5.7	6.4	43.9	11.4	24	24	24
江西	4.6	−14.7	1.7	28.0	6.2	25	25	25
甘肃	2.9	−6.7	1.1	53.4	4.0	26	26	27
宁夏	1.6	35.6	0.2	−48.4	1.7	27	30	29
山西	1.4	13.4	0.4	3.5	1.8	28	27	28
重庆	1.2	−11.9	14.0	21.3	15.2	29	16	21
青海	0.2	8.9	0.1	51.1	0.3	30	31	30
西藏	0.1	−31.6	0.2	1 696.5	0.3	31	29	31

附表13 2020年中国主要农产品出口额前十位的省（自治区、直辖市）及所占比重

单位：亿美元、%

产品	前十位的省（自治区、直辖市）及其出口额										前十位合计		全国出口额合计
	1	2	3	4	5	6	7	8	9	10	出口额	所占比重	
水产品	福建	山东	广东	辽宁	浙江	海南	江苏	上海	河北	广西			
	59.4	43.1	28.1	24.4	17.3	4.6	4.1	1.9	1.9	1.6	186.4	97.9	190.4
蔬菜	山东	云南	河南	福建	湖北	江苏	湖南	广西	广东	浙江			
	49.0	15.6	11.0	10.0	8.9	7.7	7.2	7.1	6.0	4.7	127.2	82.1	155.0
畜产品	广东	山东	浙江	江苏	辽宁	湖南	河北	安徽	上海	河南			
	12.6	9.6	5.6	5.0	3.0	2.3	2.3	2.2	1.9	1.7	46.2	85.1	54.3
水果	云南	山东	福建	广东	浙江	陕西	河北	新疆	辽宁	北京			
	26.3	25.8	6.9	3.6	3.4	2.3	2.3	1.8	1.6	1.2	75.2	90.1	83.5
饮品类	广东	浙江	福建	贵州	云南	安徽	湖北	山东	四川	江苏			
	10.6	6.6	5.6	4.3	3.0	3.0	2.1	2.1	1.2	1.2	39.7	85.2	46.6
粮食制品	山东	广东	辽宁	江苏	福建	浙江	上海	河北	安徽	吉林			
	5.8	5.7	1.6	1.6	1.4	0.8	0.7	0.7	0.7	0.6	19.6	87.9	22.3
油籽	山东	内蒙古	天津	辽宁	吉林	安徽	浙江	甘肃	云南	广西			
	7.8	4.2	1.1	1.0	0.7	0.5	0.3	0.2	0.2	0.2	16.2	92.6	17.5
糖料及糖	广东	山东	福建	河北	吉林	江苏	上海	辽宁	安徽	黑龙江			
	5.9	3.8	1.6	1.4	1.0	0.8	0.6	0.5	0.4	0.3	16.3	95.9	17.0
药材	广东	湖南	安徽	天津	湖北	江苏	宁夏	北京	浙江	山东			
	1.3	1.2	1.2	1.0	0.7	0.5	0.5	0.4	0.4	0.3	7.5	81.5	9.2
坚果	山东	吉林	辽宁	新疆	黑龙江	河北	广东	天津	安徽	内蒙古			
	2.2	2.0	1.7	1.6	1.4	1.4	0.9	0.7	0.7	0.5	13.1	87.3	15.0

附表 14 2020 年中国主要农产品进口额前十位的省（自治区、直辖市）及所占比重

单位：亿美元、%

产品	前十位的省（自治区、直辖市）及其进口额										前十位合计		全国进口额合计
	1	2	3	4	5	6	7	8	9	10	进口额	所占比重	
食用油籽	江苏	山东	北京	上海	天津	广西	河北	福建	广东	辽宁			
	75.5	48.8	48.2	48.2	33.8	31.0	29.7	22.8	15.7	14.6	368.3	85.1	432.7
畜产品	上海	广东	天津	山东	江苏	北京	安徽	浙江	福建	湖南			
	99.3	83.8	55.3	47.4	32.6	30.5	23.5	23.3	19.5	13.1	428.3	90.0	475.7
水产品	山东	广东	福建	辽宁	上海	北京	浙江	天津	湖南	江苏			
	28.0	22.0	20.7	18.2	17.2	17.0	8.0	6.7	4.0	2.7	144.5	92.9	155.6
食用植物油	江苏	上海	北京	天津	福建	广东	安徽	山东	浙江	新疆			
	21.8	13.9	12.7	7.2	6.5	5.7	5.5	4.7	2.6	1.2	81.8	93.8	87.2
粮食（谷物）	北京	广东	福建	山东	上海	江苏	辽宁	云南	浙江	安徽			
	39.2	15.9	13.2	5.1	3.4	2.8	2.7	2.7	1.8	1.4	88.2	92.6	95.2
棉花	北京	山东	江苏	安徽	新疆	河南	浙江	上海	湖北	福建			
	16.7	8.9	5.9	0.8	0.6	0.5	0.5	0.4	0.4	0.3	35.0	97.5	35.9
水果	广东	上海	广西	浙江	重庆	云南	福建	辽宁	北京	山东			
	41.5	19.2	11.9	8.0	5.5	4.7	4.3	4.1	3.1	2.3	104.6	94.7	110.4
饮品类	上海	广东	浙江	福建	北京	山东	江苏	天津	海南	新疆			
	25.0	12.9	7.4	4.2	3.5	2.9	2.0	1.8	1.0	0.7	61.4	92.9	66.1
粮食（薯类）	山东	江苏	北京	安徽	广西	上海	河北	福建	云南	江西			
	4.1	1.8	0.8	0.5	0.4	0.2	0.1	0.1	0.1	0.0	8.1	99.7	8.1
糖料及糖	北京	广东	山东	辽宁	福建	上海	云南	广西	江苏	浙江			
	7.4	5.2	3.7	2.0	1.9	1.5	1.4	1.1	0.8	0.6	25.6	92.9	27.5

附表 15 2020 年中国农产品主要出口市场和进口来源地

单位：亿美元、%

排序	出口市场				进口来源地			
	国家（地区）	出口额	比上年增长	所占比重	国家（地区）	进口额	比上年增长	所占比重
1	日本	96.6	−6.9	12.6	巴西	353.0	19.6	20.5
2	中国香港	88.4	−8.0	11.6	美国	237.6	67.9	13.8
3	美国	65.1	0.1	8.5	澳大利亚	94.7	−15.0	5.5
4	越南	54.9	0.7	7.2	新西兰	89.8	0.9	5.2
5	韩国	48.8	−1.9	6.4	泰国	78.1	11.3	4.5
6	泰国	42.9	15.3	5.6	加拿大	72.2	−0.1	4.2
7	马来西亚	35.1	16.1	4.6	阿根廷	62.6	−4.7	3.6
8	印度尼西亚	23.4	−10.8	3.1	印度尼西亚	61.0	−0.4	3.5
9	菲律宾	23.1	10.8	3.0	法国	51.0	12.3	3.0
10	中国台湾	21.0	−3.8	2.7	俄罗斯	40.9	13.7	2.4
11	德国	18.6	−11.4	2.4	西班牙	40.4	83.9	2.3
12	荷兰	18.0	7.0	2.4	越南	40.2	20.9	2.3
13	俄罗斯	14.9	−22.5	1.9	智利	39.3	8.6	2.3
14	英国	12.4	−0.4	1.6	荷兰	38.7	25.5	2.3
15	西班牙	11.8	0.6	1.5	乌克兰	36.8	50.8	2.1
16	加拿大	11.7	−2.7	1.5	德国	34.5	25.3	2.0
17	新加坡	10.7	18.7	1.4	马来西亚	32.2	19.0	1.9
18	澳大利亚	10.3	−0.6	1.3	印度	27.9	−2.2	1.6
19	墨西哥	8.3	7.1	1.1	丹麦	21.6	43.4	1.3
20	缅甸	7.5	11.4	1.0	厄瓜多尔	19.8	−12.7	1.2
前 20 位合计		623.5		81.5		1 472.2		85.6